高职高专教育法律类专业教学改革试点与推广教材 | 总主编 金川

国家精品课程教材

罪犯心理咨询与矫正

叶俊杰　主编　黄兴瑞　审校

内容提要

本教材从监狱一线心理咨询工作者的咨询案例导入,详细分析了罪犯心理咨询的流程以及罪犯心理咨询应遵循的基本原则,尤其是保密原则和安全原则;讨论了与罪犯进行心理沟通时应采用的方法、技巧和如何对罪犯进行心理评估;重点分析讨论了适用于罪犯心理咨询的行为疗法和合理情绪疗法在罪犯矫正中的应用;分析了如何选择心理健康教育内容对罪犯进行心理健康教育以及如何对罪犯自杀危机、劫持危机、脱逃危机进行干预。

图书在版编目(CIP)数据

罪犯心理咨询与矫正/叶俊杰主编. ——武汉:华中科技大学出版社,2011.6(2024.8重印)
ISBN 978-7-5609-7036-3

Ⅰ. ①罪… Ⅱ. ①叶… Ⅲ. ①犯罪心理学-高等职业教育-教材 Ⅳ. ①D917.2

中国版本图书馆 CIP 数据核字(2011)第 061642 号

罪犯心理咨询与矫正 叶俊杰 主编
Zuifan Xinli Zixun Yu Jiaozheng

策划编辑:	王京图
责任编辑:	张 影
封面设计:	傅瑞学
责任校对:	北京书林翰海文化发展有限公司
责任监印:	朱 玢
出版发行:	华中科技大学出版社(中国·武汉) 电话:(027)81321913
	武汉市东湖新技术开发区华工科技园 邮编:430074
录　　排:	北京星河博文文化发展有限公司
印　　刷:	广东虎彩云印刷有限公司
开　　本:	710mm×1000mm 1/16
印　　张:	14
字　　数:	259 千字
版　　次:	2024 年 8 月第 1 版第 5 次印刷
定　　价:	39.00 元

本书若有印装质量问题,请向出版社营销中心调换
全国免费服务热线:400-6679-118,竭诚为您服务
版权所有 侵权必究

总 序

我国高等职业教育已进入了一个以内涵式发展为主要特征的新的发展时期。高等法律职业教育作为高等职业教育的重要组成部分，也正经历着一个不断探索、不断创新、不断发展的过程。

2004年10月，教育部颁布《普通高等学校高职高专教育指导性专业目录（试行）》，将法律类专业作为一大独立的专业门类，正式确立了高等法律职业教育在我国高等职业教育中的重要地位。2005年12月，受教育部委托，司法部牵头组建了全国高职高专教育法律类专业教学指导委员会，大力推进高等法律职业教育的发展。

为了进一步推动和深化高等法律职业教育的改革，促进我国高等法律职业教育的类型转型、质量提升和协调发展，全国高职高专教育法律类专业教学指导委员会于2007年6月，确定浙江警官职业学院为全国高等法律职业教育改革试点与推广单位，要求该校不断深化法律类专业教育教学改革，勇于创新并及时总结经验，在全国高职法律教育中发挥示范和辐射带动作用。为了更好地满足政法系统和社会其他行业部门对高等法律职业人才的需求，适应高职高专教育法律类专业教育教学改革的需要，该校经过反复调研、论证、修改，根据重新确定的法律类专业人才培养目标及其培养模式要求，以先进的课程开发理念为指导，联合有关高职院校，组织授课教师和相关行业专家，合作共同编写了"高职高专教育法律类专业教学改革试点与推广教材"。这批教材紧密联系与各专业相对应的一线职业岗位（群）之任职要求（标准）及工作过程，对教学内容进行了全新的整合，即从预设职业岗位（群）之就业者的学习主体需求视角，以所应完成的主要任务及所需具备的工作能力要求来取舍所需学习的基本理论知识和实践操作技能，并尽量按照工作过程或执法工作环节及其工作流程，以典型案件、执法项目、技术应用项目、工程项目、管理现场等为载体，重新构建各课程学习内容、设计相关学习情境、安排相应教学进程，突出培养学生一线职业岗位所必需的应用能力，体现了课程学习的理论必需性、职业针对性和实践操作性要求。

这批教材无论是形式还是内容，都以崭新的面目呈现在大家面前，它在不同层面上代表了我国高等法律职业教育教材改革的最新成果，也从一个角度集中反映了当前我国高职高专教育法律类专业人才培养模式、教学模式及其教材建设改革的新趋势。我们深知，我国高等法律职业教育举办的时间不长，可资借鉴的经验和成果还不多，教育教学改革任务艰巨；我们深信，任何一项改革都是一种探索、一种担当、一种奉献，改革的成果值得我们大家去珍惜和分享；我们期待，会有越来越多的院校能选用这批教材，在使用中及时提出建议和意见，同时也能借鉴并继续深化各院校的教育教学改革，在教材建设等方面不断取得新的突破、获得新的成果、作出新的贡献。

全国高职高专教育法律类专业教学指导委员会

2008 年 9 月

编写说明

本教材以高等职业教育规律和监狱一线管教民警的工作岗位能力要求为依据，参考心理咨询师（三级、二级）国家职业标准，关注与先期"罪犯心理学"课程内容的衔接，淡化学科内容体系所强调的理论知识完整性和宽泛性，强调理论知识传授与职业能力培养的相互协调，并以此确定教材内容体系结构，突出其职业性。在教材编写形式上，主要以一线监狱管教民警典型岗位工作任务为导向、以职业能力培养为主线设置学习单元；在教材内容的组织上，以罪犯心理咨询案例为载体、以职业能力训练为中心组织教材内容，突出其实践操作性，体现了"任务驱动"、"警学结合"的教学改革特点。

本教材由叶俊杰担任主编，各学习单元撰写分工如下：

学习单元一　罪犯心理咨询的流程和原则（心理学副教授　叶俊杰）

学习单元二　心理沟通技巧与罪犯矫正（心理学讲师　朱华军）

学习单元三　心理评估技能与罪犯矫正（心理学教授　邵晓顺）

学习单元四　行为矫正疗法与罪犯矫正（心理学副教授　叶俊杰）

学习单元五　合理情绪疗法与罪犯矫正（心理学教授　邵晓顺）

学习单元六　罪犯心理健康教育（心理学教授　马立骥）

学习单元七　罪犯心理危机干预（心理学教授　马立骥）

本教材由叶俊杰组织编写和统稿，经由黄兴瑞教授审阅、定稿。本教材在编写过程中得到了浙江省第一监狱雷成宏、朱国强、汪志刚、余君、徐宪明等专家的大力支持和华东师范大学教授、博士生导师杨治良先生的悉心指导，并参考了大量文献资料，在此一并致谢。由于撰稿人水平有限，书中存在疏漏和不当之处在所难免，敬请读者批评指正。

编者

2010 年 10 月于杭州

目 录

学习单元一　罪犯心理咨询的流程和原则 ⋯⋯⋯⋯⋯⋯⋯⋯⋯⋯⋯⋯ 1
　　学习任务一　罪犯心理咨询流程 ⋯⋯⋯⋯⋯⋯⋯⋯⋯⋯⋯⋯⋯⋯⋯ 1
　　学习任务二　罪犯心理咨询原则 ⋯⋯⋯⋯⋯⋯⋯⋯⋯⋯⋯⋯⋯⋯⋯ 16
学习单元二　心理沟通技巧与罪犯矫正 ⋯⋯⋯⋯⋯⋯⋯⋯⋯⋯⋯⋯⋯ 29
　　学习任务一　影响沟通关系的因素分析 ⋯⋯⋯⋯⋯⋯⋯⋯⋯⋯⋯⋯ 29
　　学习任务二　倾听的技巧 ⋯⋯⋯⋯⋯⋯⋯⋯⋯⋯⋯⋯⋯⋯⋯⋯⋯⋯ 40
　　学习任务三　影响他人的技巧 ⋯⋯⋯⋯⋯⋯⋯⋯⋯⋯⋯⋯⋯⋯⋯⋯ 48
学习单元三　心理评估技能与罪犯矫正 ⋯⋯⋯⋯⋯⋯⋯⋯⋯⋯⋯⋯⋯ 59
　　学习任务一　罪犯心理评估的基本程序与方法 ⋯⋯⋯⋯⋯⋯⋯⋯⋯ 59
　　学习任务二　《中国罪犯心理测试量表个性分测验》
　　　　　　　　（COPA-PI）操作 ⋯⋯⋯⋯⋯⋯⋯⋯⋯⋯⋯⋯⋯⋯⋯ 65
　　学习任务三　罪犯心理评估报告的撰写 ⋯⋯⋯⋯⋯⋯⋯⋯⋯⋯⋯⋯ 70
　　学习任务四　常用心理测验在罪犯心理评估中的应用 ⋯⋯⋯⋯⋯⋯ 75
学习单元四　行为矫正疗法与罪犯矫正 ⋯⋯⋯⋯⋯⋯⋯⋯⋯⋯⋯⋯⋯ 92
　　学习任务一　阳性强化法在罪犯矫正中的运用 ⋯⋯⋯⋯⋯⋯⋯⋯⋯ 92
　　学习任务二　系统脱敏法在罪犯矫正中的运用 ⋯⋯⋯⋯⋯⋯⋯⋯⋯ 97
　　学习任务三　冲击疗法在罪犯矫正中的应用 ⋯⋯⋯⋯⋯⋯⋯⋯⋯⋯ 104
学习单元五　合理情绪疗法与罪犯矫正 ⋯⋯⋯⋯⋯⋯⋯⋯⋯⋯⋯⋯⋯ 111
　　学习任务一　不合理认知分析技能 ⋯⋯⋯⋯⋯⋯⋯⋯⋯⋯⋯⋯⋯⋯ 111
　　学习任务二　合理认知重建技术 ⋯⋯⋯⋯⋯⋯⋯⋯⋯⋯⋯⋯⋯⋯⋯ 122
　　学习任务三　其他认知疗法在罪犯矫正中的应用 ⋯⋯⋯⋯⋯⋯⋯⋯ 130
学习单元六　罪犯心理健康教育 ⋯⋯⋯⋯⋯⋯⋯⋯⋯⋯⋯⋯⋯⋯⋯⋯ 139
　　学习任务一　罪犯心理健康教育的内容 ⋯⋯⋯⋯⋯⋯⋯⋯⋯⋯⋯⋯ 139
　　学习任务二　罪犯心理健康教育的方法 ⋯⋯⋯⋯⋯⋯⋯⋯⋯⋯⋯⋯ 151
学习单元七　罪犯心理危机干预 ⋯⋯⋯⋯⋯⋯⋯⋯⋯⋯⋯⋯⋯⋯⋯⋯ 175
　　学习任务一　罪犯心理危机状态分析 ⋯⋯⋯⋯⋯⋯⋯⋯⋯⋯⋯⋯⋯ 175
　　学习任务二　罪犯心理危机干预的步骤与方法 ⋯⋯⋯⋯⋯⋯⋯⋯⋯ 185
　　学习任务三　常见罪犯心理危机的干预 ⋯⋯⋯⋯⋯⋯⋯⋯⋯⋯⋯⋯ 193

参考文献 ⋯⋯⋯⋯⋯⋯⋯⋯⋯⋯⋯⋯⋯⋯⋯⋯⋯⋯⋯⋯⋯⋯⋯⋯⋯⋯ 215

学习单元一 罪犯心理咨询的流程和原则

【学习目标】
知识目标：熟悉罪犯心理咨询流程的具体内容，并明白遵循罪犯心理咨询原则的现实意义
技能目标：能初步按照罪犯心理咨询的流程对问题罪犯进行心理矫正
态度目标：养成助人自助的心理咨询的基本理念

学习任务一 罪犯心理咨询流程

一、咨询案例——一份并不"缺憾"的咨询

（一）一般资料

1. 人口学资料及成长史

罪犯陈某，31岁，四兄弟，家中排行第四，初中文化，未婚，被捕前职业为农民，较早从事个体生意，早期成功，后期因好赌欠下巨额债务。2006年3月因故意杀人罪被判死刑缓期二年执行。

基本犯罪事实：2005年6月30日，陈某因被谢某某催债与谢某某在某大酒店外发生争执，并发生打斗，打斗中陈某从路边一饭店内拿起一把菜刀，持刀追砍被害人谢某某，后被害人谢某某因失血过多抢救无效死亡。当晚，陈某向公安机关投案自首。

2. 精神状态

意识清，定向全，仪表尚整，接触合作，对答切题。整个精神检查过程中，思维通畅，内感性不适明显，未引出其他感知觉及思维活动方面的精神病性症状。注意力欠集中，智力、记忆力正常。情感偏低落，与内心体验一致，情绪焦虑。意志稍减退，自知力存在。

3. 躯体状况

BP：120/80mmHg，神志清，颈软，心肺听诊无殊，腹平软，无压痛，

肝脾肋下未及，神经系统检查目前未引出明显阳性体征。

4. 社会功能

难以参加队列，较少与人交往。

5. 心理测验

中国罪犯人格测试量表（COPA-PI）结果：

说谎指标（L分）1分，回答基本诚实可信；同一性指标（S分）：1分，回答基本认真。

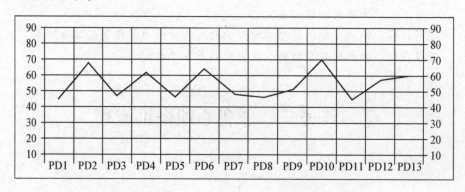

图1

PD2：情绪稳定性（68）

分数高：表示情绪易变，起伏不定。通常性情暴躁，易生烦恼。面对现实中的困难和挫折时欠沉着、冷静，容易受环境支配，心神摇摆不定。情绪起伏波动大，不容易恢复平静。喜悲情绪骤变明显。

PD4：冲动性（61）

分数高：表示冲动，鲁莽。情绪易激动，精力旺盛、充沛，富有激情。行事不多加思考，以自我为中心，易感情和意气用事，不现实，随心所欲。当愤怒或烦恼时，缺乏抑制，过分追求个人快乐。大方爽快，不拘小节。容易粗心大意，忽视细节。

PD6：报复性（64）

分数高：表示有较强的报复欲。喜欢争强好胜，发号施令。自视极高，与人冲突时绝不退让，不择手段，易走极端，不留余地。为人斤斤计较，气量狭小，睚眦必报。富有反抗精神，不易屈服。

PD10：焦虑感（70）

分数高：表示焦虑不安。通常忧虑抑郁，忧心忡忡。对前途缺乏信心，沮丧悲观。明显缺乏安全感，思想包袱大。时时有患得患失之感，不能正常面对现实而时时会急躁不安，心身疲乏，伴有失眠、噩梦、恐怖等现象，容易出现不够理智的行为，是自残、自杀的高危人群。

PD13：犯罪思维模式（60）

分数高：表示具有较为明显的犯罪思维模式。突出表现在以下一个或几个方面：唯利是图，贪图享受，不择手段，不计后果，放纵自己，自律不严，存有侥幸心理。

此外，PD1：内外倾、PD3：同众性、PD5：攻击性、PD7：信任感、PD8：同情心、PD9：自信心、PD11：聪慧性、PD12：心理变态倾向分数均为中等。

（二）观察与他人反映

1. 咨询师观察

来访者目光呆滞，表情木讷，动作拘谨，言谈小心，走路时呈小碎步，入座后肌肉紧张。仔细观察发现，来访者头额及顶部光秃少毛发，眼圈发黑，面部皮肤暗淡无光泽。举手投足动作迟缓，像个老头（实际年龄31岁）。

2. 管教民警王警官反映

陈某分配到入监队以来，情绪非常不稳定，时常发脾气，不能参加队列，总是向管教民警反映身上这里痛、那里痛，与别人相处得不好，容易较真、生气，人际关系差，时常到医院就诊。

（三）摄入性谈话（摘要）

…………

陈某：我真是生不如死，活着没有意思。

咨询师：你想一死了之？

陈某：我以前多么风光，可是现在我只想死。

咨询师：虽然你谈到了死，可我还是想听听你以前的生活。

陈某：我初中毕业后很早就出来做生意了，在村里我算是最早富起来的人了（声音高起来）。

咨询师：那时你很有钱。

陈某：我承包过鱼塘，开过美容院，反正什么赚钱做什么，做什么都赚钱，说来你不信，那时跟我一起吃喝的不是一个而是一群人，反正那时钱来得也容易，我做人也豪爽，出手都很大方。

咨询师：但案卷上却说，你是因为被人逼债出的事？

陈某：（沉默）我喜欢赌博，而且很贪。越玩越大，也越输越多，亏光了一百多万家产，生意也做不下去了。

咨询师：可以谈谈你的犯罪经过吗？案卷上只有事情经过，我相信背后还有别的原因。

陈某：（思索）输光钱以后，我听说采沙投入少、回收快，便在朋友的帮助下开起了采沙场，每天随随便便也能赚二三百元。我本来想累积到足够的资金后再把所有的欠债全部还清，但没想到那人追债太急，又动手打我，那一段时间我在吃药，也不知道怎么的，就迷迷糊糊跑到路边的饭店拿了一把菜刀，把他给砍死了。

咨询师：你是说他的死他自己也有一定的责任？

陈某：是的，他一直追我到某某饭店里边，还动手打我，我警告过他不要动手动脚，他却打得更厉害了。

咨询师：你忍无可忍，是因为这样才杀了他吗？

陈某：我也没想杀他，后来迷迷糊糊的，我也不清楚怎么就把他砍死了。我砍了他后很害怕，就跑回家，后来朋友打电话说那人死了，我还不信，也不知道怎么办，再后来我母亲劝我去自首，我就去了派出所自首。

咨询师：自首是明智的。对了，你说吃药后情绪失控，吃的是什么药？

陈某：我以前在社会上就有这病，总是感到胸闷、血管里有东西在爬，去人民医院、中医院、红十字会医院查了很多次都没查出来，我都想不明白没病怎么会这么难受呢？肯定是技术不好吧。后来别人介绍我去三院（市精神病院）看，说我抑郁，给我配了博乐欣，吃吃倒好起来。

咨询师：这样有多少年了？

陈某：十多年了，我一直在市三院看病、配药。

咨询师：效果怎么样？

陈某：有时好，有时不好，一直吃着药，特别是每次赌博前我都要吃四颗博乐欣，记性特别好。

咨询师：看来药物对你帮助挺大的，现在你还吃吗？

陈某：逮捕以后就没吃过了。

咨询师：现在感觉怎么样？

陈某：血管里像蚂蚁在叮，耳朵像被堵住一样，心跳快，食管里像火烧，情绪控制不住。

咨询师：心情怎么样？

陈某：哪有好的？心烦、难受，怕控制不住报复人家。

咨询师：晚上睡眠呢？

陈某：很不好，有时整夜不睡。

咨询师：你有什么打算？

陈某：哼……能有什么打算？一想起亲人总是非常难过，特别是父亲，都七十多岁了还在承包鱼塘为我还债，另外，加上我判的是死缓，出去最早也得五十多岁，还有什么用，还不如现在死掉算了。
……

(四) 评估与诊断

1. 心理状态的评估

来访者主动要求咨询，意识清，定向全，自知力完整，但内感性不适明显。入监后经常诉说全身多处不适，且无固定部位，呈游走特点，易疲劳，睡眠差，情绪悲观，迷茫，有自杀观念，但渴望被关心、理解。

人格方面特点：交际能力一般，情绪易变，起伏不定，性情暴躁，易生烦恼，冲动，鲁莽，行事不多加思考，以自我为中心，意气用事，喜欢争强好胜，斤斤计较，气量狭小，报复心强，是较为典型的被动攻击性人格。情绪上焦虑不安，忧虑抑郁，缺乏安全感，伴有失眠、噩梦、恐怖等现象，存在一定的犯罪思维模式。

2. 初步诊断

根据许又新教授提供的评定标准，来访者病程约为5个月（2分），精神痛苦几乎无法摆脱（3分），不能完成生产劳动，长期病休，社会功能受损严重（3分），总分为8分（超过6分），神经症的诊断成立，结合症状表现，考虑为躯体形式障碍，但需请精神科专家会诊鉴定以便确诊。

经精神科司法鉴定结论：躯体形式障碍，伴有焦虑抑郁症状，建议心理疏导，辅以药物治疗。

(五) 咨询目标的制定

1. 近期目标

再次全身检查，排除器质性疾病；立即联系精神科司法鉴定，确定诊断；进行一次房树人测试，丰富充实个案资料；使用药物改善躯体症状；向所在监区作出心理预警，提高包夹防范措施。

2. 长远目标

巩固咨询关系，改变来访者求助动机；通过帮助、理解、温暖和支持强化积极感受，重建自信；通过检验表层错误观念、纠正核心错误观念等步骤，改变错误认知，合理疏导情绪，确立积极行为；密切关注和克服反复，巩固已有疗效。

(六) 咨询过程

1. 再次咨询——真诚沟通，赢得互信

10天后，陈某依约定前来第二次咨询。相较于第一次见面，陈某面容更憔悴，两眼发直，黑眼圈更明显，暗示睡眠严重不足或质量极差，但总体上，情绪能控制，沟通良好。

坐下后，陈某急切地表示上次咨询过后，心里舒服了许多，在这里边没有人能这样认真地听他诉苦，宽慰他，本来早就想提前来咨询，但一直没碰上。咨询师向其解释，咨询的目的不但是要让他的情绪有一个可放心的宣泄渠道，更是要让他学会反思，并将咨询中习得的经验外化应用到实际生活中去，最终自主自立地解决问题。随后，咨询师向其反馈了前次司法鉴定时专家的鉴定结论，与其一起分析了此鉴定结果在改造中可能带来的正面效应如治疗、减刑上的"好处"，以及由此可能被人歧视、误会、疏远等负面影响。

陈某谈了许多，但总体来说，突出的特点就是关于未来只有死路一条，关于现在一味回避，关于过去的才能让他打起精神，甚至谈到以前的闯荡与成功时依旧有掩藏不住的自得，眼睛也开始放光。

咨询师把自己的感受告诉了他，他想了想，回应："不这样又能怎样？"咨询师希望他不要过早下结论："你既然死都不怕，还怕等等再说，入监队两个月后就要分监区，你完全可以等到分下去后再来下结论。"他也坦诚地表示："来到监狱就想一死了之，但接触过后，特别是来咨询以后，觉得这世上还是有好人的，你把我当人看，我听你的。"

咨询过后，咨询师建议他听从医嘱，立即开始服用博乐欣、丁螺环酮以改善躯体感受，同时适当服用佳乐安定以改善睡眠，他表示，在社会上也是服用此种药物，感谢政府给予的治疗。

2. 第3至第4次咨询——强化积极感受，重建自信

第3次咨询时，陈某已分配到某监区，考虑到他的身体与情绪状况，监区未要求其出工而特意为其安排了清扫院子的勤杂岗位。

进入咨询室时，陈某面带笑容，气色已好了许多，说话的语调也明显高了，一进门就感谢咨询师对自己的帮助，表示服用了那些药以后睡得好了，以前每晚整夜不睡，现在能睡五六个小时，原来血管里像蚂蚁在叮，耳朵像被堵住的现象现在没有了，但心跳快，食管里像火烧的症状还没消失，咨询师鼓励他要相信专家，药有效就证明药"对路"，要坚持治疗。

咨询师让他谈谈分配到某监区后的感受（回到现实），他谈了队部照顾自己，工种很好，同犯待自己也好，特别还提到了姜警官对自己的关心无微不至，让他觉得现在这个世界上最关心自己的人一个是姜警官，另一个就是咨询师了。咨询师没有打断他，并且一直鼓励他说下去，每次他流露出对"未来"的绝望或留恋"过去"的话头时，咨询师都有意地将话题引回到现实中来，让他多谈入监以来的"新奇"感受，比如"原来以为监狱很落后，很黑暗，没想到像个花园，管理也文明"，比如"警官同我说话时还让我坐"、"监狱医院也有这么好的药"等。咨询快结束时，咨询师建议他对别人的帮助要感恩，也要试着去帮助别人（体验助人的快乐，重建自信），陈某愉快地答应，还与咨询师一起探讨分析了帮助别人的具体做法。

咨询结束后，咨询师与姜警官进行了联系，建议给陈某一个较为宽松的心理康复环境，他记性好，喜欢打牌，可以放开让他玩，他想帮助别人，可以创造条件让他有机会为别人服务。

第4次咨询时，基本同第3次咨询，仍旧立足于强化积极感受，肯定陈某的自身价值。咨询时，陈某谈到监狱篮球赛时，姜警官安排他为分监区运动员送水，他一大早就起来打水，把水凉好，中暑了也坚持不休息，让比赛的时候他们分监区的球员能喝上凉水解渴，大家都表扬他工作做得细，言谈之间，喜形之色溢于言表。

3. 第5次咨询——有效转变认知，合理疏导情绪

前几次咨询有效地提高了陈某的自信和改变了其咨询动机，但行为的一时顺利和情绪的一时改变只是解决了问题的表面，有效地转变认知结构和思维方式才是巩固咨询效果的根本。

第5次咨询时通过概述、解释帮助陈某了解，自身躯体症状的实质是一种心理情绪的"转移支付"，即以一种外界能接受、自己也认同方式表现出来，短期来看可能有益，但长远来看可能让其陷入退缩、无力和绝望的状态。

陈某反问："为什么在入监以前的诊断是抑郁症？"咨询师回答他："你以前的治疗记录我没有看到，所以我无法做出评判。但是这样也可以理解，毕竟心理疾病也会呈现阶段性的特点，以前可能以抑郁为表现，现在主要是以躯体感受为主，所以诊断上可能会不同，这并不矛盾，而且，专家们也认为你存在着焦虑抑郁情绪，我们应当信任专家的判断，相信他们肯定是负责任的。"他又问："那么现在的诊断就不符合保外就医了？"考虑到对于这样一类病犯，"保外就医"也许是一个难以回避的话题，在咨询中必须要及时澄清，避免来访者再次陷入到另一个虚无的期待和逃避空间。经过短暂的思考，咨询师回答他："法律对罪犯保外就医有着严格的规定，即使是抑郁症也不见得每位都可以保外，请你了解这一点。并且，我认为，当前我们主要的任务还是通过咨询帮助你摆脱情绪上的困扰和身体上的痛苦，以尽快走出改造困境，我们不能为了不确定的保外而放弃自身改善的努力吧？"陈某说："我担心这个诊断会影响保外就医，我这个人已经没用了。"咨询师回答他："我理解你的心情,每个在这里面的人都希望能早日出去。不过在这一点上,你不必太过担心,据我所知,真正保外就医都需要重新对病情进行鉴定,而且还要对有无服刑能力进行评判,所以说,这次的鉴定只是给你的管理和治疗提供依据,你不要气馁,一个好的身体比什么都重要。"他认可了咨询师的观点,进而再次将注意转移到了当下:"我父母都70多岁了,还在承包渔塘给我还债,父母上个礼拜来看过我,看到他们那么遭罪,想我这么不孝,我当场就哭了。"(擦眼泪)咨询师顺势开导:"这世上并不是没有人在意你,这世上也有你放不下的情感,你父母是你的最大精神支柱,同样,你也是他们的精神支柱,所以,你即使坐牢,也并不是拖累。"他又说:"有时我就是想到他们,才鼓起勇气活下去,要是我死了,对他们的打击就更大了。"于是,自然地,咨询师就亲情、责任、义务等话题,与他的主观推断、过度概括、绝对化、灾难化等不合理信念展开了辩论。

4. 第8次咨询——克服反复,巩固疗效

第8次咨询,陈某情绪激动,一进门就要求咨询师:"我要打报告,调监狱或监区。你们对我太好了,我死了会拖累你们,请你帮我调一个单位。"咨询师问他发生了什么事,他抱怨别人不相信他,认为他是在装病,咨询师追问是"警官还是同犯?是一位还是所有的人?"陈某断断续续说了事件的原委,原来是一名民警在管理秩序的时候说了一句"陈某又没有毛病,他装的"的话,他一听就激动起来上前理论,结果挨了批评,同犯们背后也开始议论纷纷。

咨询师反问他:"事实就是事实,是否会因一两个人的怀疑而改变?如果你很在意别人的非议,为什么你却忽视了更多人对你的理解和帮助?"陈某沉默后说了一句:"我从来就是一个废物。"咨询师立刻意识到这个观念处于他其他所有错误、不合理信念中的核心地位。

于是,针对他这一核心错误观念,咨询师运用贝克和雷米的语义分析技术,帮助他按一定层次,首先将主语"我"替换为具体的客体与行为,从时间上将"从来"转换成"现在",将"废物"替换为"没把事情做好",并要求他认真体会观念进行这样替换后的积极意义。

但由于陈某文化层度较低,理解、领悟能力不足,因此,咨询后的"类推、应用"家庭作业完成情况并不理想。

(七) 咨询中断

因某种原因,监狱要调遣一部分罪犯到其他监狱服刑。陈某赫然其中,而咨询师恰巧属调遣组成员,于是咨询师将其要到了自己的包干小组。在调遣过程中，五天六夜，陈某多次情绪激动，或要求找领导，或绝食，或拒绝前往，或要求当场把他枪毙，而事件起因都很小，在一监地面上时因为押犯中只有他一个衢州人，觉得"很没面子，不知道别人怎么想"；在火车上是因为某民警对他的一句善意玩笑"你又没病，身体好得很"，让他联想到"浙江的警官都怀疑我，那边的警官更不会相信我有病，到那里就是死"，于是情绪立即失控，要求把他带下车枪毙，死也不去另一个监狱。

其实，调遣对每一名被调遣者都是一次重大的应激性事件，对于不愿被调遣者更是如此，而每一次调遣，对于行动中的个体，无论民警还是罪犯都是精神与体力上的真正考验。事实上，陈某四次情绪激动都表明当时他正处于某种危险的心理危机状态，而特殊时期、特殊要求，咨询师无意也无益于帮助他在这类危机中获得成长，只能以稳定情绪、控制冲动；安全抵达、平稳交接作为干预的最高目标。

很幸运，有之前的咨询为基础，每一次或长或短，通过鼓励、支持、温暖以及共同分析处境和将来，并从减刑、希望方面进行引导，最终都能稳定住他的情绪，并最后顺利完成调遣任务。

从此，咨询中断。

(八) 反思

这不是个成功的案例，甚至也不能算是个完整的案例，也许这注定是监狱心理咨询工作中无法回避的现实。

心理咨询师有太多的东西要学，太多的经验要总结，作为监狱心理咨询师，有太多的事要做，太长的路要走。也许，结果不能把握，但依然要做，做能做的，做该做的，因为过程一样有价值。

我们相信，每一次尝试都是试炼，每一次探索都是积累，甚至，每一次挫折都是洗礼，每一次失败都可以化为成长的财富。

这个案例里，来访者与咨询师年龄相同，境遇却如此相异。随着咨询同情共理的深入，咨询师竟渐渐发现来访者的负面情绪开始影响到自己的心情，有时看到来访者进门，内心会不由生出畏惧和逃避的想法。特别是在咨询出现反复后，挫败感、无力感一度如影相随，既想不管了，随他去吧，又有些心有不甘，不愿放弃。幸运的是，咨询师都坚持过来了，并且在咨询中不但巩固和复习了原有基础，也通过向上级专家请教学习了新的知识。更难能可贵的是，通过这个不完整也不算成功的案例，咨询师建立了自信，得到了一次宝贵的成长机会。

席慕蓉曾说，人生像攀登一座山，而找寻出路，却是一种学习的过程，我们应当在这过程中，学习稳定、冷静，学习如何从慌乱中找到生机。

心理咨询也是如此。

（本案例来自浙江省第一监狱二级心理咨询师汪志刚）

二、咨询案例分析

在本案例中，尽管咨询师本人认为不是个成功的案例，甚至也不能算是个完整的案例，但这恰恰说明了罪犯心理咨询的特殊性——来访罪犯的流动性，也反映了对罪犯进行心理咨询的艰难现实。本案例虽然因某种特殊原因（这是一个咨询师不可抗拒的原因），咨询师中断了对来访罪犯的咨询，但是，整个咨询的流程还是相对完整的，整个咨询也收到了良好的效果。

本案例的咨询流程可分五个阶段：资料的搜集与整理阶段（包括一般资料的搜集，观察与他人反映的资料的搜集，摄入性谈话相关信息的搜集），心理评估与诊断阶段，制定咨询方案阶段（咨询目标的制定），帮助与指导阶段（咨询过程），结束阶段（包括咨询中断、反思）。

三、罪犯心理咨询的五阶段流程

上面提及的心理咨询的五个阶段也就是罪犯心理咨询的基本流程，接下来具体分析这一流程五个阶段的具体内容。

第一阶段：搜集与整理资料阶段

（一）初诊接待

咨询师通过初诊接待了解来访罪犯的问题，确定来访罪犯的问题是否符合心理咨询的范围，以及咨询师自己能否帮助来访罪犯解决问题。如果不属于心理咨询范围，或者不属于自己心理咨询领域，咨询师应建议来访罪犯到其他咨询师那里寻求心理咨询。咨询人员要热情接待来访罪犯，然后向对方扼要介绍心理咨询的性质和原则，尤其讲明双方的责任、权利与义务，以便双方初步建立互相信任关系。

咨访双方的责任权利与义务：

来访罪犯的责任：①向心理咨询师提供与心理问题有关的真实资料；②积极主动与心理咨询师一起探索解决问题的方法；③完成双方商定的作业。

来访罪犯的权利：①有权利了解心理咨询师的受训背景和执业资格；②有权利了解咨询的具体方法和原理；③有权利选择或更换合适的心理咨询

师；④有权利提出转介或中止咨询；⑤对咨询方案的内容有知情权、协商权和选择权。

来访罪犯的义务：①遵守监狱及监狱心理咨询机构的相关规定；②遵守和执行商定好的咨询方案各方面的内容；③尊重心理咨询师，遵守预约时间，如有特殊情况提前通过监管干警告知心理咨询师。

心理咨询师的责任：①遵守职业道德，遵守国家有关的法律法规；②帮助来访罪犯解决心理问题；③严格遵守保密原则，并说明保密例外。

心理咨询师的权利：①有权利了解与来访罪犯心理问题有关的个人资料；②有权利了解合适的来访罪犯；③本着对来访罪犯负责的态度，有权利提出转介或中止咨询。

心理咨询师的义务：①向来访罪犯介绍自己的受训背景，出示执业资格等相关证件；②遵守监狱及监狱心理咨询机构的有关规定；③遵守和执行商定好的咨询方案等各方面的内容；④尊重来访罪犯，遵守预约时间，如有特殊情况提前告知来访罪犯。

（二）摄入性谈话时应注意的事项

摄入性谈话是搜集来访罪犯资料的一条重要途径，也是咨询师与来访罪犯建立良好咨访关系的基础。摄入性谈话时应注意的事项：

(1) 提问中避免失误；
(2) 在摄入性谈话后不应给出绝对性结论；
(3) 除了提问和引导性话语，不能讲任何题外话；
(4) 不能以指责、批判性语言阻止或扭转来访罪犯谈话内容；
(5) 结束语要诚恳客气，不能用生硬的话做结束语，以免引起误解；
(6) 态度必须保持中性。在接待、提问、倾听的过程中，态度必须保持中性，心理咨询师面部表情、提问语调、动作不可表达出对谈话内容的兴趣。

心理咨询是否能有效实施关键在于心理咨询师能否正确把握来访罪犯的精神状态和行为特点，心理咨询师在选择谈话内容时应把握以下原则：

(1) 对来访罪犯症状的鉴别诊断有意义的内容；
(2) 对来访罪犯的心理问题原因有直接或间接的针对性的内容；
(3) 适合来访罪犯的接受能力、符合来访罪犯兴趣的内容；
(4) 对深入探索来访罪犯的深层原因有意义的内容；
(5) 对来访罪犯的个性发展或矫正起关键作用的内容；
(6) 对改变来访罪犯的态度有积极作用的内容，对来访罪犯改变认知、正确认识问题有帮助的内容。

(三) 搜集整理相关资料

我们可以通过观察、管教民警的反映、摄入性谈话等途径搜集来访罪犯的相关信息，从以下三个方面加以整理。

(1) 一般资料：包括人口学资料、生活状况、婚姻家庭、服刑记录、社会交往、自我描述、个人内在世界重要特点、对未来的看法等。

(2) 成长史资料：婴幼儿期——出生情况、母亲身体、是否顺产等；成长中重大转化以及现在对它的评价；童年生活——发育情况、有无重大事件、身体是否有病、父母感情是否和谐、童年教养方式、学校教育情况、有无退缩或攻击；少年生活——有无挫折、最骄傲最羞耻的事、性萌动对待、有无重病、与成人有无不愉快、与同伴关系、游戏情况等；青年期——最崇拜的人、爱情生活（有无失恋）、最爱看的书、有无学习、就业、婚姻挫折、最好的朋友状况。

(3) 目前状况资料：身体状态——躯体异常感觉、近期身体检查报告；社会功能——服刑动机、交往状况、劳动效率；精神状态——情绪情感表现、感知觉、注意力、记忆力、思维状态、意志行为（自控能力、言行一致等）、人格完整性、相对稳定性。

第二阶段：心理评估与诊断阶段

咨询师需要对来访罪犯的问题和相关的方面情况有一个全面的了解，对来访罪犯的问题的类型和严重程度有一个诊断，需要对造成来访罪犯心理问题的原因进行分析和判断。评估与诊断主要通过与来访罪犯的谈话、与来访罪犯密切关系人士的谈话、通过咨询师的观察、通过心理测验等方式进行。对来访罪犯的评估与诊断往往会贯穿心理咨询的全过程。

对罪犯心理问题的评估与诊断一般从以下四个方面进行：

第一，如果是神经症，鉴别是哪种。如：神经衰弱、恐怖症、焦虑症、强迫性障碍、抑郁性神经症、躯体形式障碍等。

第二，如果是某种神经症，就要鉴别具体是哪一种。如恐怖症有广场恐怖、社会交往恐怖、对特定物体恐怖等。

第三，判断病与非病，即是否是精神病（与精神病相鉴别）。诊断依据：

(1) 是否违背了病与非病三原则：心理活动在形式上和内容上与客观环境保持一致，符合统一性原则；各种心理过程之间协调一致；个性相对稳定。

(2) 是否有求助动机愿望而主动求助。

(3) 自知力是否完整，能认识到自己心理行为异常，也能分析产生的原因。

(4) 有无感知觉异常，有无幻觉、妄想等精神病症状。

第四，诊断是一般心理问题、严重心理问题还是可疑神经症或神经症。

判断一般心理问题与严重心理问题的依据：

(1) 心理症状有无引起泛化。

(2) 不良情绪持续的时间（病程）。

(3) 不良情绪以及反应是否在理性控制之下。

(4) 由何种性质何种程度的刺激引起，并体验何种程度不良情绪。

判断是否神经症的依据为许又新教授的神经症诊断评分标准：

(1) 病程。

(2) 精神痛苦程度（是否能自行摆脱）。

(3) 社会功能受损程度。

第三阶段：制定咨询方案阶段

首先，确定咨询目标。确定咨询目标咨询师要与来访罪犯共同商定，咨询目标所涉及的内容主要包括：改变来访罪犯的情绪；改变来访罪犯的行为；改变来访罪犯的不合理认知；改变来访罪犯心理生理状况（如睡眠状况）；最终促进来访罪犯的心理得到健康发展，逐步趋于人格完善。

然后，心理咨询师要从以下七个方面对咨询目标的有效性进行评估：

(1) 积极。目标的有效性在于目标是积极的，符合人们的发展需要。

(2) 属于心理学性质。对于不涉及心理问题的来访罪犯，一般不属于心理咨询范畴。

(3) 可以评估。目标无法评估，不能称其为目标。及时评估有助于看到进步，鼓舞双方信心，可以发现不足，及时调整目标或措施。

(4) 双方可以接受。咨询目标应由双方共同商定。若有差异，可通过交流来修正；若无法协调，以来访罪犯需要为主；若心理咨询师无法认可，可以中止咨询或进行转介。

(5) 可行。目标没有可行性，就超出了来访罪犯可能的水平，或超出了心理咨询师所能提供的条件。

(6) 具体。目标不具体，就难以操作和判断；目标越具体，就越容易见到效果。具体目标应该是受终极目标指引的，而不是孤立的目标。

(7) 多层次统一。心理咨询目标是多层次的。既有眼前目标，又有长远目标；既有特殊目标，又有一般目标；既有局部目标，又有整体目标。有效的目标应该是多层次协调的统一。

最后，制定咨询方案。根据来访罪犯的心理症状程度和咨询目标，设计心理咨询的具体时间和次数。心理咨询次数短则 2~3 次，长则 10 次、20 次或更长不等，每次心理咨询一般为 50 分钟左右。根据来访罪犯的心理症状、服刑期限和本人意愿，共同制定具有可操作性、有实效性和可评估性的咨询方案。

心理咨询方案一般包括以下几个部分：来访罪犯一般资料，求助摘要，心理评估与诊断情况，心理咨询目标，心理咨询的具体时间与次数，心理咨询具体方法和原理，来访罪犯体验作业，心理咨询师对体验作业的分析，心理咨询效果的评估与反思等。

心理咨询方案也不是一成不变的，可随着咨询的进程根据具体情况作适当地修改完善。

在上述案例中，心理咨询师将心理咨询方案融入到咨询目标之中，也能较清晰地反映咨询方案的内容，可视作是一种简案。

第四阶段：帮助与改善阶段

这是心理咨询中的最重要阶段，直接决定着心理咨询的效果。在这一阶段运用何种心理咨询方法，使来访罪犯产生何种变化，完全与来访罪犯及其所面对的问题有关。此外，由于心理咨询师所运用的方法不同，进行此阶段的步骤也各有异。但是不管如何，在这一阶段，心理咨询师总是要分析来访罪犯的心理问题成因，选择相应的心理咨询方法与技巧给来访罪犯提供有效的帮助与指导。

分析来访罪犯的心理问题成因。我们一般从生物因素、社会因素、心理因素三方面去了解来访罪犯的心理问题成因：

（1）生物原因：有无躯体疾病；该躯体疾病与心理问题有无联系；生物学年龄（青春期、更年期、老年人）；性别。

（2）社会原因：是否存在生活事件、人际关系、服刑劳动环境；以上三点与心理问题有无关系；社会文化因素（受教育程度、风俗习惯、宗教信仰等）；是否有有效社会支持系统（是否得到社会支持系统成员的理解关注和正确指导）。

（3）心理原因：来访罪犯对自身刑期的看法，对服刑环境的看法，对其他罪犯的看法，对家庭成员的看法，对监狱警官的看法，对自己犯罪过程的认识，对监管制度的看法等等；来访罪犯是否存在持久的负性情绪事件，是否有新旧观念冲突，是否有不良思维习惯（如反逻辑思维、不良归因），是否缺乏有效解决问题的行为方式；个性特征等。

给来访罪犯提供有效的帮助与指导，心理咨询师要注意以下几个方面：

(1) 心理咨询师在给予来访罪犯帮助指导时，要坚持给予心理方面的指导与帮助，而不是包办一切。

(2) 心理咨询师要注意双方是咨访关系，即心理咨询师帮助来访者分析其心理问题及成因，提供指导意见，而最后解决问题还要靠来访罪犯自己去解决。心理咨询过程是一个助人自助的过程，这是心理咨询的基本理念，也是心理咨询师应遵循的一条重要咨询原则。

(3) 双方一起讨论解决问题的方案，最后如何去解决问题，改善来访罪犯状况，心理咨询师也要尊重来访罪犯的自身意愿。

(4) 心理咨询师在咨询过程中，既要遵循一般心理咨询的原则，也要遵守监狱法规。

第五阶段：结束阶段

心理咨询实施一段时间，取得满意的咨询效果后，随即应该进入结束阶段，以便结束对来访罪犯的咨询。心理咨询的长短不同，结束阶段的开始也有所不同。如原先预定10次会谈之后结束咨询，那么最后两次会谈就应将重点转移于结束期的工作；假如是持续一年之久的咨询，则在最后一二个月即应逐步开始准备结束。在结束阶段应注意如下几点：

(1) 综合所有资料、做结论性解释。在整个心理咨询过程的逐步进行中，心理咨询师应随时从来访罪犯那里获取心理资料，据以掌握来访罪犯的心理行为方式，并不断给予来访罪犯解释、说明，使其了解自己的心理行为方式，帮助其学习新的应对方式。到了咨询结束之前，心理咨询师应与来访罪犯作一次全面性的研究、检讨，综合所得资料，做出结论性解释，使来访罪犯有机会对自己进行更清楚的认识，以便应付将来可能必须面对的心理生活。这种综合性的评语、建议，容易使来访罪犯铭记在心，帮助他不断成熟。

(2) 帮助来访罪犯举一反三，学习应用咨询经验。心理咨询的最终目的，不仅希望来访罪犯能把在咨询过程当中所学习到的新知识、新经验应用到日常生活里，而且更为重要的是，希望来访罪犯以后能不经心理咨询师指导、引导与帮助，自己也能帮助自己继续学习、发展、走向成熟。在结束阶段，心理咨询师要向来访罪犯指出他在咨询中已取得的进步，并向其指出还有哪些应注意的问题，还应帮助来访罪犯重新回顾咨询要点，帮助检查咨询目标的实现情况，进一步巩固咨询所取得的成果。在结束阶段，心理咨询师宜渐渐退出心理咨询师的角色，采取比较被动的角色，让来访罪犯自己扮演独立、自主、积极的角色来改善自己的心理状况。

(3) 准备结束，接受离别。有的来访罪犯经过长期心理咨询以后，可能形成依赖咨询师的心理，或产生喜欢心理咨询师的情感，舍不得离别。心理咨询师应让来访罪犯了解凡事都有终结，鼓励其自力而为，在真实的世界里独立自主，有的来访罪犯依赖性很强，心理咨询师应采取渐次结束的办法来中止咨询。

学习任务二　罪犯心理咨询原则

一、咨询案例——授人以渔　助人自助

(一) 基本资料

罪犯吴某，男，36岁，抢劫罪，原判死缓，累犯，某省某县人，初中文化，1996年入监，某监区高频淬火岗位，有热处理及电焊中级证书，现余刑6年多。家中有父母、4个哥哥、1个姐姐，父母由哥哥们负责抚养，但独自生活。父母都70多岁了，身体不太好，尤其是父亲，自吴某第二次入狱后，对其打击非常大，整天关在家里除了看电视就是发呆，不愿说话，不愿与人交往，近两年得了老年痴呆。哥哥、姐姐家境一般，家人对吴某较关心。入狱前曾有几个女友，但早就失去联系了。老家位于江、淮之间，属于泄洪区，几乎每年都要发洪水，房子建好又被冲掉，所以尽管国家有补助，但依然发展不起来。

吴某第一次犯罪是在20岁那年，乘公交车时，吴某看到有个人上衣下口袋里的钱（800多元）十分明显，就忍不住去偷了。结果吴某被判有期徒刑6个月，全部在看守所服完刑。

吴某第二次犯罪是他当时给别人开车，内心十分渴望有一辆自己的出租车，于是当同案犯找到吴某家中，说去杭州抢劫事后能分到10万元后，吴某虽然知道这是犯罪，但依旧欣然前往了，结果被判死缓。

既往咨询史：在监狱心理咨询电话亭设立之初，曾接受过专家的电话咨询，感觉没什么效果。

(二) 主诉

情绪难控制，易激惹，多疑。自卑，常感生活无望。睡眠不好，入睡难，早醒，多梦，且多为恶梦。体弱，白天常感乏力，做事提不起精神。多次到

监内医院就诊,做过多种检查,未查出异样。

(三) 个人陈述

(1) 头脑里想法很多,且不受控制。情绪难控制,易激惹,但迫于改造的现实,一般还能忍住,但心里要别扭很长时间,这样的状况已有七八年左右,很担心,不知自己什么时候控制不住,就爆发了。人际关系一般。

(2) 余刑不算长了,觉得自己什么都不会,身体又差,所以对刑释后的生活感到无望。

(3) 日常生活中,总感觉很累,似乎对什么都提不起兴趣,不爱与人交谈,觉得很烦。喜欢安静,业余时间多用在画刊头上,画刊头是入监后学的,坚持到现在。

(4) 自入狱后,睡眠一直不好,入睡难,醒得早,每天最多睡三四个小时,睡不着时胡思乱想,思绪完全不受自己控制。

(四) 心理测试结果

对吴某进行了房树人测验、SAS 测验和 SDS 测验。

图 2　罪犯吴某的房树人测验图

从吴某的房树人图中可以得出以下分析结果:吴某画的是一幅风景画,显示其有一定的美术功底,智商较高;显示情绪化、心情忧郁、多疑、警戒、自我防卫,有精神上的不安全,追求安全与自我力量;画面整体约占纸张的二分之一,所以内外向不明显,但画面总体偏左,且太阳在左边,显示其留恋过去。

从吴某 SAS 测验结果来看,总分为 50 分,有一定的焦虑倾向。

从吴某 SDS 测验结果来看,总分为 60 分,也有一定的焦虑情绪表现。

(五) 观察与他人反映

吴某 40 岁左右的样子,显得比现实年龄偏老。面部清瘦,说话基本不看屏幕。语速中等,语气舒缓,给人极诚恳的感觉。

监区民警反映,吴某平时不爱与人交往,与同犯关系一般,不太参与集体活动,喜独处,劳动、学习等改造任务基本能完成,但总是一副提不起精神的样子。经常到监内医院就诊,但又查不出什么毛病。

互监反映,吴睡眠不好,常被噩梦惊醒。

(六) 评估与诊断

1. 评估

从吴某的自诉,并结合量表结果及他人的评价,吴某的症状基本符合神经衰弱的表现。许又新教授在《神经症》一书中指出,神经衰弱需符合以下三条临床表现:

第一,与精神易兴奋相联系的精神易疲劳。精神易兴奋主要表现为联想和回忆增多而且杂乱。注意不集中往往与精神易兴奋是同一件事。神经衰弱的疲劳具有弥散性和明显的情绪性。还有一个特点,神经衰弱的疲劳不伴有欲望和动机的减退,相反,病人常苦于"力不从心"或"心有余而力不足"。病人感到疲劳的同时,心里想得却很多,欲念十分活跃。

第二,情绪症状。主要有三:烦恼、易激惹和心情紧张。

第三,心理生理障碍。实际上指的是生理功能障碍,只是这类症状跟病人的心理有密切的关系。常见的有:睡眠障碍、头部不适感、个别内脏功能的轻度或中度障碍。

2. 鉴别诊断

第一,与重性精神病鉴别。根据病与非病三原则,以吴某的症状表现显然可以排除重性精神病。

第二,与严重心理问题鉴别。以吴长达七八年的病程,可以排除其严重心理问题的可能。

第三,与焦虑性神经症鉴别。虽然吴某有一定的焦虑情绪,且 SAS 总分达 50 分,但依然无法认定其为焦虑性神经症。因为,诊断焦虑性神经症必须具备以下两点:其焦虑情绪是莫名的,无具体指向;伴有运动性不安或植物神经功能亢进的明显症状。而这些特征,吴某都不具备。

第四,与抑郁性神经症的鉴别。吴某也有一定的抑郁情绪表现,且 SDS 总分达 60 分,但要鉴别抑郁性神经症状,需整个患病期中,全部或大部分时间都处于抑郁状态。而吴某显然未达此程度，所以无法诊断抑郁性神经症。

（七）咨询目标的确定

具体及阶段性目标：掌握自我放松技巧；改善睡眠；学习正确认识评价自我的技能，重新认识自己；学会控制情绪，改善人际关系。

最终目标：帮助接纳自我，完善自我，发掘自身潜能，促进人格完善。

（八）咨询方案

使用方法：放松疗法、梅肯鲍姆认知行为矫正技术及来访罪犯中心疗法中有关技术。

原理：第一，生活技能的人本主义价值观：尊重每一个人，承认人是容易犯错误的，相信人是可教育的，相信人有潜能过理性、社会性的生活，并且真诚地希望我们的世界变得美好；第二，正确的放松法，可以在一定程度上缓解紧张焦虑情绪；第三，引导来访罪犯，改变自我评价体系、消除不良自动化思维，是改善其认知的有效途径；第四，平等、尊重、温暖、理解，是每个人生活所必需，尤其是服刑人员。

（九）咨询过程

1. 初诊

因为有过一次不成功的咨询，所以此次虽然有民警的建议和推荐，但依然可以看出，吴某本次的咨询依然是一次不抱希望的尝试。视频中的他，看上去十分削瘦，精神不振，说话慢条斯理，有些有气无力的样子。整个过程中，吴某并不愿多讲自己的具体情况，只是反复强调自己失眠的严重程度，对自己健康的担心，以及做恶梦被惊醒后的惊慌和恐惧，但对于具体梦见了什么并不愿多说，对于自己的犯罪事实更不愿提及，看得出，吴某对心理咨询依然不信任，且阻抗。

咨询师认真倾听，充分运用来访罪犯中心疗法中的有关技术，积极关注、设身处地理解、坦诚交流，让吴某充分宣泄，尽情表达自己的情绪，并在吴某的倾诉告一段落后，对吴某重申了咨询的一些理念，以改善其对咨询的不良见解。

咨询师：失眠的确是一件很痛苦的事情，尤其像你这样长期失眠，对于身心影响是极大的。但失眠一般都是心因性的，即都是由心理因素引起的，当然用药物可以改善，但无法根治。你能求助于心理咨询，这很好。但心理咨询，并不像躯体疾病，效果取决于医生及用药，而主要取决于你内心渴望用心理咨询解决问题的迫切程度，取决于你对于心理咨询及咨询师本人的信任程度，取决于我们之间的配合程度，而非咨询师单方就可解决的。在很大程度上，你的作用更大一些。我知道，上次的咨询让你有些失望，但如果你选择继续相信心理咨询，也认可我，那么我们就一起努力，好吗？

吴某：我内心真的有些矛盾，一方面觉得咨询没什么效果，一方面又没有更好的解决办法，身边的民警和同犯都向我推荐心理咨询，我也想再尝试一下，我觉得可能上次外面的咨询师不了解我吧，自己监狱的民警咨询师对我们的情况会了解一些，应该会更有针对性。我愿意再试一试。

在达成共识的前提下，咨询师与吴某一起商定，第一个目标是帮助吴某掌握一些放松的方法，希望可以改善睡眠。于是咨询师向吴某传授了呼吸放松法要领和步骤，并要求吴某回去后，自己每天按要求练习，一周后复诊。

2. 练习放松

初诊咨询结束时，咨询师给吴某布置的作业就是回去练习放松，每天都需按计划进行，并请监区分管心理咨询民警予以协助，注意观察，并起监督提醒的作用。

3. 实施音乐放松

一周后，据监区民警反应，吴某能每天按要求自行练习放松，且已基本掌握放松的技巧。在征得其同意后，将吴某带至监狱心理矫治基地，接受一次音乐放松。在结束了整个过程约40分钟的放松后，在基地咨询室，对吴某进行了一次面对面咨询。

近距离看到吴某后，感觉他比视频看到的还要瘦，这次他面带微笑，脸上有一种彻底放松后的疲惫。

咨询师：感觉如何？睡着了吗？

吴某：谢谢你，虽然没睡着，但真的得到彻底的放松，音乐很舒服！

咨询师：你现在已经掌握了放松的技巧，对你的睡眠有改善吗？

吴某：有，真的有效。原来入睡很困难，睡不着时脑子里乱七八糟的想法很多，越想睡就越睡不着。学会了放松后，将注意力都集中到了呼吸上，也不会胡思乱想了，不知不觉就睡着了。现在每天差不多11点左右就能睡着，早上还是醒的比较早，大概四点多的样子，现在白天感觉精神好多了，心情也好多了，同犯都说我脾气好起来了。真的非常感谢！

咨询师：你有了这么大的改善和进步，真为你高兴！这都是你自己努力的结果，希望你能坚持下去，不要有了这么一点改善就松懈了，那会前功尽弃的。前次咨询中，你说最想解决的就是睡眠问题，现在看起来已经基本解决，精神也好多了，情绪也有了一定的改善，那么，你的问题是不是都解决了呢？

吴某：这些问题是解决了，但其实我还有一些事想请您帮忙……

本次咨询，吴某向咨询师谈了些他的家庭情况，以及目前的改造情况。因为性格较好静，身体虚弱，平时又不爱好活动，空余时间就爱画点刊头。与人交往不多，与警官也不愿多交流，所以吴某觉得自己在监区无论同犯还是民警中人缘都不太好，造成的直接后果就是年终双评时，得票数低。还得知，吴某是累犯，余刑还有6年多，家中有年迈双亲，目前由哥哥们抚养，对于这不长不短的余刑，吴某有些困惑，一方面很想早点回去待奉二老，但因为身体原因，奖励及减刑情况并不理想，另一方面却觉得自己一无所长，出去后都40多岁了，体力活估计也吃不消，再靠家里人也不是个事，而且到了这个年纪了，有极强的成家渴望，但自己这种状况，出去后有谁肯下嫁？因此对刑释后的生活感到无望。吴某流露出较重的自卑心理，多次提到自己是个没用的人，有时甚至觉得活着没什么意思。

通过本次咨询，咨询师感觉到，由于得到了一些改善，吴某对心理咨询有了新的认识和感受，对咨询和咨询师本人的信任度和依赖程度都有了较大的提高，吴某的内心进一步暴露。咨询师感觉到，对于吴某这一类的来访罪犯，要有耐心，不能急于求成，关键是要取得他的信任，建立良好的咨访关系，然后根据他对咨询的接受程度，自我暴露程度，一步一步地调整咨询计划。

4. 运用认知行为矫正技术（CBM），改善其认知

通过吴某的进一步自我暴露，咨询师感觉到，吴某对自身综合评价过低，直接导致其对生活对未来失去信心。梅肯姆鲍认为，一个人的自我陈述在很大程度上与别人的陈述一样能够影响个体的行为。所以要改善吴某的认知，就要引导吴某进行自我观察，关注自我陈述，然后开始一种新的内部对话尤其重要。

本阶段的主要任务是让吴某掌握正确认识、评价自我的技术。

咨询师：很高兴你今天能告诉我这些。你刚才说自己很没用，什么都做不好。别人都这么看你，还是仅仅你自己认为？

吴某：别人那我没去问过，也没听他们这么说过，但我想他们心里也是这么看我的吧。我这样的身体，又什么都不会。

咨询师：这么差的身体，又什么都不会，所以你很没用，你什么都做不好。

吴某：是的。

咨询师：你什么都做不好，身体不好，睡眠不好，人际关系处理不好，改造不好，劳动不好，学习不好，刊头也画不好……

吴某：那不是的，我刊头画得还是蛮好的，经常被《新生报》、《心理导刊》、《启迪报》等刊用。

咨询师：所以，你并非什么都不会，什么都做不好。

吴某：好像是的。

咨询师：你还有一件事做的很好。那就是在这么短的时间里，掌握了自我放松的技巧，并在实际运用中取得了较好的效果，这可不是任何人都能做到的，说明你有较强的学习和领悟能力。

吴某：真的吗？

咨询师：是的。

吴某：这么看来，我之前的确有些以偏概全了，我是有不足，但有些方面还是可以的。

咨询师：很好，你终于认识到了。心理学认为，自我概念对人的心理影响是极大的。所谓自我概念是一个人对自身描述，或者说是关于一个人认为自己是什么样的描述。它是一个系统的概念，它由多个维度组成，包括中心化，即什么对我是真正重要的，还有是对个人特征的正性或负性的评价，另外还有一个更重要的维度是自信。

吴某：你是说我对自我概念认识不清，缺乏自信？

咨询师：你认为呢？

吴某：好像是的。

咨询师：人无完人，既然是人而非神，就难免有缺点和不足。作为对自己客观而完整的评价，应该包含正反两个方面。你的自我概念中，对自己负性评价过高，而正性评价过低，这就造成了你的不自信。《论语》中说"知人者智，自知者明"，做个明智的人，会少很多不必要的烦恼。

本阶段，给吴某布置的体验作业：写日记，将自己的每天做得好和不好的事都记下来；在同犯及民警中作个调查访问，看看他人对自己的评价如何；继续使用呼吸放松法帮助睡眠。

5. 结束咨询

二周后，吴某再次预约咨询。

视频中，吴某虽然依然清瘦，但精神好了很多。交谈时神情、姿态都较前几次放松了很多。

刚一坐下，吴某就笑眯眯地告诉咨询师一个好消息，因为有了画刊头的美术功底，这次监狱成立的动漫创作室在全监抽调罪犯时，选中了他，这对他而言是极大的肯定，也让他看到刑释后生活的希望。

布置的体验作业都按要求完成了，吴某对咨询师的用意也了解。他说，第一项体验作业让他学会了一分为二看事情，第二项体验作业让他学会了客观评价事物，第三项体验作业让他学会自我调节睡眠。当然，最大的收获，就是学会了遇事尤其是遇到困难时，不再一味烦恼，而应积极行动，寻找正确的解决方法。

本次咨询中，吴某主动谈起了自己的两次犯罪，言词间流露着强烈的后悔，深觉犯罪害人害己，更连累了家人，尤其是对不起父母的养育之恩，表示今后会尽自己最大的努力，积极改造，早日回家孝敬父母，他有信心将这几年亏欠他们的全都补上。

在谈到第二次犯罪时，吴某具体描述了自己的那个立功情节。当时有一同案犯想对被害人的女儿实施强奸行为，被吴某制止。一审时吴某没提到这个细节，被判了死刑，上诉期间，在律师的提醒下，吴某想到了这个，律师说这属立功情节，但需要被害人确认属实，本以为被害人一定对自己深恶痛绝，不会为自己说话的，没想到，律师上门请求时，被害人居然认可了这个事实，并同意上庭作证，这才捡回一条命。

吴某深有感触地说，自己犯罪受到了惩罚，但无意中做的一点好事，却也救了自己一命，真是善恶终有果，今后一定要多行善。

对吴某能有这样的认识，咨询师给予极大的肯定，并深深为其高兴。吴某说咨询师对自己很亲切，帮助也很大，从出事起，已经很久没有人对自己这么好了，现在是把咨询师当亲人看了。在与吴某交流后认为，咨询预定的目标基本实现，咨询可以告一段落。吴某虽有些不舍，但表示接受，同时表示今后有事还是希望能得到咨询师的意见和帮助，咨询师同意了。

咨询结束。

（十）咨询效果评估

1. 量表结果对比

SAS 总分为 45，显示焦虑已不具有临床意义；SDS 总分为 50，显示抑郁已不具有临床意义。

2. 来访罪犯自我评估

吴某对咨询效果很满意，对自己的改变也十分满意，觉得自己从犯罪起状态从来没像现在这么好过。通过咨询让自己学会了很多应对生活困难的技巧，觉得一切都在慢慢变好，对今后的生活充满了信心。

3. 咨询师评估

在咨询结束阶段，首先在症状表现上，来访罪犯有了较大的改善。其次，在帮助吴某掌握一些生活技能上，也有较大的成功。咨询初期设定的一些目标基本实现。

4. 他人评估

吴某所在监区同犯觉得，吴某比以前开朗了，不再像以前那么爱发火，也容易相处了，晚上睡眠也好多了，很少再听到他说做恶梦、说梦话，睡得醒，身体都好起来了。

吴某所在监区民警反映，吴某比以前开朗了，脸上多了笑容。虽然还是不太参加文体活动，但对集体活动的关注多起来了。与同犯的关系也比以前融洽了很多，与民警的沟通也多了。白天精神状态好了，劳动时干劲也足多了。再不会像以前那样，三天两头要求到医院就诊了。

(本案例来自浙江省第一监狱二级心理咨询师余君)

二、咨询案例分析

英国心理学家纳尔逊在《实用心理咨询与助人技术》一书中曾说过："大多数心理咨询与心理治疗只关注咨询师的技能，而不是当事人的技能。然而，我们有足够的理由强调咨询师的使命是培养或协助当事人获得自己的技能。关注当事人的技能问题，可以使咨询师和当事人去评估是什么心智、人际交往技能的缺陷，使得当事人的问题得以持续，进而可以设法去改善这些特定的技能。"纳尔逊的这段话体现了心理咨询的基本理念——助人自助，"助人自助"也是心理咨询师在咨询过程中必需遵循的一条基本原则。在本案中，咨询师正是自始至终遵循着这一基本原则，从协助来访罪犯培养其个人技巧入手，帮助来访罪犯较好地解决了其存在的问题。

例如，咨询师在初诊时期对吴某说的一段话："你能求助于心理咨询，这很好。但心理咨询，并不像躯体疾病，效果取决于医生及用药，而主要取决于你内心渴望用心理咨询解决问题的迫切程度，取决于你对于心理咨询及咨询师本人的信任程度，取决于我们之间的配合程度，而非咨询师单方就可解决的。在很大程度上，你的作用更大一些。"咨询师与吴某共同商定咨询目标，教会吴某放松技术，让吴某掌握正确认识、评价自我的技术，给吴某布置体验作业，最后让吴某对咨询效果进行自我评估，无一不体现"助人自助"这一心理咨询的基本原则。

三、罪犯心理咨询原则

在罪犯心理咨询过程中能否遵循心理咨询的基本原则，关系到心理咨询工作能否顺利开展，也决定着心理咨询工作的成败和效果。在罪犯心理咨询中，心理咨询师除了要遵循"助人自助"这一基本原则，还要遵循以下原则：

（一）保密原则

保密原则，可以理解为心理咨询中最为重要的原则之一，它既是咨访双方确立相互信任的咨询关系的前提，也是咨询活动顺利开展的基础。

保密是一个涉及来访罪犯隐私权的伦理术语。信息的保密性被认为是任何咨询关系的一条最重要原则。它被看做是信任的一个重要构件，而如果没有信任，咨询将不可能发生。这一原则要求在没有得到对方同意的时候，不得将在咨询场合下对方的言行随意泄漏给任何人或其他监狱职能部门。但是，保密原则也并不是绝对的，有时需要咨询者智慧的判断能力。咨询师有责任把来访罪犯一些重要信息（如涉及监狱管理安全的信息）向监狱相关职能部门报告（这一点我们将在安全原则中讨论）。

总的来说，咨询师应该在任何时候都维护适当的保密性，即使在公开案例研究或发表有关文章时必须使用特定来访罪犯的有关个人资料时，也必须充分保护来访罪犯的利益和隐私，尽可能隐去真实姓名，并将基本资料作适当的处理，使其不致于被他人对号入座。为了消除来访罪犯可能的误会，在刚与来访罪犯接触时，咨询师有责任让罪犯了解保密的有限性，即哪些情形属于保密性的例外。有些咨询师在咨询过程中要进行现场记录和现场录音，这一点必须征得来访罪犯同意后方可进行。即使来访罪犯同意，咨询师也有必要与来访罪犯以某种方式讨论怎样处理咨询记录和录音。咨询师不应该对那些没有条件保密的事情做出不现实的承诺，即便这样做的目的是想营造一种良好咨访关系的氛围。

（二）安全原则

这里指的安全主要是监狱相关人员的生命安全，咨询人员一方面要尽可能保证来访罪犯和咨询师本人的安全，另一方面要尽可能保证来访罪犯不去侵犯他人，这些都涉及到人的生命安全及监狱管理的安全秩序，所以，安全原则是从事罪犯心理咨询人员必需遵循的一条至上原则。保密原则在涉及安全问题时应该失效，保密原则必须在安全原则下才能运行。

安全原则要求咨询师需要有智慧的判断能力。当咨询师发现来访罪犯有自杀意图，而咨询师的能力不足而仅局限于保密原则的话，就可能陷入一种恐慌状态而不知所措，因此，作为咨询师此时应有冲破保密约定的勇气，与其他心理咨询师进行商讨（必要时可请精神科医生介入），并通知来访罪犯所在监区进行保护性关注,以避免来访罪犯自杀状态的实现,从而保证来访罪犯的安全。当咨询师发现来访罪犯在咨询过程中有侵犯咨询师时,咨询师应立即发出警报请求援助(为了保证咨询师和来访罪犯的安全,最好能在咨询室中设置警报装置)。当咨询师发现来访罪犯有侵犯他人意图时,咨询师应及时通报来访罪犯所在监区,让监管干警采取相应的防范措施,必要时可以建议所在监区给予来访罪犯进行保护性隔离关押。

涉及安全性事件时,咨询活动必须慎重进行,以免发生意外。

(三) 时间限定原则

心理咨询必须遵守一定的时间限制。咨询时间一般规定为每次50分钟左右(初次受理时咨询可以适当延长),原则上不能随意延长咨询时间或间隔。

为什么必须在时间上予以限制呢?

首先,由于事先对咨询时间予以限定,可以让来访罪犯有一定的安定感,使来访罪犯能够充分珍惜并有效利用这一时间。

其次,时间限定可作为来访罪犯服刑生活中成长的刺激剂。一般情况下,咨询次数为一周一次或两次,这样可以使来访罪犯在间隔期间充分回味咨询时的体验,并将其作为自身走向适应的成长的刺激剂。因此,一次两小时的咨询不如一次一小时分两次咨询的效果好。

再次,时间限定可以促使来访罪犯进行现实原则的学习。要让来访罪犯知道,咨询师要面对的除你以外,还有其他人要找咨询师咨询,并且作为一名监狱的心理咨询师除了心理咨询工作之外,还有其他很多的工作任务,这是目前监狱中心理咨询师所面临的现实。所以,咨询师要让来访罪犯明白自己不是想怎样就能怎样的。这样的一些体验学习的意义,就促使来访罪犯从咨询中的快乐原则转移到现实原则而得以成长。

最后,时间限定可以促使来访罪犯产生分离的体验。人生是一个分离的连续过程,与母胎的分离、与乳奶的分离、与家庭的分离(入学、结婚)、与孩子的分离(孩子的成长、结婚)、与配偶的分离(离异、死别)、与工作的分离(离职、退休)等,这一系列的分离是痛苦和伤感的,但从某种意义上讲,分离也含有成长的意思。被剥夺自由的罪犯与外部世界的隔离是最为伤痛的一种分离,而在罪犯群体中,罪犯之间的不信任是一种普遍现象,所以许多来访罪犯内心充满着孤独感与压抑感,需要一个不良情绪的释放口,来访罪犯一旦与咨询师建立起信任关系,就很容易对咨询师产生依赖。限定一定时间,让来访罪犯明白适时的分离既是生活中的一种必需,也是生活中的一种现实,让其重复这些分离所带来的伤感和复杂体验,可以促进来访罪犯的健康成长。

(四) 感情限定的原则

咨访关系的确立和咨询工作的顺利开展的关键,是咨询师和来访罪犯心理的沟通和接近。但这也是有限度的。来访罪犯的劝诱和要求,即便是好意的,在终止咨询之前也是应该予以拒绝的。个人间接触过密的话,不仅容易使来访罪犯过于了解咨询师内心世界和私生活,阻碍来访罪犯的自我表现,也容易使咨询师该说的不能说,从而失去客观公正地判断事物的能力。因此,心理咨询的场面设定时,原则上禁止与来访罪犯除咨询室之外的任何接触和交往,也不能将自己的情绪带进咨询过程,不对来访罪犯在感情上产生爱憎和依恋,更不能在咨询过程中寻求在爱憎、欲求等方面的满足和实现。

(五) 重大决定延期的原则

心理咨询期间,由于来访罪犯情绪过于不稳和动摇,原则上应规劝其不要轻易作出诸如要求调换监区、要求调换工种、提出离婚等重大决定。在咨询结束后,来访罪犯的情绪得以安定、心情得以整理之后作出的决定,往往不容易后悔或反悔的比率较小。就此应在咨询开始时予以告知。

【单元小结】

(1) 罪犯心理咨询流程可分五个阶段:资料的搜集与整理阶段,心理评估与诊断阶段,制定咨询方案阶段,帮助与改善阶段,结束阶段。

(2) 咨询师通过观察、管教民警的反映、摄入性谈话等途径搜集来访罪犯相关资料,分别从来访罪犯的一般资料、成长史资料、目前状况资料三个方面加以整理。

(3) 评估与诊断主要通过与来访罪犯的谈话、与来访罪犯密切关系人士的谈话、通过咨询师的观察、通过心理测验等方式进行。对来访罪犯的评估与诊断往往会贯穿心理咨询的全过程。

(4) 根据来访罪犯的心理症状程度和咨询目标,设计心理咨询的具体时间和次数。心理咨询次数短则2~3次,长则10次、20次或更长不等,每次心理咨询一般为50分钟左右。根据来访罪犯的心理症状、服刑期限和本人意愿,共同制定具有可操作性、有实效性和可评估性的咨询方案。

(5) 帮助与改善阶段是心理咨询中的最重要阶段,直接决定着心理咨询的效果。在这一阶段运用何种心理咨询方法,使来访罪犯产生何种变化,完全与来访罪犯及其所面对的问题有关。此外,由于心理咨询师所运用的方法不同，进行此阶段的步骤也不同。但是不管如何，在这一阶段，心理咨询师总是要分析来访罪犯的心理问题成因，选择相应的心理咨询方法与技巧给来访罪犯提供有效的帮助与指导。

（6）心理咨询实施一段时间，取得满意的咨询效果后，随即应该进入结束阶段，以便结束对来访罪犯的咨询。心理咨询的长短不同，结束阶段的开始也有所不同。

（7）罪犯心理咨询原则包括助人自助原则、保密原则、安全原则、时间限定原则、感情限定原则、重大决定延后原则。

（8）安全原则是从事罪犯心理咨询人员必需遵循的一条至上原则。保密原则在涉及安全问题时应该失效，保密原则必须在安全原则下才能运行。

【思考题】
1. 咨访双方的责任权利与义务有哪些？
2. 如何对咨询目标进行有效性评估？
3. 罪犯心理咨询方案一般包括哪些内容？
4. 给来访罪犯提供有效的帮助与指导，心理咨询师要注意哪些问题？
5. 如何理解罪犯心理咨询中的保密原则与安全原则？

学习单元二　心理沟通技巧与罪犯矫正

【学习目标】
知识目标：知道影响咨询关系建立的主要因素；明白常用的心理访谈技巧——倾听技巧、影响对方技巧
技能目标：能运用倾听技巧、影响对方的技巧与罪犯进行沟通
态度目标：养成真诚、尊重和助人自助的态度

由于罪犯和民警的身份地位的差异，而且民警掌握着罪犯的考核权，所以在民警面前，罪犯的自我保护意识是强烈的，尤其在重刑犯监狱来说更是如此。一次咨询中，一名余刑还有9年的"三无"服刑人员在关于其喜欢幻想是否是一个问题的第四次咨询结束的时候说："对不起，朱老师，有些东西等我出去以后可以说的时候再和你谈。"咨询期间，恰巧遇上监狱调犯新疆，该犯也在调疆之列，其与咨询师好好谈了一次，在内容上，而且在情绪上，咨询师感受到了压抑和真实。感受到了"三无"犯的无奈和情绪。用罪犯自己的话来说就是："同样是穿囚服、光头，差别怎么就那么大呢？"

为什么服刑人员具有强烈的自我保护意识呢？服刑人员比常人经历更多的挫折，也更容易形成特定的防御机制（说谎、封闭和攻击性行为等）来保护自我。当走上犯罪的道路时，为了躲避法律的处罚、受害者的报复，他们进一步加强了自我保护意识。当他们进了封闭、自由是第一需要的竞争性的监狱中，强烈的自我保护性就不难理解，这导致服刑人员之间缺乏沟通和交流。

心理咨询首要任务是要建立信任的咨询关系，否则心理咨询就难以进行，就不可能取得好的效果。如何与罪犯建立良好的咨询关系，获得真实的信息，并作出准确的诊断，最终使罪犯发生一定的改变就需要一定的咨询技巧。我们从影响沟通关系的因素分析、倾听技巧、影响罪犯技巧这三个方面进行论述。

学习任务一　影响沟通关系的因素分析

如果在咨询中，民警与罪犯难以建立良好的沟通关系，那么任何心理咨询技巧和理论都是无用的，双方的沟通关系很大程度上决定了心理咨询的

成败。

一、案　例

罪犯：你上次叫我回去反思我的人际关系和犯罪之间的联系，并把它写下来，我不知道怎么样写，也写不好，就没有写，不好意思啊，某某警官。

民警：那你能够说说你的反思吗？

罪犯：说不清楚……这几天劳动比较忙，就没有去仔细想这个事情。

民警：我是希望你能认真去做这件事情，你回去没有好好反思，又没有写下来，这让我感到有些失望。

罪犯：那我这次回去好好写……是不是对我很失望啊？

民警：我是对你回去没有完成交给你的作业有些失望，并不是对你这个人失望。叫你去做这件事情，是希望这样做能促进你的自我反省，认识自我，改善你的人际关系，为了以后能够过得更好。不知道怎么样写，可以问问其他民警或者罪犯，就解决问题了，这也是人际关系和解决问题的一部分。

罪犯：……（沉默）

民警：你能说说你为什么没有去反思的原因吗？是没有心情写，还是劳动太忙，没有时间和精力去写？还是其他原因？

二、分　析

在这里，民警比较真实地表达了得知罪犯没有完成作业的心情，没有掩饰他的失望。反映的真实性和里面所包含的情感性，使得民警和罪犯的咨询关系得到了加强，让罪犯感受到民警的真实可信，信任感就会提高。而且民警在这里指出了让他这样做的目的和动机——希望他能够自我反省，认识自我，改善人际关系，为了罪犯自身以后的改造，这样明确的动机使得罪犯更愿意接纳民警，也愿意去反思。民警也马上利用了刚刚发生的活生生的案例——即时化——来说明沟通和人际交流的重要性，不知道怎么样写可以询问其他民警或者罪犯，增加解决问题的途径，这就是人际关系的重要性，让罪犯有一定的体验。最后，民警给予罪犯积极的关心、关注、尊重、共情和理解，去理解和探询他为什么没有完成这个作业？是不知道怎么样写，还是有阻抗？还是反思了不愿意将自己的内心世界袒露？

如果民警遇到罪犯没有按照自己的要求去做而产生的情绪体验不是失望而是愤怒，那么里面理解和关注的成分就少了很多，虽然表达愤怒也许也有一定的效果，却不如失望来得更好。愤怒的情感和简单的训斥，则会恶化双方的咨询关系。那么在咨询中哪些因素会影响双方的沟通关系呢？

三、影响沟通关系的因素

(一) 共情

共情，是指一种能深入他人主观世界，了解其感受的能力。罗杰斯认为良好的咨询与治疗关系本身就具有治疗的功能，而共情是建立良好咨询关系的三个充分必要条件之一。在与他人交流时，能进入到对方的精神境界，感受到对方的内心世界，能将心比心地为对方考虑，体验对方的感受，并对对方的感情作出恰当的反应。共情就是关怀一个人，必须能够了解他及他的世界，就好像我就是他，我能够用他的眼看他的世界及他自己一样，而不能把他看成物品一样从外面去审核、观察，必须能与他同在他的世界里，并进入他的世界，从内部去体认他的生活方式、目标与方向。

共情具有重要的作用，具备共情特质的人能切身感受到别人的需要与苦恼，能在必要时以得体和尊重的方式向他人提供支持与帮助，能最大限度地理解别人，并以平和的心态与人相处，即使与他人产生矛盾，具备共情能力的人也能平和地以建设性方式去处理。因此，非常有助于咨询关系的建立。人与人之间的关系是互相影响的，对人最大限度的体谅、理解和关心通常也会为我们赢得别人的理解和关心，使我们拥有强大的社会资源，具有十分重要的心理保健功能。

如何加强我们的共情能力？首先，学会换位思考。换位思考指能从对方角度为对方的行为寻找合理性，以最大限度地理解对方。其次，学会倾听。倾听指能全身心地聆听对方的表达。倾听不仅指听取其口语表达的内容，还包括观察非语言的行为，如动作、表情、语音语调（音量大小、语音高低、音速快慢、是否口吃等）。不仅如此，还需要有适当的反应，表示听了并且听懂了。倾听的要求：全神贯注，不打断对方讲话，不做价值判断，努力体验对方的感受，及时给予语言和非语言反馈。最后是表达尊重，尊重对方的个性及能力。接纳对方的信念和所做出的选择或决定，而不是评论或试图替其做决定；不做价值判断，尊重对方的选择。

共情的意义。首先，可以使对方感到自己被接纳、理解和尊重，从而产生一种愉快、满足，有助于相互进一步深刻的理解和沟通。其次，可以使人在亲密的人际水平上，更准确地察觉和理解另一个人的思想和感情。共情是一种积极的能力，有助于人们建立健康的人际关系。再次，共情有助于发展利他、合作、尊重等人格品质。最后，共情有助于人走出自我关注，学会关注他人。

然而在与罪犯的交流中，共情较难，由于犯罪者的特殊经历，咨询师有时很难对他们进行共情，去理解他们的孤独、自卑和绝望等感受。尤其是没有接触过监狱和罪犯的心理咨询师，做到对罪犯的共情就比较困难。如果咨询开始对罪犯的共情出现错误，让罪犯感觉你难以理解他，甚至就根本不能理解他，那么咨询关系的建立就很困难了，罪犯就没有心思和你聊下去。这也从另外一个角度说明，一个心理咨询师并不是能够做任何人的咨询，他有他自己独特的领域。

(二) 积极关注

积极关注就是以积极的态度看待来访者，注意强调他们的长处，有选择地突出来访者及行为中的积极方面，利用其自身的积极因素，达到治疗目标。积极关注涉及到对人的基本认识和基本情感，凡助人工作，首先抱有一种信念，即来访者是可以改变的，只要他们愿意，只要他们希望，每个人身上都有潜能存在，都存有一种积极向上的成长动力，通过自己的努力、外界的帮助，每个人都可以比现在更好。这对于心理咨询师来说非常重要，积极关注不仅有助于建立咨询关系，促进沟通，而且本身就具有咨询效果。

运用积极关注应当注意以下几点：首先是避免盲目乐观，不要片面理解积极关注，表现出对求助者的过分乐观，如："我发现你身上有好多长处，你所面临的困难算不上什么，一切都会过去的。"经常如此，就变成了一种形式、教条，淡化了求助者的问题，同时表现出对求助者缺乏共情。应针对来访者的实际问题，客观地分析其现有的不足，同时帮助分析其拥有的资源。从只看到失败、缺点，并把它们放大，陷入其中而难以自拔中看见自己的长处和所拥有的资源，从只注意失败转到客观分析形势上来。其次要立足实事求是。积极关注应建立在来访者客观实际的基础上，不能无中生有，否则来访者会觉得咨询师是在用虚言安慰自己，是咨询师无能的表现，这样的积极关注会适得其反。

面对罪犯这样一个群体，他们经历了比常人多的家庭痛苦，学校教育的失败，过早辍学而进入社会，就业的困顿，情感的空白，犯罪的体验，入狱的绝望等。这些痛苦、失败和挫折使得他们自卑敏感，过多关注甚至习惯于自己的消极阴暗的东西，看不见生活的希望，遇到问题容易走极端，破罐子破摔。咨询师需要从另外的角度，从一个积极的视角引导他们，善于发现他们的长处。一旦他们被民警引导步入积极的轨道，看见生活的希望，对民警的信任关系和咨询关系就能得到极快的巩固和稳定。

（三）尊重

尊重意味着把来访者作为有思想感情、内心体验、生活追求和独特性与自主性的活生生的人去对待。尊重求助者，不仅是咨询师职业道德的起码要求，也是助人的基本条件。尊重，应当体现为对求助者现状、价值观、人格和权益的接纳、关注和爱护。

尊重的意义在于可以给来访者创造一个安全、温暖的氛围，使其最大限度地表达自己。可使来访者感到自己受尊重、被接纳，获得一种自我价值感。特别是对那些急需获得尊重、接纳、信任的来访者来说，尊重具有明显的助人效果，是咨询成功的基础。尊重可以唤起对方的自尊心和自信心，可以成为对方模仿的榜样，起到开发潜能的作用。

恰当地表达尊重，需要注意以下几点。第一，尊重意味着完整接纳，把每个来访者看做是有人权、价值、情感和独立人格的人，这是互相尊重与平等的前提。尊重意味着接纳一个人的优点和缺点，而不是仅接受来访者的光明面，排斥其消极面。尊重也意味着接纳一个价值观和自己不同甚至差距很大的来访者，并与之平等交流。咨询师往往对来访者的某些言行难以接纳，当价值观、人生观、生活方式相差甚远时，当来访者的某些见解片面，甚至无理，却又自以为是时，当来访者身上有令人厌恶、痛恨的恶习时，咨询师很可能就会不由自主地产生不满、反感甚至厌恶的态度。咨询师应充分地了解自己的价值观，充分地尊重对方的价值观。每个人价值观的形成都有其复杂的背景，并非只有咨询师的价值标准才是正确的，开放的观念对咨询师来说非常重要。第二，尊重意味着一视同仁。无论来访者社会地位高低、年龄大小，咨询师都应一视同仁，不能厚此薄彼，轻视或奉承。尊重意味着以礼待人。对求助者要不嘲笑，不贬抑，不惩罚。即使来访者的言谈举止有些失礼，也应以礼相待。第三，尊重意味着保护隐私。对于来访者讲述的秘密、隐私，咨询师应予尊重、保护，不应随便外传。对于来访者暂时不愿透露而与咨询密切相关的隐私，咨询师应耐心等待，不可强迫讲述。至于与咨询无关或关系不大的隐私，咨询师不得随便干预，不可出于好奇而去探问。当然，若咨询师发现自己实在难以接纳来访者，可以考虑把来访者转介给合适的咨询师，这也是对求助者尊重和负责。

在监狱特殊的环境，尊重罪犯就非常重要。因为监狱、罪犯在多数人的眼里具有消极的意义。提及监狱，普通人的印象如下：高墙电网、阴湿牢房、铁窗铁门、岗哨武警、探照灯；生活环境差，生活条件差；劳累、艰辛劳动、工作量大；一个关押罪犯的地方；没有自由；清一色的囚衣、光头；牢头狱霸；充满了黑暗、鱼龙混杂；充满暴力、打架；罪犯被虐待。对监狱更多的情感反应是恐惧、害怕；好奇、神秘；阴暗、黑暗；压抑、沉重；单一乏味、无趣；神圣、戒备森严；冷酷无情、冰冷；封闭。提及罪犯，普通人的印象如下：恶棍、人渣、无恶不作、有暴力倾向的人；坏人；触犯法律的人，犯错的人；心理扭曲、心理阴影、心理有缺陷、不正常的人；性格极端、偏激、偏执、易冲突的人；一时失足、一念之差的人；身不由己、环境所迫、走投无路的人；心狠手辣、狡猾、恶毒、察言观色的人；没有文化的人；社会底层地位的人；贫困的人；值得同情的人。这些信息多数来自影视媒体、道听途说，而且从小就在接收这样的信息，所以这样认知和感受在潜意识中运行，在无意识中影响他们对罪犯的看法，如果没有反省自己内心深处对监狱和罪犯的有些扭曲的不客观的认知和情感，那么在罪犯心理咨询中就难以对罪犯真正的尊重，正确面对罪犯这个群体。

（四）真诚可信

真诚，是指在咨询过程中，咨询师以"真正的我"出现，没有防御式伪装，不把自己藏在专业角色后面，不带假面具，不是在扮演角色或例行公事，而是表里一致、真实可信地置身于与来访者的关系之中。真诚在咨询活动中具有重要意义。一方面，可以为来访者提供一个安全自由的氛围，能让他知道可以袒露自己的软弱、失败、过错、隐私等而无需顾忌，使来访者切实感到自己被接纳被信任被爱护；另一方面，咨询师的真诚坦白为来访者提供了良好的榜样，来访者可以因此而受到鼓励，以真实的自我和咨询师交流，坦然地表露自己的喜怒哀乐，宣泄情感，也可能因此发现和认识真正的自己，并在咨询师的帮助下，促进其相应改变，而这种改变会减少面谈过程中的混淆和模糊，使双方的沟通更加清晰和准确。

真诚需要注意几点。首先，真诚不等于说实话。表达真诚应遵循一个基本原则，即对来访者负责，有助于来访者成长，这一原则适用于整个咨询过程。而且真诚不仅仅表现在言语中，非言语行为尤其是咨询中的实际表现更是表达真诚的最好方法。因此，咨询师的真诚并不是什么都可以随意地说出来，那些有害于来访者或有损于咨询关系的话，一般就不宜表达，比如，"你的这种行为真令人厌恶！""你是这种性格，难怪大家都不喜欢你！"等，尽管这些很可能是事实，是咨询师的真实感受，但从有利于咨询的角度看，不宜直接表达。以上可改为"你的这种行为人们或许会接受不了，从而有可能引起不良评价。""你的有些言行容易引起一些人的误解，引起矛盾。不知道我的这种感觉对不对?"这样的叙述，既表达了咨询师的感觉，又容易为来访者所接受，而且，后者的描述比前者更准确，更符合理性的判断，避免了给人贴标签和过分概括化、绝对化的印象。其次，真诚不是自我发泄。在咨询中，咨询师难免有时候会有挫折感，通过一些所谓的真实和真诚对来访者发泄自己的情绪和不满。有时候咨询师也会有感而发，真诚流露，忘记了咨询时间是属于来访者的，咨询师不应随便地占用。咨询师流露真情，表示真诚，可能会产生负面效果，使来访者对咨询师的形象产生动摇。再次，真诚应实事求是。有些咨询师为了面子、炫耀自己或者掩盖自己的不足，可能会不懂装懂以致失去了很多的真诚，带上了不少修饰成分，并且拉大了咨询师与来访者之间的距离，给沟通增加了困难。最后，真诚应适度。即使是对来访者有利的真诚亦因人因时而异，要不然有些来访者会因咨询师太多的真诚而受不了。真诚应适度，如同对人热情要适度一样。真诚是内心的自然流露，不是靠技巧所能获得的，真诚建立在对人的乐观看法、对人有基本的信任、对来访者充满关切和爱护的基础上，同时也建立在接纳自己、自信谦和的基础上。

(五) 影响沟通的其他因素

1. 具体化

具体化是指咨询师帮助来访者清楚、准确地表述自己所持有的观点、所用的概念、所体验到的情感以及所经历的事件，澄清那些重要、具体的事实。这样就自然起到了沟通和交流的作用。具体化的作用表现为：

第一，将模糊问题具体化，使得咨询师理解来访者究竟想要表达的意思是什么？究竟发生了什么事情？

案例一：

罪犯：我以前在外面的时候就很喜欢刺激。民警：你能说说究竟喜欢哪些刺激吗？罪犯：我最喜欢的刺激就是飙车，骑摩托车的时候喜欢在没有做好的路上飙车，160公里以上，甚至200公里以上，开车也喜欢快。骑自行车的时候前面如果有自行车，5~6米的范围内就想超车，不喜欢前面有人挡着。

案例二：

民警：你总是说自己自卑感很强，你能举例告诉我什么事情让你自卑吗？罪犯：自卑的地方很多，我来自农村，没有什么文化，年纪又大了，劳动又不行，干不过年纪轻的。又没有什么特长，每次分监区组织活动只有看热闹的份，分数也拿不到。刑期又这么长，老婆也与自己离婚了，孩子也跟老婆走了，家里又没有人管我，感觉很孤独，看不到以后的希望。在这里又没有钱，感觉是低人一等。民警：你们分监区的同犯中有多少来自于农村、城市？在监狱，85%的罪犯文化程度是初中以下，都没有什么特长。这里是重刑犯监狱，60%左右是外省的，远离家人，三分之一左右的人是三无犯。你想想看。罪犯：我一直觉得自己不行，但是你这么一分析，觉得确实很多人也和我一样，也没什么。一直来我都让自卑情绪、自卑观念困扰着，我也应该反省一下，不能一直抱怨，努力改变一下自己。

第二，将过分概括化的问题具体化。来访者会把对某一事件的看法发展成对某人的看法，把过去扩大到现在和未来，因为自己的一个过错，认为别人就看不起自己，不愿与自己交流。如一个新犯，在即将下中队的时候，情绪低落，说："警官和同犯都不喜欢我，不信任我，对我很不放心，不愿意和我交流。"这就需要予以具体化。究竟因什么不信任，不放心。结果发现是因为该新犯和组长有冲突，刑期又长，是无期徒刑。家人一时联系不上，加上性格内向，有被动攻击性人格，在新入监30多天的时候自杀未遂，民警当时就安排了包夹的罪犯24小时看管，24小时的包夹影响了同犯的生活，而且自杀未遂的行为使得监舍的同犯受到牵连，民警也受到批评，该犯感觉对这些同犯很过意不去，希望民警撤销包夹，民警没有同意。该犯感觉自己分到了分监区也会如此："民警和同犯会用有色眼镜看待自己，对自己不信任，不放心，也不愿接纳自己。担心我出事情，一些重要的岗位和事情就不会叫我做，看不见希望。"通过具体化分析，发现根源在过分概括化的思维，把一次事件造成的后果扩大到了生活的方方面面，扩大到了所有人，认为别人都不信任、不放心他，从而影响到他对同犯的看法，对人际关系产生不良评价，进而影响到情绪。也想不到用自己积极的、实际的行动改变别人对自己的看法。

第三，将概念不清的问题具体化。有些来访者对一些心理问题不了解，看了一些报纸上有关心理问题的文章，就乱给自己贴标签，就感觉自己心理有问题，一下声称自己有偏执型人格障碍，又感觉自己有反社会人格障碍，又感觉自己有抑郁症，问题很多，担心影响改造、学习和身体健康。而实际上来访者对人格障碍是断章取义，给自己贴标签。民警：为什么感觉自己有偏执性人格障碍？罪犯（拿着自己记录的小本子说）：我看了报纸写的，我抄了下来，对挫折和遭遇过度敏感；对侮辱和伤害不能宽容，长期耿耿于怀；多疑，容易将别人的中性或友好行为误解为敌意或轻视；明显超过实际情况所需的好斗，对个人权利执意追求。感觉这些说的很符合自己的情况，所以感觉自己有偏执性人格障碍。而实际上这些只是偏执性人格障碍的诊断要点，诊断为偏执性人格障还需符合人格障碍的诊断标准,罪犯就不知道了。

具体化的功能。首先,可促进对来访者的了解,也有助于来访者的自我认识和自我认识能力的提高。其次,具体化可以鉴别来访者所说内容的真伪,越具体的东西其真实性越高。越具体的东西越有相应的感受和体验。

具体化需要注意的地方。首先,不要怕给来访者留下"理解力不强"、"领悟力不足"的印象而不敢提问。其次,不要乱给来访者贴标签,一旦标签贴上了就很难拿下来。

2. 即时化

在咨询中,常有来访者一味地讲述过去的经历以及对未来的种种看法,却自觉不自觉地淡化、回避现在,使得我们不知道究竟现在发生了什么,是最近的什么因素诱发了过去和现在的问题。这有可能是来访者不够坦率、不敢和不愿自我暴露,或者是借过去和未来逃避现在。也有可能是来访者本身的思路不清楚或语言表达能力欠缺。这时我们可以采用即时化的方法。即时化,又称即时性、即刻性。第一个含义是指咨询师帮助来访者注意"此时此地"的状况,而不要过分地注意过去和未来。为此,咨询师应帮助来访者表达出他们此时此地的想法和感受。即时化的第二个含义是指当来访者涉及咨询关系时,咨询师对此要敏感,对来访者指向自身的言语、行为、情感予以必要的反应。假如咨询师逃避或采取自我防卫,就可能被来访者看作能力不强、软弱,其结果会直接威胁咨询关系。如果咨询师的应对反应是主动、积极、开放的,咨询师将被视作可信赖、可依靠的,咨询关系也因此得以继续和加强。

即时化鼓励来访者更多地自我暴露和自我探索,促进他们真诚、坦率、准确地讲出自己的想法和感受,与咨询师一起开诚布公地讨论他的问题,这样他就能很快地进入来访者的角色,同时也就为咨询中真诚交流的气氛打下了基础,加速了咨询进程的深化和发展。而且即时化能够抓住当前交流内容中的具体现实的事件,用当前发生的事件来说明问题,更具有说服力和影响力,让人有真实而及时的体验。

即时化反应需要注意的地方:首先,当谈到你自己的感受时,要表示出"我"这个主体。比如:"我现在对你有些担心",而不是"你使我感到担心",以增加来访者对咨询师即时性反应的接受程度。其次,要把握好表达即时化反应的时机。咨询初期,过多使用即时化反应会使一些来访者感到有压力,并且会导致咨询师和来访者都产生焦虑。最好是双方之间已建立起比较牢固的咨询关系后再使用即时化。最后,咨询师要即时描述出他所看到的正在发生的事情,而不要等到会谈结束,甚至等到下次会谈时才进行描述。否则,会影响咨询的进程。

3. 对峙

由于幻想等防御机制的作用，加之来访者又缺乏自我反思，来访者很多时候难以了解自我的需要、认知、情绪和观念。防御机制拉大了来访者和现实生活的距离，使得我们一些思想和情感不一致，就需要采用对峙的方法。对峙，又称之为面质、对质、正视现实、质询等，对峙不是咨询师对来访者某种公开的或潜在的对立、敌意和攻击，也不是咨询师简单地告诉来访者身上有哪些过错，进而表达自己正确的观点。它是指咨询师向来访者指出并与之讨论存在于他身上的各种情感、思想、行为之间的矛盾。

对峙的目的和意义在于协助来访者对自己的情感、思想、行为及所处的境况作深入的了解，澄清各种自相矛盾、混乱不清、实质各异的感受、言行，促使来访者放下自己有意无意的防卫心理，面对真实的自我，面对现实，采取富有建设性的行动，实现理想自我与现实自我的统一。在咨询师与来访者之间的对峙的分布可能从轻微的挑战到直接的撞击都有。它构成了对来访者的一种挑战，以动员他的能量为了其自身的利益向着更深刻的自我认识和更积极的行为迈进。通常它将会、至少是暂时性地给来访者个人的和社会的平衡带来某些危机。当然有危险也就会有机会，没有对峙的生活将是没有方向的、消极的、贫瘠的生活。

对峙使用的范围包括：首先，来访者的思想、感受与其实际行动之间的差异。这方面的例子很多。例如，一位原先在狱外有着比较长的婚外恋史的罪犯，却常常对目前社会上存在的婚外恋现象表现出异乎寻常的反感。在遇到这类情况时，咨询师需要详细了解与来访者所谈的思想、感情、行为等所有可能的有关细节，以搞清问题的真正所在。在对峙过程中，特别要注意理解对方，因为他们往往是在有意无意地掩饰某些东西。其次，来访者的真实自我和理想自我之间的差异。来访者把他们自己所希望的自己当作真实的自己，而没有注意到他们自己的实际情况。例如，一位罪犯认为自己对狱外的亲人很关心和孝敬，为了他们积极努力的改造，却没有获得家人的支持和理解，因而感觉苦恼。通过仔细询问发现，自认为关心和孝敬家人是一个理想的形象，虽然积极改造，却还是满足自己的需要，没有满足亲人的需要，实际情况是平时很少和家人通过信件或者电话联系，还经常向家里要钱要物。对峙说明了他的实际的行为没有考虑家人的需要而只是满足自己需要，又缺乏反省，造成实际与理想之间的矛盾。最后，来访者的想象的世界与现实的世界之间的差异。例如一位刚刚担任生产组长的年轻罪犯说他从未害怕过在大会上讲话，但是一旦面临这样的事情时，他的睡眠变得困难，甚至失眠，经常上厕所。这些情况表明他对在大庭广众之下作报告是焦虑紧张的。遇到这种情形，对峙意味着咨询师要帮助来访者看到他们所憧憬所想象的那些完美的理想的事物是不真实的，帮助对方正视我们人类生存其中的不那么完美的世界。

当来访者出现以下五种信息混乱或矛盾时，咨询者应进行对峙：

（1）两个非言语信息。例如，来访者：直视咨询师（非言语信息），然后把椅子从咨询师近处移开（非言语信息）。咨询师：在你谈到这些的时候，你能直视我，同时又与我保持距离。

（2）言语信息和行动。例如，来访者："我打算给她写信"（言语信息），但是他说，他上周并没有给她写信（行动）。咨询师："你说你要写信给她，可到现在为止，你并没有这样做。"

（3）咨询者与来访者矛盾。例如，来访者是一个表现出情绪沮丧和经常失眠的人。咨询师建议用一种药物治疗来帮她摆脱这种情绪，然而来访者拒绝了。咨询师："我认为使用药物治疗对你来说是很有帮助的，这对我们双方来说也很重要。但是你好像不愿意接受它，那么我们应怎样做呢？"

（4）两个言语信息。例如，来访者："我比妹妹要对父母关心和孝顺"（言语信息1），"我妹妹经常打电话写信回家，而我却没有妹妹做的那么多"（言语信息2）。咨询师："开始你说你比妹妹对父母关心，可是后面你又说妹妹在行动上——写信打电话——比你做的多。"

（5）言语和非言语行为。例如，来访者："我感到很舒服"（言语信息），而同时又坐立不安并摆动她的手（非言语信息）。咨询师："你说你感到很舒服，可是你又在不安地摆动手。"

在咨询过程中，对峙会有利于使咨询向纵深发展，也有利于咨询关系的建立与巩固，促进来访者的成长，共情亦可在对峙中得以深化。但是，咨询师应该意识到，对峙也有可能给咨询带来某种危机，使来访者产生愤怒情绪和防御、抵触心理，甚至造成来访者的脱落而导致咨询的夭折。所以在咨询实践中使用对峙要谨慎、妥当。具体地说要注意如下几点：首先，对峙要以事实为依据。对峙的基础是事实，当事实不充分、不明显时，一般不宜采用对峙。千万不能将对峙当成咨询师发泄情绪乃至攻击来访者的手段，否则就失去了对峙的本意。总之，对峙要和支持结合起来，正如伊根所说的那样，没有支持的对峙会引起灾难，而没有对峙的支持则是苍白的。其次，可以使用尝试性对峙，这一点在咨询初期尤其重要。在咨询关系建立初期，应尽量不用对峙。如果不得不用，可适当应用一些尝试性对峙，在语气中加上一些询问性、不确定性的内容，比如："我不知道我是不是误会了您的意思，您上次说……可这次您又好像说……不知哪一种情况更确切?"如果来访者愿意就此说明,当然很好;如果对方不愿涉及,这时就不必追问下去,免得造成来访者难堪、惊慌,可以留待适当时候再行尝试。这样可使来访者有机会在无压力的情况下与咨询师讨论自身的问题。最后,对峙应建立在良好的咨询关系(尤其是高级准确的共情)的基础之上,否则对峙就可能是无效的,甚至会导致咨询关系破裂。因为很多对峙所涉及的问题对来访者可能具有应激性,造成来访者的心理压力,威胁来访者的心理安宁,进而导致危机出现。因此,在使用之前,一定要确认咨询关系已经具有相当坚实的基础。

学习任务二　倾听的技巧

当某人真心聆听我们的时候,对我们来说就是一份特殊的礼物。相应我们能够记住那些令我们感到沮丧的时刻——我们亲近的人对我们的谈话心不在焉。所以倾听在罪犯心理咨询中具有重要的作用。倾听的缺乏或者漫不经心的倾听会破坏我们感觉自豪的人与人之间的关系,导致人际间的冲突,使我们有一定失落感。尤其在罪犯的心理咨询中,如果罪犯觉得他在认真讲述而发现民警没有好好的倾听,这个时候的失落感是严重的。

一个好的倾听可以"听"出对方所讲述的事实、所体验的情感、所持有的观点等等。倾听的技巧包括:澄清、释义、对来访者的情感反应和总结。

一、澄清的案例与分析

(一) 案例

罪犯:有时我真的想彻底摆脱它。
民警:听起来你好像要和什么分开并独处。
罪犯:不,不是,我只是想换一个改造环境。
民警:换一个小组甚至分监区都可以啊,只要你有充分的理由。
罪犯:其实我是想调一个改造环境,想去更远的地方去服刑,想换一个地方,想调到大西北去。我在这里服刑已经9年多了,想换一个环境。在这里已经呆了9年了,对这里太熟悉了,厌倦了,我减刑减的不好,余刑还有11年左右。我想如果监狱在5月有调疆的话我想调到大西北服刑。

(二) 分析

在这个例子中民警根据罪犯所说的话很快得出了结论,但却是不确切的。而且两次都理解错了,这个时候,澄清是必要的,这样才会知道罪犯究竟表达的是什么意思。如果民警在这个案例中不事先做一个结论,而是在做结论之前做一个澄清,效果就会更好,咨询的进程就会更加顺利。

如果没有澄清,双方的沟通就会存在问题,虽然都是在说换一个环境,但是双方对环境的理解是不一样的,这样就会出现分歧,最终导致情绪反应,咨询关系难以建立。

(三) 澄清的知识链接

澄清是在罪犯发出了模棱两可的信息后向罪犯提出问题的反应。它开始于"你的意思是……"或"你说的是……"这样的问话,然后重复来访者先前的信息。

澄清的目的是鼓励罪犯更详细地叙述;检查听到罪犯所说内容的准确性;明了含糊混淆的信息。所以只要无法确信自己是否明白了罪犯的信息,并需要详细叙述时,就应该使用澄清的方法。在我们的文化传统中,很多事情可以做却不可以说,不明说不直说,要你自己去理解话里面的含义,这经常会导致误解。这样的状况在监狱就会更加明显。一方面是罪犯和民警的身份地位的差异不对等导致了罪犯很多话不敢说,说得模糊含混,容易引起误解。另外一方面是监狱的管理的严厉性对罪犯的切身利益具有很大的影响,所以罪犯具有很强的自我保护意识,为了维护自己的利益,就会利用语言扭曲事实,对于自己不利的事情,罪犯会极力缩小,而对于其他罪犯的错误就会极力夸张,以逃避自己的责任和处罚,如果民警按照字面去理解就会无法了解事情的真相。所以在咨询的开始阶段,在做出任何的结论之前,一定要通过澄清求证所获得信息的真实性和价值。

从这里可以看出,澄清明确了罪犯所说的内容和民警听见的信息。双方都没有依赖自己的认知和价值系统来做字面的解释,这样做不仅仅增加了信息的明确性和真实性,而且还少走了很多的弯路,节约了咨询的时间,增加了咨询的效率。

澄清的步骤。首先,要确认罪犯的语言和非语言信息的内容。第二,确认任何需要检查的含混或者混淆的信息。第三,确定恰当的开始语,比如"你能描述一下……",或者"你的意思是说……"等,用疑问的口气而不是陈述的口气进行澄清的反应。最后,要通过倾听和观察罪犯的反应来评估澄清的效果。如果澄清有效，罪犯就会立刻对你的疑问进行反应。这个时候你就需要进入倾听的状态。然后根据你的需要再次进行澄清或者继续下一阶段的咨询。在这里倾听和澄清可以交替进行，直到获得明确真实的信息为止。

二、释义的案例和分析

（一）案例

罪犯：我知道整天坐着或者躺在床上并不能消除我的抑郁情绪。

民警释义1：你知道，你要避免整天躺着或坐着，以减弱你自己的抑郁情绪。

民警释义2：你已意识到，你需要离开床铺到周围四处走动，以便减少抑郁。

（二）分析

在这个案例中，民警释义1只是重复了罪犯的信息。罪犯对此做出的反应可能只是低声的表示"我同意"或"对的"，而并不进一步详谈；或者罪犯可能会因为咨询师的明显的模仿反应，而感到自己被戏弄，感觉到自己没有得到尊重。而民警释义2却是更有效的释义，增加了对罪犯认知信息的了解，增加了积极性和主动性，能够引起罪犯和民警的进一步的讨论。

一个好的释义可以把罪犯的内容用关键词的形式凸显出来，使得问题的实质得到一定程度的暴露，而有助于罪犯抓住问题的主要方面而使得一些问题得到解决。对释义技巧的应用，我们可以再举一实例：

民警：你刚才说了那么多，主要意思就是你希望自己无论做什么都能做得比别人好，比别人快，每个月拿最高的分数，年底拿最好的奖励，让别人都觉得自己能干，希望每个人都喜欢你，希望每个人尊重你，对吗？

罪犯：是的。我什么都想做得十全十美，什么都想比别人强。

民警：一定要做一个完美的、无可挑剔的人？

罪犯：嗯（点头）。

我们可以看见民警在罪犯提供的大量的信息中对罪犯的关键思想进行了释义，使得一些关键的信息凸显出来。第一次是对前面来访者的大量谈话内容的总结，其中有"什么都希望做的比别人好，都比别人快"、"每个月拿最高的分数，年底拿最好的奖励"、"能干"、"希望别人喜欢自己"、"希望每个人尊重你"，这些都是罪犯的原话，正是这些原话使罪犯也对自己的问题作了进一步的思考，使他说出了"是的，我什么都想做得十全十美，什么都想比别人强",民警再次进一步释义说:"一定要做一个完美的、无可挑剔的人?"民警的第二次释义使治疗双方对来访者问题的实质的认识都得到了进一步的深化。

(三) 释义的知识链接

在罪犯的心理咨询中,我们不仅仅要澄清罪犯所说的信息,更重要的是感知信息中对于罪犯来说具有重要意义的环境信息、生活事件的深层含义以及他们对这些生活事件的感受、情感反应是什么。罪犯所表达的任何信息都直接或间接地表达了他们对环境、生活事件的感触。所以,罪犯心理咨询中的信息包含两个方面的信息,认知和情感两个方面的信息。下面我们来区分罪犯语言信息中的认知和情感的部分。

罪犯:我在家里还有两个孩子,都是男孩,一个1岁另外一个3岁,我的父亲在我小的时候就坐牢了,现在我也坐牢了,我害怕自己的孩子以后也会坐牢,担心坐牢也会遗传。

该犯有2个男孩,年龄分别为1岁和3岁,罪犯的父亲在罪犯小时候就坐牢了,情感的部分是害怕孩子以后也会坐牢,担心坐牢会遗传。

区分罪犯所说信息中的认知成分和情感成分有什么意义呢?这种区分使得我们会对认知和情感做出不同反应,使得会谈朝着不同的方式和方向进行,我们所使用的理论依据也会发生变化。当我们对罪犯的认知部分作出反应时,我们就会将我们的注意力集中于信息中的事件、物体、人物和思想上。当我们对罪犯的情感部分作出反应时,我们的注意力会集中于一些非语言的信息,关注罪犯的情感和情绪,从而对信息的情绪部分进行反应。一般来说我们会使用释义的方法对信息的内容进行反应,而使用情感反应的方法对信息的情感部分进行反应。

什么是释义呢?释义就是对罪犯所表达信息的内容进行再次的编排,它是有选择地注意罪犯信息中的认知部分,并将罪犯的主要思想用咨询者自己的话语表达出来。

释义的目的首先是让罪犯知道,你已经理解他们的信息,如果你的信息不完整,罪犯就有可能进一步澄清或者补充,以便达到双方对某一些信息的一致理解。所以释义还起着鼓励罪犯对一些关键的想法或者思想做进一步的阐释,使得双方能够更深入探讨某个问题。其次,释义还可以帮助罪犯把注意力更加集中于具有重要意义的特殊的环境、生活事件、具体的行动等等。由于监狱罪犯诸多情绪的压抑,表达的欲求强烈,这个时候适当的释义有助于把话题和情绪控制在一定的范围内。最后释义可以帮助罪犯做一个决定。

释义的步骤有哪些呢？释义包括5个步骤。第一，在心里或者记忆中寻找罪犯的信息——他告诉我了什么？第二，在这些信息中，究竟存在哪些关键环境、关键人物、关键思想？第三，选择适当的词句释义。第四，用所选择的词句将罪犯信息的主要内容或概念用自己的语言表达出来。尽量使用陈述句而不是疑问句。最后，通过倾听和观察罪犯的反应来评价自己释义的效果。如果你的释义是准确的，罪犯会用语言或者非语言的方式进行反应。

三、情感反应的案例和分析

（一）案例

罪犯：刚刚进监狱1个多月，感觉所有的事情都很枯燥，没有新鲜感，没有让人兴奋的事情。我的父母又不在身边，联系不上他们，又不能打电话，我的所有朋友都不在身边。我希望我有钱去做一些不同的事情，由于没有家人和朋友来接见，只好作罢。

民警1：由于家人、朋友不在身边，又没有钱，你现在没有事情可以做。

民警2：你现在感到非常孤独、无奈和乏味。

（二）分析

在这个案例中，我们首先区别民警1的反应是释义反应，民警2的反应是情感反应。注意民警2在反应中使用了"孤独无奈和乏味"，以捕捉罪犯在特定的新入监的环境中所引起的情绪感受和体验。由于情感反应是对罪犯情感的共情，如果能够准确共情，那么将更有利于双方情感和信任关系的建立，并将咨询内容引向深入。

（三）情感反应的知识链接

情感反应与释义是相辅相成的，但情感反应主要用于对信息的情感部分（情绪基调）进行再编排，而释义是对信息的认知部分进行再编排，释义可以复述信息的认知部分，但信息中往往包含更为重要的情感信息，而且如果仅仅从认知部分即字面去获得信息，那么有时候我们就会受到罪犯的有意无意的蒙蔽，有的是出于有意的逃避惩罚，有的是出于还没有建立良好信任关系所做的自我保护，当然还有一些是对自己隐私的本能地隐藏。这个时候我们去感受罪犯信息中的情感部分，就有助于我们鉴别信息的真假，有助于我们获得更多的信息。因为情感有时候就是潜意识的代名词，它所包含的信息是巨大而真实的，我们可以说谎，但是我们的情绪说谎却有一定的难度。所以释义和情感反应具有明显的差异。

情感反应有什么好处和目的呢？

首先，如果是一个恰当的情感反映，罪犯会觉得民警理解他了，而且是从情感的角度，这样建立良好的关系就大大前进了一步。因为当我们发现如果有人从情感上理解我们，我们就会有更多的话要说，有更多的倾诉的需要，觉得自己不再孤独，不再不被理解，感觉到自己存在的一些价值。当我们觉得自己在情感上被理解了，我们在情感上也会接纳他人，把他看成能够解决自己问题的人。

其次，一旦罪犯在情感上觉得被人理解和接纳，他就会产生更多的倾诉的需要，这个情感反应就是使罪犯表达出更多的积极或者消极的情感。情感的大量的涌出，会使罪犯发现平时一些没有发现的情绪情感的存在，就会更加意识到自己行为背后强烈、多元弥散的情感，还会意识到相互矛盾冲突的情感。如果只是涉及意识的侧面，涉及认知的侧面，有时候罪犯自己都不了解自己，不了解自己的问题在哪里？不知道自己是一个怎么样的人。而大量情绪情感的涌出，如果罪犯和民警能够好好利用这些情绪情感，就是罪犯理解自己，民警理解罪犯的最好的时机。因为情绪和情感本身能够比认知提供更多真实可靠的信息，也是自我了解的好机会。

再次，情感反应的目的是帮助罪犯控制情绪。当罪犯在谈话中表现出很多的情绪时，学会控制情绪就是至关重要的。因为过多的情绪反而不利于咨询的进一步开展，强烈的情绪使得他们的认知系统出现问题，干扰了他们做出理性反应的能力。而允许罪犯释放他们的情绪，他们的心理能量、自我控制感和幸福感就会加强。因为只有一个会表达自己愤怒和情感的人才是健康的人，具有认知和表达情绪的能力是心理健康和自我肯定的基础。不会表达情绪和情感的人，他们的情绪被深深压抑着，他们就是心理上的伤残者，这些人缺乏信心，常常是可怜的。

再次，情感反应有利于减少咨询双方的冲突。当罪犯向民警表达了消极的情绪以后，尤其是罪犯变得有些愤怒不满时，就会本能地激发民警情绪，民警可能就会较起真来，因为在监狱罪犯的情绪情感的产生必定是和民警有一定关系，有时候甚至是直接的关系。这个时候民警的自我防御意识就会加强。当两个人都想让对方听自己说而不是去倾听时，冲突就有可能产生。使用情感反应可以让罪犯知道，民警在了解理解他们的感受，一旦罪犯这样感知了，他们的情绪自然就会下降减弱，经历了这样的一次危机以后，罪犯就能够更加接纳民警，这样民警的咨询和干预措施就会更加有效。

最后，情感反应能够帮助罪犯更加准确地区分不同的情绪，了解自我。

在咨询中，罪犯会经常使用"紧张"，"焦虑"等情感词汇，但是它们经常是掩盖了他们的真实的情绪。这些情感的用词没有把他们的真实的情绪表达出来。一方面是用词的问题，另外一方面是文化的问题，在我们的文化中，男儿有泪不轻弹，男性一般不会在别人面前表达自己的痛苦和难过。我们很少会说自己很痛苦，很悲伤，往往就以其他的情绪词汇表达，结果造成了双方对情绪理解的差异。所以在会谈中准确把握情绪具有重要的意义，有利于咨询的深入，从长远的角度来说更加有利于罪犯的自我认识。

情绪反应的步骤。情绪反应是一个相对较难的技巧，因为情绪容易被忽视，它们稍纵即逝而且非常容易引起误解。首先，要注意倾听罪犯信息中使用的情感词汇，并注意情感词汇的积极和消极性。其次，要注意观察罪犯传递语言信息时的非言语行为。非言语行为线索如身体姿势、面部表情和各种语音特征，有时候甚至是反应的时间都是罪犯情绪的主要指标。非言语行为更加难以控制，所以它们是揭示罪犯情绪更为可靠的指标。当然，观察是需要一定的学习和训练。下一步，民警要使用自己的语言，把自己通过语言和非言语获得的情感信息反馈给罪犯。这个时候自己的语言中对情感词汇的选择是至关重要的，这些词汇和罪犯表达的情绪是否一致，其强烈的程度是否大致吻合就会对罪犯产生很大的影响。高估或者夸张会使得罪犯受到一定的威胁，低估了罪犯就会感觉受到愚弄或者嘲弄。这个是我们需要注意和小心的地方。第四步，选择合适的语句开始进行情感反应。第五步，在语句中加进情感发生时的情境。例如一个罪犯说："我的文化程度低，害怕考试和背监规监纪，往往在考试或抽背的时候紧张，考不好，背不出来。"民警在情感反应时可以说："不论你什么时候参加考试或者抽背，你都感到很紧张。"情感反应的最后一步是评估你的反应是否有效。如果你的情感反应是准确的，罪犯往往会说"是的，没错"，"是的，就是这样"，"是的，我是这样想的"。如果没有准确地反应，罪犯往往会委婉地说"不完全是那样"，或者有的就干脆说"不，我不那样感觉"。

心理学中对于长时记忆与短时记忆的研究表明，人的记忆是有选择性的，而这种选择性又与人的情感有关。事实上我们人类所了解、认识、感受的各种事物都与我们当时的情绪、情感有关。许多事情人们都忘了，而某些带有特殊情绪色彩的事件会在人们的记忆中长久保存，重新回忆时仍会有类似于事件发生时的情绪体验。咨询师如果能很好地体察来访者的情绪，那么很多来访者的情绪体验就会成为我们了解对方问题为什么产生，为什么会对他有那么大的影响的重要线索。这样看来，对来访者的情绪体验，不论是过去的还是现在的，治疗者都要进行准确而及时的反应，使之成为了解对方、打开对方心灵门扉的一把钥匙。

四、归纳总结的案例和分析

(一) 案例

罪犯：自从弟弟和母亲发生冲突并经常责骂母亲之后，我对弟弟有很多的不满，终于有一天我爆发了，那天因为弟弟把茶叶倒进抽水马桶把厕所给堵了，母亲说了弟弟几句，弟弟就对母亲破口大骂，我一气之下就把亲弟弟杀死了，我也因此判了死缓入狱。

从入监的第一天起我就对一切都失去了兴趣。我不想吃饭，睡觉也睡不着，我的体重在下降。一想到母亲一个人在家里没有人照顾，自己的刑期又很长，自己的年纪大了，出去也没有希望了，而且出去母亲也可能不在了。我经常对自己说："如果我死去会更好一些。"

民警：你亲手杀死了你亲弟弟，被判死缓，刑期长，你自己年纪又大了，母亲又一个人在家里无人照顾，你对生活失去了所有的兴趣，你感到孤独无助，你有自杀的念头和想法。

(二) 分析

通过一段时间的会谈，罪犯表达的许多信息会暗示出某种主题或者模式。民警可以通过倾听罪犯反复强调的信息而确认主题，它代表了罪犯需要讲述的东西。民警对罪犯谈话主题的反应就是使用归纳总结的方法。在这个案例中，民警针对罪犯自身年纪大，刑期长，又缺乏外在的社会性支持的现实状况，寻找到了罪犯所要表达的东西：缺乏希望，想自杀的主题。从而可以将问题明确和集中化，进行相应的干预。

(三) 归纳总结的知识链接

归纳总结与我们日常所理解的意义相同。在心理治疗会谈中，总结就是把来访者所谈所讲的事实、信息、情感、行为反应等经过治疗者的分析综合后，以概括的形式表述出来。总结可以说是会谈中咨询师倾听活动的结晶。总结有些像穿珠子，把来访者所表述出来的信息的主要内容清理成串，分门别类。总结是咨询师每次会谈必用的技巧之一。

通过归纳总结，民警可以对罪犯反复或者多次提到的信息确认主题，主题可能有一个，也有可能是很多个，有些主题可能是在意识层面的，有些主题是潜意识层面的，罪犯本人有时候都没有意识到。在监狱的咨询中，一次遇到一个罪犯来咨询他很喜欢幻想，喜欢幻想是不是一个心理问题。通过咨询，咨询师发现他不断提到由于在监狱已经服刑 9 年了，太熟悉这里了，想调换一个环境。由于监狱以往每年 5 月左右都要调犯一次，他希望如果这次监狱有调犯的话，能够把他调到大西北服刑。确实，监狱单调没有变化的环境使得很多罪犯用幻想来代替生活，加上人际关系不良，平时没有什么人交流，幻想在罪犯的生活中起着重要的作用。通过总结发现，来咨询喜欢幻想是否是一个心理问题是他的一个目的，其实他还有一个目的就是来征求调换监狱服刑的利弊，并将这个意思转达给他的分管民警。

总结归纳的目的。其一是将罪犯信息的若干元素联系在一起，是从罪犯的含混模糊的信息中提取有意义的信息的很好的反馈工具，归纳总结的信息包括多个认知的释义和情感反应。其二是在几次咨询以后在罪犯信息中获得几个主题或者模式。这样有助于明确咨询的目标，而且具有一定的针对性。其三是归纳总结可以打断罪犯喋喋不休的重复的内容，引导谈话的方向和内容。

归纳总结的步骤：

第一步，回忆罪犯表述的信息，罪犯讲述了什么，关注什么，这是归纳总结中最难的一部分，它需要注意在咨询中的诸多变化的语言和非语言的信息，尤其是情感方面的信息。

第二步，我们要注意罪犯多次重复了一些什么，来识别信息中存在的明显的模式、主题。

第三步，选择合适的开始语句进行总结。

第四步，使用所选择的语句和词汇描述信息中的主题，把多种因素联系起来，用自己的语言复述给罪犯，语调应该是陈述的语气而不是疑问的语气。

第五步，通过观察和倾听发现罪犯是否对你的归纳总结做出反应，来评估谈话的效果。

学习任务三　影响他人的技巧

倾听反应主要是指从来访者、罪犯的角度或者参照框架出发，对来访者和罪犯的信息进行反应。但是在咨询的过程中，咨询师总是要在某个时刻超越出来访者和罪犯的参考框架，从咨询师和民警自己的资料和知觉角度出发做出反应，这个就是影响他人的技巧。影响他人更为积极主动，而不是被动等待，能体现咨询师和民警的而不是来访者罪犯的风格。倾听间接地影响来访者和罪犯，而影响他人的技巧对来访者和罪犯产生更为直接的影响，我们将介绍探询、质询，解释和提供信息四个影响他人的技巧。帮助来访者和罪犯看到自己需要改变，而且需要一个更为客观的参照框架来指导自己行为的改变。

一、探询中开放式问句的案例和分析

（一）案例

罪犯：我刚刚下中队，平静是平静一点，但还是很混的，天天晚上做梦，做梦也是经常做恐怖的，做一些乱七八糟的梦。

民警：你能不能说说你经常会做哪些梦呢？在梦里又有哪些不同的情绪体验呢？你最难忘的梦是什么？有什么特别的情绪体验？

（二）分析

探询或提问是访谈过程中不可缺少的部分，它的有效性依赖于问题类型和提问的频率。提问的问题具有建立和谐或不和谐人际交往模式的潜在影响。

在该案例中，一名新入监的服刑人员还不能适应监狱，情绪不稳定，经常做梦。通过民警的开放式提问，让罪犯说说做的梦有哪些，这些梦有什么样的情绪体验。开始了咨询过程，并鼓励罪犯说出更多的信息，诱导罪犯讲出具体的行为、想法和感受，使得民警能更好地理解造成罪犯情绪不稳定的现实原因。

通过后续的封闭式提问，最难忘的梦及其情绪体验是什么，缩小讨论的范围，收集具体而特定的信息，并制定相应的对策。

（三）探询中开放式问句的知识链接

开放式的问题在罪犯心理咨询的开始阶段具有重要的作用。由于罪犯具有强烈的自我保护意识，诸如"能不能告诉我，为什么你选择今天来找我谈话？""能不能告诉你想和我说一些什么？"的问题能够引发罪犯的话题，而且让罪犯有话可说，可以引起罪犯对有关的问题、事情给予一定的反应，而不仅仅是以"是"或"不是"等简单的词语回答，哪怕开始的时候回答是肤浅的。给罪犯做过心理咨询的民警都知道，一旦罪犯开始倾诉，开始面对一个认真倾听的民警时，罪犯内心压抑的诸多情绪会驱使他们表达越来越多的问题和想法，而且经常跑题。因为监狱是压抑情感的地方，是一个缺乏情感的地方，一方面是强烈的自我保护，另外一方面是强烈的渴望倾诉和理解，一旦话题打开就难以控制，尤其是话题诱发了罪犯的情感和情绪的时候。这样有利有弊，但是在咨询开始的阶段还是利大于弊。我们对罪犯的问题会有一个相对完整全面的把握，因为罪犯的心扉并不容易打开。

当我们对罪犯的需要解决的问题有一个大概的把握以后我们还可以再利用开放式的问题来获得和寻找与某些具体问题有关的特定的事实资料。"那以后又发生了什么事情？""当时你有一些什么反应？""能告诉我，为什么你刚才说你的家庭对你的性格脾气有很大的影响吗？""为什么你觉得这样做不公平？""为什么我们在谈话的时候其他的罪犯在想我们会谈一些什么？"这些开放式的问题能够让我们找到罪犯对某事所产生的看法、做法、情绪等相关的信息。

从上面对开放式的问题的分析我们发现，同样是开放式的问题，其作用和目的是不同的。一些开放式的问题是为了引发罪犯的诉说的动机，在诉说中慢慢建立一种信任的良好的咨询关系，所以，如果谈话的目的是为了让罪犯更积极地参与谈话和咨询，开放式的问题比封闭式的问题更加有效，因为开放式的问题能够使对方做出更长时间的反馈和更多的选择。随着交流的逐渐深入，罪犯的诸多问题和情绪就会慢慢表露出来，这个时候我们可以采用相对具体的开放式的问题来获得我们所需要的具体而真实的信息。

但是我们要注意，在开始谈话时开放式的问题所获得信息未必就比封闭式的多，在理论上，开放式的问题能够获得更多的开放式的答案，而封闭式的问题只能获得一个词的答案，但事实并非如此。有时候封闭式的问题能够获得多于一个词的答案，而一些开放式的问题只能获得封闭式的答案。一个经验尚浅的民警向一名罪犯提出一个开放式的问题"你能谈谈你在剩下的 6 年余刑的计划吗"，结果他得到了一个我也说不清楚的答案。所以开放式的问题和封闭式的问题的作用还是在于是否满足罪犯的需要。

咨询师在使用开放式问题时要注意，在此之前应注意发展良好的治疗关系，而与此同时仍需注意这一点。有些问题应注意语气语调的运用，以免显得过于咄咄逼人，在监狱里给罪犯做心理咨询就更加需要注意这一点，一是民警和罪犯的地位的差异，民警平时和罪犯说话或多或少都有一点命令和指使的口吻，有时候甚至有点不屑一顾的态度，如果来访的罪犯此时还不那么信任民警，民警的态度很有可能就把罪犯想要表达的需要打消，为本身就不容易建立的良好关系增加了难度。在监狱的罪犯心理咨询中，民警的态度语气至关重要，因为在监狱，双方身份地位的极大差异，罪犯对于民警开放式问题的反馈内心虽然有情绪或者不满或者有什么想法，他们一般都不敢直接的表达，会有很大程度的保留，这样对于我们所获得的信息在多大程度上是真实的就没有把握。所以同样一个开放式问题，不同的发问方式就会在罪犯心里产生两种完全不同的印象，从而影响了良好关系的建立。而且在监狱里，罪犯本身就具有强烈的自卑感，哪怕是家庭条件好的罪犯。更何况，监狱的"三无"罪犯占有30%左右的比例，这些人的面子意识极为强烈，对于民警的态度和语气非常敏感和极端，处理得好，就会有强烈的倾诉的需要，说起来滔滔不绝，反之，就变相抵触或者采取应付的态度。

开放式的探询有多种目的，包括：第一，开始咨询会谈；第二，鼓励罪犯说出更多的信息；第三，诱导罪犯讲出行为、想法和感受的具体例子，以便民警能更好地理解造成罪犯问题的条件和原因；第四，通过鼓励罪犯讲话以及指导他们进行有目的的沟通，促进民警与罪犯的咨询关系。

与开放式探询相反，如果咨询者需要得到特定事实或寻求某一具体信息时，封闭式探询则是很有用的。这类问题的特征就是可以以"是"或者"不是"，"有"或者"没有"，"对"或者"不对"等一两个字给予回答。比如"你现在觉得很对不起你的父母，很内疚是吗？""你是不是很希望能够收到你的父母的来信是吗？""当你杀了人以后在看守所会经常做噩梦吗？"等问题就是所谓封闭式问题。这类问题在会谈中具有收集信息、澄清事实、缩小讨论范围、使会谈能集中探讨某些特定问题等功效。封闭式问题也可帮助咨询师把来访者偏离某主要问题的话题引回正题上。譬如："我们还接着讨论刚才的问题，好吗？"在监狱的罪犯心理咨询中，这样的问题会经常出现，尤其在重刑犯监狱，诸多的限制使得罪犯产生了很多的情绪和不满，而这些情绪又无法在文体活动和与民警的谈话中宣泄，所以一旦谈话摊开，就很难收口，而且一个问题接一个问题，如果不加以控制就会离题千里。所以对封闭式问题的采用要适当，因为罪犯前来治疗时，总是带有希望别人分担自己的问题、理解自己的情感等愿望，监狱罪犯话语权的缺失使得罪犯的倾诉的欲望极其强烈，而心理治疗会谈恰恰是他得以表达自己的一个时机。因为没有人愿意自己在谈话中总处于被动回答的地位，所以封闭式问题的采用如果超过一定的限度，就有可能对治疗关系产生破坏性影响。

由于封闭式的问题具有针对性，这样就会涉及明确的问题，也就会引起更多的自我保护，所以封闭式的问题就更加需要注意提问时的态度和语气。我们还可以在封闭式的问题前面加上"能否告诉我""可不可以这样说你现在对……"让罪犯对你的封闭式的问题无法拒绝。因为在监狱，罪犯平时很少能够享受到民警对他们平等的态度，所以他们在遇到这样的提问方式时，经常是无法拒绝你的提问。

开放式的问题和封闭式的问题的使用可以一直交叉在和罪犯的谈话中。就看你的谈话的目的是什么？你所需要获得怎么样的信息。有时候在进行了封闭式的提问以后，你会明确一个问题，然后可以就这个问题的产生的缘由再进行开放式的提问，直至达到你的目标。

不管是开放式探询还是封闭式探询，我们需要注意以下的原则：第一，提出的问题要围绕犯罪的关注点；第二，提出问题后让罪犯有足够的时间去做出回答，要知道，罪犯很可能没有现成的答案；第三，一次只问一个问题；第四，尽量避免指责性、质询性的问题；第五，在咨询过程中避免将提问作为主要的反应模式；第六，不管是开放式的问题还是封闭式的问题，问题的内容是一个方面，内容背后所包含的情感和态度有时候比内容更加重要。

使用探询的步骤：第一步，首先确定你探询的目标，即它是否合法和有助于治疗？在探询之前，通常要看看是否已经获取了罪犯的信息；第二步，依据目标来决定哪些问题会是最有帮助的；第三步，确保你的问题是围绕着罪犯关心的话题，而不仅仅是你自己的兴趣；第四步，应通过确认是否达到了目标来评估你提出问题的有效性。

二、质询案例和分析

（一）案例

罪犯：我并没有感觉自己紧张和激动（言语信息）。而同时又坐在那里不安地抖动他的手，身体有些轻微的发颤（非言语信息）。

民警：（质询该罪犯）你说你没有感到紧张和激动，可是你同时又很不安，你的手有些发抖，你的身体也有一些颤抖。

罪犯：我明天要出狱了，我今天打算趁张警官在监狱时去打一个招呼，告个别，感谢他3年来对我的关心和照顾（言语信息）。晚上又说，我今天没有去找张警官告别，还是出狱以后再给他打一个电话吧（行动）。

罪犯：我刚入监，判的是死缓，我无法面对家人，希望家人不要管我，让我自生自灭好了，不希望家里人来看我，来看我又是哭哭啼啼的，影响我的情绪，一有情绪就在改造上容易出问题（言语信息1）。但是我又很担心家里，想知道家里的情况，现在账上没有钱，自己一个人在监狱，感觉很孤独，很希望能够见到父母亲（言语信息2）。

民警：开始你说你不希望家里人来见你，现在你又觉得没有家里人的支持你感觉难过和孤独，生活没有保障，所以你很矛盾，你害怕家里人来看你时哭哭啼啼影响了你的情绪。

(二) 分析

质询是一种言语反应，咨询师主要通过这种言语反应来描述罪犯的感受、想法和行为中存在的矛盾、差异和冲突。在上面的几个案例中，民警通过罪犯的语言信息—非言语信息、言语信息—行动、言语信息—言语信息的不一致来分析罪犯内心的矛盾和冲突，从而抓住罪犯问题的核心。在质询中往往非言语信息能够提供更真实的信息，而矛盾冲突所引发的情绪反应会比语言更真实，使得民警不被罪犯的虚假信息所蒙蔽。

(三) 质询的知识链接

质询是一种言语反应，应用这种语言反应来描述罪犯的感受、想法和行动中存在的明显差异、矛盾、冲突和含糊的信息。

质询有几种目的：第一，帮助罪犯挖掘出认识自己的不同方法，或最终引导他们采取不同的行动或行为；第二，帮助罪犯意识到，他们的想法、感受和行动存在着差异或者不协调。有许多罪犯在会谈过程中言谈和行动中存在自相矛盾的例子。在民警提出之前，罪犯通常不会或仅仅模糊地意识到这种矛盾和冲突的存在，在用言语描述的过程中，质询非常有助于展现矛盾，或将矛盾的两个方面联系起来。信息的混乱有六种主要类型：语言和非言语的行为、言语信息和行动、两个言语信息不一致、两个非语言信息不一致、两个罪犯（或民警/罪犯）矛盾、言语信息和情景的不一致。

质询的基本原则：第一，任何时候你都必须清楚你使用质询的动机。不应作为民警消除自己情绪挫折的一种手段，无论在内容上还是意图中，它都应该是积极的，而不是提出异议和批评；第二，民警在试图质询罪犯之前，应先建立良好的咨询关系和信任度；第三，质询的时机的选择很重要。质询的目的是帮助别人进行自我检测，所以只有当罪犯有可能利用它的时候，才给予质询反应；第四，不要在很短的时间内利用质询给罪犯施加太多的压力。循序渐进的原则告诉我们不要企图在一夜之间就取得多大的改变。第五，承认质询的局限性。

质询的步骤。进行有效的质询有三个步骤：第一步，仔细观察罪犯，以确定他所表现出来的矛盾冲突和混合信息，注意具体的言语、非言语线索和矛盾的行为。第二步，总结矛盾的不同元素，用陈述句将冲突的各部分内容联系起来，不要排斥任何部分，因为质询的最终目的是解决冲突，达到和谐。比较好的总结的说法是"一方面，你……另外一方面……"。第三步，评估质询反应的效果。当罪犯承认存在矛盾冲突和不和谐的东西时，说明质询取得了效果。

三、解释的案例和分析

(一) 案例

罪犯：我还做了几个梦，办释放证，胸卡上的照片被撕成两层了，坏了。这个梦我是这样理解的，脱胎换骨了，分不清了，劳改的照片没有了。照片撕坏了，面目糊掉了，就像这个东西化掉一样，意思是以前的我死掉了，彻底的消失了。现在出去，是一个新的面貌，就是旧貌换新颜，或者说脱胎换骨了，这样的梦的意思是要走新路。

民警：这个梦也可以从情绪的角度理解，有焦虑的东西，有意外，有提心吊胆的东西，出去要有照片办手续，办释放证，结果撕照片的时候出问题了，办释放证就会出现问题，不能正常释放，你是担心自己的，因为办释放证需要这个东西。

(二) 分析

对于这个罪犯回归社会前的梦的解释，民警提供了与罪犯本人不一样的解释。罪犯只是从他自己的需要出发，感觉自己快要新生了，想要告别过去，过上新的生活，对未来的生活充满了希望和憧憬，其想告别过去的心理是十分强烈的，希望能够忘记监狱的生活和监狱对他的影响。罪犯对自己的梦的解释相对来说是浅层次的，因为在这个梦里隐含着更深层次的情绪问题，就是释放前的紧张焦虑。由于该罪犯一年前想假释，结果临时假释规定的变动，使得他推迟了一年出狱。又因为其释放时间与监狱呈报时间相差一天而推迟了一个月释放，通过努力想提前一个月出狱，结果未能成功。由于其入狱11年5个月了，想出狱的心情极其强烈，担心到时不能按时出狱，所以紧张焦虑，所以在梦中表现为办理释放证的照片被其撕坏，导致出狱受到阻碍。

(三) 解释的知识链接

解释包括理解罪犯信息和交流传达其含义的技巧，是对罪犯行为、事件或想法之间的联系或其中的因果关系的陈述，或者是对罪犯的某一行为（包括情感、想法及可见行为等）提出可能的阐释。解释与倾听中的释义情感反应不同，解释针对的是隐含的那部分信息，即罪犯没有明说或未直接讲出的那部分内容。

在进行解释时，民警可以使罪犯从一种新的角度来看自己，或对他们自己的态度及行为从另外一个角度进行解释。对于罪犯来说，解释非常有用，因为它可以引出一种洞察力，一种见识，而这正是获得良好心理状态的关键，可以带来很有效的行为改变。适当有效的解释有很多好处：第一，有效的解释有助于建立积极的治疗关系，因为它能加强罪犯的自我剖析，提高民警在罪犯心目中的可信度，并传达民警对罪犯的治疗态度；第二，解释可以用来明确罪犯已经表达出来和未表达出来的信息，以及罪犯行为之间的因果关系或者类型；第三，帮助罪犯从另外一个参考框架来审视自己的行为，或从另外一个角度对自己的问题予以阐释，从而对问题有更好的理解；第四，解释促使罪犯以更积极的行为取代自我挫败或徒劳无效的行为；第五，几乎所有的解释可以用来激发罪犯的洞察力。

解释可以通过许多方式进行。因为咨询师自己的理解和理论学派不同，他们的解释在一定程度上会有所差异。精神分析学派一般强调未解决的交流和基本冲突，阿德勒学派强调求助者的逻辑错误，交互作用分析学派解释来访者的自我状态，认知学派侧重于合理及非合理的思维，行为主义强调自我挫败和行为不适应的类型。解释反应的模式一般有三种：一是关系模式，认为解释是通过加强治理模式起作用；二是内容模式，认为解释的内容和措辞可带来一系列变化；第三是差别模式，认为咨询师和来访者之间的观念差异会促使来访者寻求改变。

解释的基本原则。一是保证咨询师的解释建立在来访者准确信息基础上，而不是将你的偏见或者价值观投射在来访者身上，这个需要咨询师意识到自己的盲点。如果咨询师有一个很糟糕的婚姻经历，咨询师可能对结婚或者维持婚姻带有偏见，那就一定要注意，这有可能影响咨询师对来访者婚姻问题的解释方式。二是咨询师对来访者的解释措辞尽量用非肯定性措辞，有利于避免来访者对解释产生抵抗或者防御。三是解释的内容不应与来访者的文化背景发生冲突。

解释的步骤。首先，聆听并确定来访者信息中暗含的意思，如来访者所讲的微妙和间接的地方。第二，解释可以让求助者从一个与自己有所差异的方式来重新审视问题。这种参照框架应与咨询师的理论背景相一致，而且不要与来访者有过大的差异。第三，要确定你对问题的看法，你的参照框架不应与来访者的文化背景发生冲突。第四，解释的措辞要适用来访者。第五，通过观察和判断来访者对解释的反应，检查和评估解释的效果。要注意观察诸如微笑或沉思等这样的非语言的信息，来确定来访者理解或者没有理解你的意思，同意或者不同意你的观点。

四、提供信息的案例和分析

(一) 案例

罪犯：感觉还是在入监队轻松，原来以为下中队了有事情做，不像在入监队无聊，管得紧。结果下中队了发现感觉更不好，紧张压抑，现在下中队两个多月了，每次自己的劳动排名都是最后，很没有面子，感觉压力很大，可能是自己的接受能力不行吧。我想尽快地解决目前的压抑和紧张状况。

民警：造成你现在紧张压抑的感觉的原因很多，你现在的劳动产量排名最后的原因也有很多。你现在的年龄小，才23岁，你却要面对死缓的刑期，而且你入监总共才4个多月，对监狱的环境一下子难以适应，而且你刚刚入监，你一审二审都是死刑，这个在你的心里还是会有很多影响的，你也害怕在两年的考核期内出事情。在两年考核期内，你的分数只要到240分就可以减为无期，你从看守所就带来了56分，所以你对分数的要求不一样，别人为了减刑是拼命干活，所以劳动的态度和动机是不一样的，产量也就自然不一样了。所以，你现在面临的情绪和行为问题的原因很多，而不一定就是你的能力的问题。

而且你现在想尽快解决目前的压抑和紧张状况是不可能的，因为有很多现实的因素不是你能解决的。需要一定的时间。

(二) 分析

在这个案例中，罪犯将自己的压抑情绪和每个月的劳动产量排名最后，归因于自己的能力不行。从而导致了他对自己的未来失去了信心和希望，却没有看见压抑的情绪和劳动产量不如别人有其他的因素，如年龄小、死缓对分数的压力几乎没有、入监时间短和死刑的影响等因素，而且罪犯还想在短时期内解决这个问题，更是加重了他的压抑和紧张。

民警通过对其压抑紧张的情绪和劳动产量排名靠后的原因分析，给罪犯提供了另外的视角，而不仅仅是其原来认为自己能力不行的原因。使之意识到还有其他的原因，减轻了其心理负担。

(三) 提供信息的知识链接

提供信息是对经历、事件或人物的信息或事实进行言语交流。在咨询的会谈中，来访者很多时候会提出了解有关信息的合理要求。例如，一名新入监的长刑期服刑人员面对漫长的刑期会感觉很迷茫，会关注怎么样适应监狱的规章制度,怎么样制定在监狱中十几年的生活计划,如何在监狱中与其他服刑人员交往等。

提供信息有四个目的。首先,当来访者不知道自己有哪些选择时,有必要提供信息,这有助于来访者明确其他的解决问题的方法。其次,当来访者未意识到某个选择或行动计划的可能的后果时,对其进行提供信息是有帮助的。再次,提供信息可以用来矫正无效的或不可靠的信息,或驱除迷信观念。最后,提供信息的最后一个目的是帮助来访者审视他们一直回避的问题。

提供信息的基本原则。为了提供正确的信息,咨询师需要考虑三个主要原则,包括何时进行信息提供、需要怎么样的信息、信息该如何传递。在涉及何时提供信息时需要注意的原则是:第一,识别出来访者目前已有的信息;第二,判断来访者目前的信息是否可靠,是否基于事实,是否充分。第三,要等到来访者准备接受新信息,避免过早提供信息。

在涉及提供哪些信息时需要注意的原则是:第一,确定对来访者有用的信息类型;第二,将有关的事实全部呈现出来,不要让来访者回避不好的信息;第三,提供信息的顺序;第四,信息是否和来访者的文化背景相容。

在涉及怎么样为来访者提供信息时需要注意的原则是:第一,避免使用专业化术语;第二,明确信息的可靠来源,使信息准确;第三,限制一次会谈所需的信息量,不要超负荷;第四,询问来访者对信息的感受;第五,知道何时停止提供信息;第六,用纸和笔强调重要的观点或事实。

本单元是罪犯心理咨询的技巧,包括倾听和影响他人的技巧。倾听反应提示的是来访者对自己和世界的知觉,而影响他人的技巧则为来访者提供了看待世界的新的视角。来访者对事情的看法和理解会发生转变,往往提示着咨询正朝着积极的方向发展。

【单元小结】

(1) 良好的沟通关系使得心理咨询能够开始,并顺利进行下去,它贯穿了整个心理咨询的过程。共情、积极关注、尊重和真诚可信是良好沟通关系的基石,当然还有具体化、即时化和对峙等影响因素。良好的咨询关系是来访者可以感受的此时,也让来访者感受到人际沟通的重要性,这是心理咨询过程对人影响的重要部分。

(2) 知道影响沟通关系的因素仅仅是开始咨询的一小步,如何做到这些,自然而然的做到这些,却是一个漫长的过程。它需要我们真诚而深刻的反省自我,去体验各种生活,有了这些,我们才有可能去试着理解他人,在理解的基础上才会有上述的:共情、积极关注、尊重和真诚可信。

(3) 沟通始于倾听，只有听了，听清了，才知道对方所要表达的事实，所想表达的情感，由于表达的事实和情感又具有一定的主观性，这个主观性有意无意的会反应出来访者的世界观和价值观，能更多分享来访者的信息，而不会忽视重要问题，草率地做出结论。倾听增加了来访者的选择性，自然也增加了来访者确定话题和关注点的责任性。倾听也让来访者体验到了倾听的好处，提供了社会行为模式的新范式。有效的倾听需要将全身心放在来访者身上，而且要贯穿整个过程。

(4) 影响他人的技巧为来访者提供了看待自己和这个世界的新视角。来访者对事情的看法和理解发生转变，使得咨询朝着积极向上的方向发展。能够做到如此，是建立在前期倾听的基础上的。有效的影响他人的技巧是需要咨询师进行周密的思考和判断。如何选择倾听和影响他人的技巧，需要考虑来访者的性别、文化背景和个性等因素。

【思考题】

1. 你觉得作为一个心理咨询师，如何才能较好地做到共情、积极关注、尊重和真诚可信，并使之发自内心？
2. 谈谈你对共情的看法，究竟在多大程度上能够做到共情？里面有哪些需要注意的地方？
3. 建立良好的沟通关系和自我分析的关系是什么？
4. 同样是沟通的技巧，影响他人的技巧和倾听的技巧有什么联系和区别？
5. 在使用影响他人的技巧时需要注意哪些因素？
6. 倾听的各个技巧之间有什么内在的联系？
7. 哪些因素会影响倾听的效果？

学习单元三　心理评估技能与罪犯矫正

【学习目标】

知识目标：掌握罪犯心理评估的基本程序与方法，理解《中国罪犯心理测试量表个性分测验》（COPA-PI）的原理与操作过程，了解罪犯心理评估中常用的韦克斯勒智力量表、瑞文标准推理测验等智力测验，以及艾森克人格问卷卡特尔十六种人格因素问卷和明尼苏达多项人格问卷等人格测验

技能目标：掌握罪犯心理评估的方法，能够对罪犯组织实施《中国罪犯心理测试量表个性分测验》（COPA-PI）以及常用智力测验与人格测验，能撰写规范的罪犯心理评估报告

态度目标：能养成认真、细致地对待心理评估的心理品质

学习任务一　罪犯心理评估的基本程序与方法

一、案　例[①]

（一）犯罪人一般情况

罪犯李某，男，40岁，盗窃犯，入狱5年。父母双全，兄弟姐妹共六人，四个姐姐，一个哥哥，三姐、四姐已故，李某排行最小。已婚，有两个女儿，一个儿子，妻子负责照顾孩子的日常生活。

（二）犯罪人成长史

自小出生在很贫苦的农村，家庭经济条件极差。因兄弟姐妹多，有时吃不饱饭。七八个月大时，因家里经济条件困难被送养，一岁半时不知何原因

[①] 本案例来自陶新华、夏苏平主编：《重塑生命——苏州监狱服刑人员心理咨询案例集》，文汇出版社2010年版，第77—83页。在编入本教材时，做了必要的删改。

被要回。

咨询师：家里你最小，大家是不是很疼你？

李某：当时家庭条件差，大家都差不多的，白面馒头我都没吃过，也没有给我什么特别的照顾。

咨询师：小时候是谁带你的呢？

李某：大概是我姐姐吧。爸妈要挣工分，不然没饭吃。姐姐比我大十一岁，只能是她带我。那时候吃都不够，只能饿着，没有给我什么特别的照顾。

对于父母的感受：

父母忙于生计，无暇教育子女。母亲文化程度低，"我错的时候就一个巴掌打过来"，对自己教育不够好。印象中父亲比较坚强，家里农活都是父亲一人包揽。但在李某第一次特审期间，父亲十分焦虑，结果脑溢血，偏瘫了。当得知这事时，"我就觉得天旋地转，差点滚下楼梯"。

（三）工作情况

初中辍学后，在家务农，后到天津打工一年。1991年到河北习武。武校生活结束，到沈阳谋生。在沈阳从事所谓的押运车皮生意，其实是混社会的性质。他们那儿等于是一个地下客运中心，有一些黑车运营。既然是做不正当生意，便会有其他混混干扰，会有仇家，有一定危险。但李某在里面混了这么久没挨过刀子，相当难得，其防范意识很强。后因失眠原因回到老家。

（四）重大生活事件（四次自杀）

1. 第一次自杀。2000年和邻居打架，被怀疑故意伤害邻居致死。当时情绪濒临崩溃，认为只有死才可以解脱，因此跳楼自杀，因楼层低未遂。

2. 第二次自杀。不能忍受长期失眠的痛苦，加上妻子怀疑他有外遇，经解释无效，觉得颜面无存，情绪极端糟糕，服安眠药自杀。因发现及时被抢救回来。

3. 第三次自杀。帮朋友打架，被抓进看守所。当时情绪极其低落，对前途悲观绝望，遂摔破点滴瓶，用玻璃片割腕自杀。幸亏发现及时，无大碍。

4. 第四次自杀。犯盗窃罪被捕，心境状况越发恶劣，精神崩溃，唯有以死求得解脱。无法忍受之下跳楼自杀，所幸下有车辆承接，无损伤。

李某对自杀的态度，认为死是需要勇气的，有时候选择自杀并不是软弱的表现。在特殊情况下，只有死才可以解决问题。

（五）心理测量及其他

艾森克人格测验（EPQ）显示情绪介于稳定与神经过敏之间。

SCL-90测验,敌对项得分2.8分。

无家族疾病史。

二、分　析

对李某的心理评估,第一,要收集其背景信息,即犯罪人的一般情况,包括性别、年龄、出生年月、文化程度、婚姻状况、家庭构成、父母兄弟姐妹情况、犯罪与判刑情况等。这是最基本的评估资料,每个罪犯心理评估时都是不可或缺的。

第二,要了解与收集李某的成长信息,主要是了解其家庭成长环境与类型,特别是与抚养人的关系,与父母的情感联结情况。成长史还有一个重要方面是受教育情况、学业成绩、师生互动、同伴互动等等。本案例中李某的教育情况资料需要补充收集。

第三,要收集李某的工作及变动过程信息。是否有稳定的工作,与个体的犯罪持续状况存在显著相关。

第四,要了解李某一生中的重大生活事件资料。重大生活事件对个体的影响是相当大的。本案例中李某曾经有过四次自杀经历。

第五,对李某实施心理测量。其结果构成心理评估的重要内容。本案例中对李某实施了艾森克人格测验与症状自评量表(SCL-90)测验。

三、罪犯心理评估的基本程序与方法

(一) 罪犯心理评估的含义

罪犯心理评估,是指在罪犯心理矫治工作中,评估者根据心理测验的结果,加上会谈、调查、观察等所得到的多方面的资料,对被评估的罪犯个体或群体(主要是罪犯个体)的心理特性作出有意义的解释和科学的价值判断过程。

对服刑人员准确的心理评估,是心理矫治的前提与基础。对罪犯进行心理评估,既是咨询与矫治工作过程的开始环节,也是进行其他工作的基础。监狱心理学工作者只有在了解罪犯的心理特征和其他相关情况的基础上,才能进一步开展其他工作。

有学者指出,我国监狱在服刑人员心理评估上存在的不足主要有:对评估重视不够、评估方法简单、评估过程不严密。[1] 因此,清晰罪犯心理评估的

---

[1] 章恩友:《中国监狱心理矫治规范化运作研究》,中国市场出版社2004年版,第75—82页。

基本程序，掌握罪犯心理评估的有效方法，是取得全面、准确的评估资料的基础，也是保证评估结果准确有效的前提。

(二) 罪犯心理评估的基本程序

对监狱中罪犯的评估，应当按照一定的程序进行，这样才能保证评估活动的科学性和评估结果的准确性。对罪犯进行心理评估，大致包括五个阶段：①

(1) 查阅档案。对获取的罪犯档案材料进行全面的查阅，从中了解罪犯的基本信息以及犯罪事实。

(2) 面谈。在查阅档案基础上，应根据评估需要尽快安排监狱心理学工作者与罪犯进行临床面谈，了解有关情况。

(3) 心理测验。根据已获得的信息资料，确定是否对罪犯实施针对性的心理测验。一般地，对需要进行心理咨询或矫治的罪犯，为了深入了解其心理特征以及明确其存在的心理问题（心理障碍），必要的心理测验应当实施。

(4) 案例会诊。对复杂的罪犯个案，或者心理学工作者在评估时存在疑虑的案例，可以邀请不同的人员在一起磋商案件，对获得的信息进行全面会诊，寻求明确的评估结论。

(5) 撰写报告。根据所了解到的所有信息，完成一份罪犯评估报告，供监狱心理学工作者和相关管理人员参考，也为进一步咨询或矫治服务。

(三) 罪犯心理评估的方法

对服刑人员的心理评估，应当综合运用会谈法、测验法、观察法、实验法、产品分析法等，其中主要是运用前三种方法来评估与诊断。

1. 会谈法

这是每位监狱心理学工作者都必须掌握的基本功之一。说到谈话，似乎每个监狱警察都会，其实不然。这是因为，熟练的会谈技术在心理咨询临床中是最难掌握也是最难做好的事情。这是一种"伟大的艺术"。还因为，长期以来监狱警察与服刑人员间的谈话，被称之为"高山上的喊话"，是一种不平等的谈话。当长期在监狱从事服刑人员教育改造工作的监狱警察来从事心理矫治与咨询工作时，如果以这种不平等的谈话方式来开展咨询会谈，无疑会阻碍会谈法的功能的有效发挥，不能取得准确的评估资料。

会谈法是一种有目的的交谈。它要求监狱心理咨询与矫治人员在会谈时

---

① 吴宗宪：《国外罪犯心理矫治》，中国轻工业出版社 2004 年版，第105 页。

保持中立的、非批判性态度,不能用指责、批判性语言阻止或歪曲来访罪犯的会谈内容。在整个会谈过程中,监狱心理学工作者的面部表情、提问的语调、动作,均不能表达出对会谈的哪类内容感兴趣,即接待、提问、倾听过程中,监狱心理咨询师的态度必须保持中性。这是有效会谈的前提条件。

心理矫治的会谈,一般以问题为中心来展开,或称之为"病史采集法"。可以围绕以下提纲为主要内容:身份资料、来访的原因和对咨询的期望、现在及近期的状况、对家庭的看法、早年回忆、出生和成长情况、健康及身体状况、教育及培训、工作记录、娱乐、性欲的发展、婚姻及家庭资料、社会基础、自我描述、生活的转折点和选择、对未来的看法等。

会谈法具体可分为非结构性会谈、结构性会谈和计算机辅助的临床会谈。非结构性会谈,允许评估者自由地重复问题、引入新问题、修改问题顺序等,并且随被评估罪犯自发的思维活动而变化。这种自发性讨论允许被评估者紧紧地跟随其思想,可以使被评估者提供在现实生活情境中说话、做事的可预测性的材料。非结构性会谈的灵活性便于评估者采用适合被评估对象的特定情形的技术。在一些个案中,评估者可以忽略看起来没有用处的主题,而在另一些个案中,交谈者可以引入起初没有列入计划的相关主题。评估者可以通过被评估者的冲突、焦虑情绪和防御状况,诱发出被评估者所隐瞒的事实(如余罪)和症状起因。结构性会谈,是为了减少非结构性会谈的不可靠性而出现的,它减少了由于不同会谈风格和范围所导致的不可靠性变化。结构性会谈要求对同一位被评估者,给予预先固定的标准化问题,从而保证不同的会谈者可以得到同样的信息。结构性会谈变成为临床研究和流行病学的标准评估和诊断性工具。计算机辅助的临床会谈,是应用计算机辅助会谈的软件,像人类会谈者一样,针对被评估者报告的问题进行一系列提问。目前应用较广的计算机辅助会谈软件是《诊断性会谈时间表》(Diagnostic Interview Schedule,DIS)。

2. 观察法

监狱心理学工作者的观察不同于同犯之间的相互观察,虽然同犯间的观察结果对监狱开展心理矫治是有帮助的,应当记录在案作为辅助资料。同犯间的观察属于参与观察法。监狱心理学工作者的观察亦不同于普通监狱警察日常对服刑人员的观察,这种观察对开展罪犯心理矫治亦是有帮助的,而且当管教民警按照心理矫治方案协助进行观察并记录时,监狱警察的观察就成为有目的的观察,构成罪犯心理评估以及监狱心理矫治不可或缺的组成部分。但是,监狱心理学工作者的观察一般是有计划、有目的的观察,并根据心理评估的需要,主要以了解罪犯的精神状态和行为特点为主。监狱心理学工作者一般采用自然观察法，按照时间或行为特征维度，如定时去观察或者是专门观察罪犯的某一行为或某一类行为，并按观察记录表作详细记录。

3. 心理测验

这是依据心理学理论，使用一定的操作程序，通过观察人的少数有代表性的行为，对于贯穿在人的全部行为活动中的心理特点做出推论和数量化分析的一种科学手段。心理测验一般由一套标准化后的题目组成，供被测者回答。心理测验主要有三类：智力测验、人格测验以及心理评定量表。它用以评估罪犯的智力状况、人格特征以及当前的心理行为性质如焦虑、抑郁等等。

罪犯心理测验是心理测验在监狱工作中的运用，是对罪犯进行心理评估的重要方法之一。我国监狱近年来的实践表明，对罪犯进行心理测验，是检测罪犯心理状况，发现心理问题，进行心理诊断的有效方式，为进一步实施罪犯心理矫治提供了依据。在监狱中，对罪犯心理测验的组织，通常采用团体测验和个别测验两种形式，多采用问卷测量法，即让受测罪犯根据自己的情况，回答一些问题，以推测其心理特性。

监狱心理学工作者在选择使用心理测验量表时，应当以罪犯的心理问题为根据。具体可参照以下标准：①选择测评量表，应有指向性。比如，罪犯有明显的焦虑情绪，可选用与情绪有关的量表。②为了确定非情景性症状，应启用人格问卷，以便探索症状的人格因素。③为寻找早期原因，可选用病因探索性量表（如 SCL-90），可以查找两年以来是否有重大生活事件发生，或是否有应激的叠加效应发生等等。④为排除疾病而使用量表。当临床表现超出常规表现时，若怀疑有精神疾病，可使用 MMPI；若觉得智力有问题时，可用智力量表；若怀疑是神经系统疾病时，可选用神经心理学测评手段等等。

为保证测验的准确可靠，在对罪犯实施心理测验时，应当采用标准化的测验程序，如施测前为受测罪犯准备合适的环境条件，施测过程中使用标准指导语，确定标准的时间等。同时，要认真按照心理测验的实施步骤去组织测验，特别是在进行团体测验时，更应如此。

罪犯心理测验的步骤包括：①准备。主要是准备测验题目、答题纸，并在施测前清点、整理、安排好。提前一天通知受测罪犯所在的监区，按要求提前准备好团体测验或个别测验的场所，通知罪犯准备所需的答题用品。测验主持人要事先熟悉指导语，以及测验的具体程序，对参与测验的辅助人员，应做好分工，各司其职。②施测。对有时间限制要求的，应要求罪犯按时完成，并要求罪犯按自己的真实反应来回答，因此，对进入施测场所的罪犯，测验主持人应说明测验的目的、意图，并告知罪犯测验结果与其改造表现无关。然后，按一定的语速、音量朗读指导语。念完指导语，要问罪犯有无问题。在回答罪犯问题时，不能另加自己的想法。指导语也是测验的情境之一，不同的指导语会直接影响到罪犯的回答态度和回答方式。测验主持人还要控制施测过程的环境。其他无关人员在施测期间谢绝入内，测验者和辅助人员在施测时也不要随意走动，不要去查看或观看罪犯答题。③收尾。测验结束时，按同一时间递交问卷和答题纸，以避免先后交卷，相互影响。试题和答题纸收上来后要整理、清点，确保如数收回。测验主持人在测验结束后，应及时对受测罪犯进行正面教育，以免罪犯对测验结果妄加猜测，引起思想顾虑，影响正常改造。

对罪犯实施心理测验，一般应在会谈之后，即对其心理问题进行了初步的理解和判断，如初步确定罪犯的问题属于某一方面的问题（如情绪、思维、人际关系、行为习惯、人格特征等），然后为确定理解和判断的可靠性，再选择针对性的问卷和量表作测验。

心理测验结果如果与观察、会谈法的结论不一致，不可轻信任何一方。必须重新进行会谈，而后再进行测评。从现实情况看，在罪犯心理评估过程中，心理测验结果与观察或会谈结果相左的情况是不少的。此时，监狱心理学工作者一定不能就此放手，必须深入下去，弄清楚其中的原因，以得出确定的结论。

学习任务二　《中国罪犯心理测试量表个性分测验》（COPA-PI）操作

一、案　例

1. 犯罪人一般情况

罪犯张某，男，25岁，初中，未婚，无业。因犯抢劫罪被判处无期徒刑。

2. 犯罪人生理心理状况

（1）张某的精神状态：意识清晰，仪表整齐，年貌相当，对时间、地点、人物定向准确，自知力好。

（2）张某的身体状态：无异常躯体感觉，入监体检各项指标正常。

（3）张某的社会功能状况：监狱各项活动均能正常参加，人际交往无障碍。

3. 《中国罪犯心理测试量表个性分测验》（COPA-PI）测验结果

张某于2009年4月实施《中国罪犯心理测试量表个性分测验》（COPA-PI），得分情况是：

L	S	PD1	PD2	PD3	PD4	PD5	PD6	PD7	PD8	PD9	PD10	PD11	PD12	PD13
0	0	35	45	38	42	51	39	0	60	64	63	41	54	54

上述结果可知：PD1，内外倾，35分，分数低表示人格趋于内向，好静，孤僻；PD2，情绪稳定性，45分，分数中等；PD3，同从性，38分，分数低表示独立而有主见；PD4，冲动性，42分，分数中等；PD5，攻击性，51分，分数中等；PD6，报复性，39分，分数低表示有较弱的报复欲；PD7，信任感，0分，分数低表示有较弱的戒备心理；PD8，同情心，60分，分数高表示缺乏同情心；PD9，自信心，64分，分数高表示有较强的自卑感，缺乏自信心；PD10，焦虑感，63分，分数高表示焦虑不安；PD11，聪慧性，41分，分数中等，表示聪慧程度一般；PD12，心理变态倾向，54分，分数中等，表示无明显的心理变态倾向；PD13，犯罪思维模式，54分，分数中等，表示无明显的犯罪思维模式。

二、分　析

对张某实施《中国罪犯心理测试量表个性分测验》（COPA-PI），结果显示：L分，即说谎指标为0分，表示回答基本诚实可信；S分，即同一性指标为0分，表示回答基本认真。因此，张某的COPA-PI测验是有效的。

从上述测验结果分析可以得知，张某的心理特征主要表现为：性格方面内向、孤僻，独立有主见，缺乏同情心，有较强的自卑感、缺乏自信，行为意向上有一定的报复欲，情绪上存在焦虑不安。

综合张某的身体、精神与社会功能状况，以及心理测验结果，可以得出以下结论：张某身体健康，心理无异常，心理健康状况较为良好。

三、《中国罪犯心理测试量表个性分测验》（COPA-PI）

《中国罪犯心理测试量表个性分测验》（COPA-PI），是由司法部监狱管理局、中国心理学会法制心理专业委员会、司法部预防犯罪研究所、中央司法警官学院联合编制的中国罪犯心理测试系列量表的一部分。

1. COPA-PI的结构与项目组成

COPA-PI包含13个维度，各维度代码、名称及所包含的题目数如下：

（1）PD1，内外倾，共包括 10 项；
（2）PD2，情绪稳定性，10 项；
（3）PD3，同众性，8 项；
（4）PD4，冲动性，10 项；
（5）PD5，攻击性，8 项；
（6）PD6，报复性，10 项；
（7）PD7，信任感，10 项；
（8）PD8，同情心，10 项；
（9）PD9，自信心，10 项；
（10）PD10，焦虑感，10 项；
（11）PD11，聪慧性，10 项；
（12）PD12，心理变态倾向，14 项；
（13）PD13，犯罪思维模式，10 项。

除上述维度外，还确定了说谎指标和同一性指标的项目。说谎指标包括 8 个项目，同一性指标由 6 个重复项目组成。这样，整个罪犯个性分测验共包括 144 项（其中含 6 个重复项目）。

2. COPA-PI 的施测对象与方式

COPA-PI 对施测对象的文化程度没有什么特殊要求。不过，对于文化程度较低的对象，应当采取由主试念读的方式进行测试。整个测验由 144 道题目组成，一般需要 20~50 分钟。

本测验既可用于团体测验，也可进行个别测验。团体测验时，每 20 名被试可配备一名主试。

本测验目前有纸笔型和软件型两种方式。其中纸笔型设有 A 型和 B 型两种答案纸，A 型答案纸的结果适用于计算机分析，B 型答案纸的结果适用于手工分析。

3. COPA-PI 测验的指导语

在对罪犯进行测验前，应由主试向被测罪犯说明有关情况，即说明指导语。根据施测情境的不同，具体的指导语可作相应的变化。但一般来说，指导语应由三方面内容组成。

首先，说明施测的目的、用途，打消被测者的顾虑，取得合作。在施测之前，这一步必不可少，取得被测罪犯信任，是获得可靠测试结果的前提和关键。根据监狱的实际情况，可以使用如下指导语："下面进行一个心理测验。这个测验由一些与你有关的问题组成，目的是了解你的性格特点，以便有针对性地帮助和教育你，促进你的改造。由于人们的情况千差万别，每个人对这些问题的回答自然是不同的。因而无论你如何回答,并没有对与不对之分,更不会给你的服刑改造带来任何不便。真实地回答问题,能表明你真诚靠近政府,积极接受改造。希望你不要有什么顾虑。根据个人的实际情况,如实地回答问题。"

其次,说明作答方法。主试应当借助例子详细解释作答方法,耐心回答被测罪犯提出的问题,确保被测者正确理解问题并掌握正确的作答方法。具体是:每道题目设有两个可供选择的答案,即"是"和"否"。当你阅读每道题目时,请考虑它是否符合自己的实际情况或看法。如果某道题目符合或更倾向于符合你的实际情况或看法,请在答案纸上将该题号旁边(或下边)"是"字圈起来;如果不符合或更倾向于不符合你的情况,请在答案纸上将该题号旁边(或下边)"否"字圈起来。

题目1 我喜欢下棋。

如果你确实喜欢或者更倾向于喜欢下棋,那么将答案纸上题目1旁边(或下边)"是"字圈起来,即:

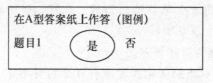

图3

图4

如果你确实不喜欢或者更倾向于不喜欢下棋,那么将答案纸上题目1旁边(或下边)"否"字圈起来,即:

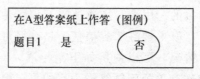

图5

图 6

再次,要强调作答注意事项。为了保证作答顺利进行,有必要在被测者掌握作答方法后,正式测试前以"注意事项"的形式向被测者提醒、重申或强调几个需要注意之处,主要内容包括:①答案无所谓对与不对之分,完全不必有任何顾虑,如实回答即可。②不要在每一道题目上费太多时间思考,应顺其自然,根据看完题目的第一印象尽快作答。③要回答每一道题目,不得有遗漏。每道题目只能选择一个答案。④务必看清题号,然后在答案纸的对应题号上作答。⑤在答案纸上作答,保持题册整洁。⑥若有问题,请向测验主持人询问。

对于团体测验,还须强调一下测验纪律,要求保持安静,独立作答。

4. COPA-PI 测验的计分方法

第一步:获得每个项目的得分。COPA-PI 测验的每个项目的分数计为 1 分或 0 分,具体为:第 1 题至 140 题,每题答"是"计 1 分,答"否"则计 0 分;第 141 题,选择"②3/12"计 1 分,选择其余两项则计 0 分;第 142 题,选择"③先前"计 1 分,选择其余两项则计 0 分;第 143 题,选择"②树"计 1 分,选择其余两项则计 0 分;第 144 题,选择"③铅笔"计 1 分,选择其余两项则计 0 分。

第二步:计算出说谎指标和同一性指标的分数。计算方式是:

L 分数(说谎指标)由 14,28,42,56,70,84,98,112 八个项目组成,这八个项目得分之和便是 L 分数。

S 分数(同一性指标)由 6 对项目组成,即 115—15,117—37,126—66,129—89,131—111,140—130。每一对若回答不一致,计 1 分;若回答一致,则计 0 分。最后,六对之和便是 S 分数。

第三步:计算出每个维度总分,即计算每个维度各个项目的得分之和。各维度的项目构成情况请参阅"测验手册"。

在实际的使用过程中,如果是运用计算机软件,那么上述计分步骤将全部由计算机来完成;如果采取手工操作,则建议使用 B 型答案纸,并借助"个性分测验计分模板"来完成计分。

5. COPA-PI 测验的结果解释

在使用 COPA-PI 及对得分进行解释和说明时，必须遵循一定的原则，并注意一些易导致错误的地方。切不可将下列的参考解释为教条，应结合不同被试的具体情况，作出适当的解释和尽可能准确的诊断。

在对分数进行解释时，应遵循综合性原则、诊断性原则和建设性原则。个体的人格是一个整体，应当对 COPA-PI 测验得到的各维度进行整合，作出综合性的解释和诊断。同时，要结合对测查结果的适当分析提出针对性的矫治建议和对策。

在对测验结果进行解释前，首先应当对效度指标作出解释。如果某一测验结果的效度指标没有达到必要的要求，那么就表明该测验可能存在严重的说谎嫌疑或者是胡乱作答，须停止进一步的解释，建议作废或采取重测等补救措施。效度指标的意义是：

L：说谎指标

0～3 分，回答基本诚实可信。分数越低，说明越诚实、可信，富于自我批评精神。

4～8 分，回答不真实，建议作废。分数越高越不诚实、可信。

S：同一性指标

0～2 分，回答基本认真。分数越低越认真。

3～6 分，回答不认真，建议重测。分数越高越不认真。

各维度分数的解释：

在对罪犯个性分测验各维度进行解释时，如果是手工操作，那么首先要根据各维度的得分（粗分）在"测验手册"的常模表中转换成标准 T 分，然后根据标准 T 分数判定其属于以下哪一等级：T≤40，属于分数低；40<T<60，属于分数中等；T≥60，属于分数高。然后根据"测验手册"中各维度的内涵作出相应的解释。

学习任务三　罪犯心理评估报告的撰写

一、案例——关于罪犯许某的心理评估报告

被评估者的背景信息：

罪犯许某，男，20 岁，未婚，入狱前系××大学二年级学生，因犯故意

杀人罪被判有期徒刑20年。

要解决的问题：

1. 许某在认识上或情绪上的具体问题是什么？
2. 许某的心理问题属于什么范围，程度如何？是机能性障碍还是器质性障碍？
3. 许某对自身心理问题的认识程度如何？
4. 许某心理问题产生的原因有哪些？
5. 对许某应选择什么样的心理矫治方法最有效？

心理测验结果及解释：

对许某进行卡特尔十六种人格因素问卷（16PF）测验，结果如下：A—6，B—10，C—3，E—7，F—4，G—5，H—5，I—6，L—8，M—6，N—6，O—9，Q1—6，Q2—6，Q3—1，Q4—10。测验结果表明，许某在个性上具有高智商、高怀疑、高焦虑、低自律等特点。其他测验，如EPQ、MMPI等，也得出类似的结论。

心理特征：

通过对过去与许某有过交往的各类人员（父母、同学、朋友等）的调查，结果表明，许某比较聪明，学习成绩好，有一定的体育特长。但他在个性上的不良特点也很明显：性情暴躁，情绪极不稳定，遇事容易冲动。思维偏激、片面、固执，爱钻牛角尖，听不得别人的半点意见。即使自己有错误，当时认了错，以后又不认账，反复无常，自我反省意识很差。在与同学交往中，狭隘自私，以自我为中心，敏感多疑，心胸狭窄，争强好胜，报复心强，得理不让人，无理也纠缠不休。因此，同学们为避免麻烦，与他交往都小心翼翼，或采取敬而远之的态度。他平时与别人交往也较少，比较孤僻。

行为观察：

通过观察，发现许某在心理测验过程中配合很好，并且很想通过测验了解自身的心理问题，以期解决心理困扰。在服刑中，许某对待学习、劳动态度比较积极，没有不良表现。但很少与人交往，少言寡语，焦虑情绪明显。

危险性预测：

根据各方面的资料，可以预测许某在服刑过程中存在自杀危险性（事实上许某在被逮捕过程中自杀未遂）。如果不对与他有关的各种矛盾作妥善处理，也存在伤害他人的危险性。

总结与建议：

（1）许某因个性不良而走上杀人犯罪的道路，但他认识能力正常。在监狱中改造表现正常，但抑郁、焦虑情绪明显，应加以重点防范和矫治。

(2) 诊断：许某属偏执型人格障碍。

(3) 建议：多用认知疗法挖掘其不良情绪产生的根源；及时有效地化解周围矛盾，避免矛盾激化导致不良后果。

评估者：×××（签字）　　　　评估时期：2010年6月18日

二、分　析

上面提供了一份罪犯心理评估的报告式样。这是一份罪犯服刑初期，或者在心理咨询前期，对罪犯的心理评估报告。在服刑中后期、心理咨询中期或者结束时，心理评估报告的内容应有所调整，比如，可以增加对再次实施心理测验的结果与第一次心理测验结果的对比分析，咨询或矫治效果的评估结论等。

上述报告的结构包括七个部分，一般这七个部分不可缺少：背景信息、需要解决的问题描述、心理测验结果与分析、对罪犯心理特征的初步分析、观察结果、危险性预测（这是罪犯心理评估较为特殊的一个内容，是监狱工作不可少的内容）、总结与建议。通过阅读这七个部分的评估报告，阅读人对被评估者就有了较为全面、准确的认识，从而有利于开展罪犯心理咨询与矫治工作。

三、罪犯心理评估报告撰写的规范格式

撰写心理评估报告是罪犯心理评估中的重要一环，也是监狱心理学工作者应当掌握的一项基本技能。罪犯心理评估报告的一般格式包括以下几部分：

（一）背景信息

罪犯心理评估报告的第一部分是被评估罪犯的姓名、年龄、以前职业、婚姻状况、住址、刑期、违法犯罪类型等。

（二）要解决的问题

罪犯心理评估所要解决的问题通常包括如下内容：

(1) 确定被评估罪犯在认知或情绪上的具体问题是什么；

(2) 对被评估罪犯有无器质性损伤及其程度，以及由此引起的机能障碍进行评估；

(3) 对被评估罪犯的心理障碍区分出是机能性障碍还是器质性障碍；

(4) 根据有关心理或行为障碍的统计信息，对被评估罪犯存在的病态过程的范围、程度进行评估（比如有没有其他证据证明罪犯有自杀的可能性）；

(5) 被评估罪犯对自己所存在的障碍的反应；

(6) 找出心理问题的病因（例如，罪犯的内心冲突，主要的防御机制等）；

(7) 鉴别诊断（被评估罪犯正常还是异常，心理健康与否，是一般心理问题还是严重心理问题，如心理异常则是神经症还是人格障碍或者精神障碍）；

(8) 为咨询或治疗方式的选择提供依据（例如，对该罪犯来说选择什么类型的心理治疗方式最有效）。

上述问题常常需要运用多种评估方法才能明确。

(三) 明确罪犯心理特性

通过会谈、查阅资料等途径，收集罪犯成长史资料，以及罪犯周围人们的反映材料，以明确罪犯的心理特性，重大生活事件情况，存在的问题，困扰持续时间，引起困扰的情境分析等。另外，还包括罪犯的家庭情况、经济状况、受教育历史以及职业经历、社会经验和身体健康状况等。

(四) 实施心理测验及其对结果的解释

在初步明确罪犯存在的问题的基础上，可以选择相应的心理测验量表进行心理测量。

对测验结果的解释是罪犯心理评估报告重要内容之一。对测验分数的解释，一方面要求监狱心理学工作者对所作的具体测验要熟悉了解，包括它的信度、效度、难度和常模的代表性，以及每一维度的实质涵义和设计要求等；另一方面，要依靠施测者的临床经验和心理测量学方面的知识素养，充分考虑到受测者的实际情况（如文化程度、职业等等）和测验的具体情况（是否有干扰，受测者当时有无情绪波动或身体不适等），防止对测验作出千篇一律的解释。如智力测验要与受测罪犯的实际文化程度相联系起来分析，而人格测验要结合受测者的经历及职业特征作综合性分析。

(五) 行为观察

在实施会谈或测验的过程中，应注意被评估罪犯的行为表现，特别是那些与测验结果的解释与需要解决的问题有关的行为,包括被评估者参与测验的愿望、注意的广度、测验中的停顿,以及不寻常的反应等。对观察到的行为要有详细的记录,并要有例证。但对于那些大多数人都可能出现的行为,如进行测验时的好奇、疑虑等可以不做记录。更重要的是要记下那些出乎意料的、不寻常的,以及某一罪犯所特有的行为。

同时,监狱心理学工作者本人或安排他人对被评估罪犯在监狱内的行为表现进行观察。主要是罪犯在监狱生活、学习、劳动过程中有特征性的行为表现,如行为是积极的还是消极的,与人交往频率与态度,情绪行为表现等。

(六)危险性预测

在对被评估罪犯进行了全面的评估之后,在评估报告上应写明该罪犯的危险性大小,以及在哪些方面有危险性,是自杀、伤害他人、毁坏物品还是存在操作方面的危险性。这是整个罪犯心理评估报告最难写的部分,一方面由于监狱心理学工作者是根据现状推知将来,不管是从预测手段还是预测标准来看,都没有现成的预测效度很高的工具;另一方面,由于监狱环境的特殊性,时常会有难以预料的影响因素,激惹、对峙性的气氛往往会使罪犯危险性行为增加。此外,对有明显心理障碍的罪犯,在接受不同的治疗或干预措施之后,心理障碍或行为障碍的预后也不尽相同。尽管如此,这种预测在评估报告中必须要写,尤其是当被评估罪犯存在攻击性危险时(不论是指向自己或他人),更应认真书写这一部分内容,并尽量写明预测的依据,以便同行参考和会诊。

(七)总结与建议

这是罪犯心理评估报告的结论部分。主要有以下内容:

(1)小结。即对前面几部分的内容分别用一两句话进行概括,要求明确、具体,让阅读者对前面的内容能有一个概括性的了解。

(2)诊断。在给出诊断结论时要慎重,因为对心理异常的诊断难以做到准确无误。而且,监狱中一些罪犯的心理障碍与监禁情景相联结,可能会造成症状不典型。如果必须做出诊断,应根据现有的数据和资料做出谨慎的推理,同时最好列出这样做的依据。

(3)建议。为了扩大罪犯心理评估报告的用处,有必要对被评估罪犯提些具体的指导性建议,包括改善性的或补救性的措施,以及接受某种形式的治疗等。对有攻击性行为的罪犯,结合有关的法律或改造过程中的具体活动提出相应的保护、防范建议,供监管、教育改造时参考。

学习任务四 常用心理测验在罪犯心理评估中的应用

心理测验按不同的标准可分为不同的类型。根据测验材料的不同,可分为文字测验和非文字测验;根据测验的方式不同,可分为团体测验和个别测验;根据测量的目的不同,又可将测验分为智力测验、人格测验和心理评定量表。下面主要介绍在监狱心理评估中经常使用的几种智力测验与人格测验。

一、智力测验

智力测验是对测量人的智力水平的一类心理测验方法的总称。美国心理学家戴维·韦克斯勒（David Wechsler）认为,智力就是有目的地行动、理智地思维和有效地应付环境的能力。对于智力的评估结果,通常用智商（IQ）分数表示。根据智商高低,可对人的智力水平进行分类,具体参见表 3-1。

表 3-1 智商类别

智商	类别	智商	类别
140 以上	非常优秀（天才）	70—80	临界状态（近愚）
120—140	优秀	70 以下	智力缺陷
110—120	中上（聪颖）	50—69	轻度精神发育迟滞
90—110	中等	35—49	中度精神发育迟滞
80—90	中下（迟钝）	20—34	重度精神发育迟滞

对罪犯进行智力测验的主要目的,是了解罪犯的智力水平,以便合理地制定矫正教育计划,恰当地对罪犯进行各种矫正教育活动,同时,也为罪犯分类和管理提供必要的参考信息。

在测量罪犯智力中使用的智力量表,主要分为个别智力测验量表和团体智力测验量表,前者如韦克斯勒智力量表,后者如瑞文标准推理测验（SPM）,下面分别介绍之。

（一）韦克斯勒成人智力量表

韦克斯勒智力量表通常是指纽约贝鲁威精神病院的心理学家韦克斯勒所编的 4 个智力量表及其修订本,一是韦克斯勒-贝鲁威智力量表（即 W-B）;

二是韦氏儿童智力量表（WISC）；三是韦氏成人智力量表（WAIS）；四是韦氏学前和幼儿智力量表（WPPSI）。根据监狱工作对象的特征，主要应用第二、第三个量表，下面先介绍韦克斯勒成人智力量表。

1955年韦克斯勒在对1934年自编智力量表的基础上重新修订，编制成了"韦氏成人智力量表"（WAIS），1981年又作了修订，称为WAIS-R。韦克斯勒成人智力量表（WAIS-R）适用于16~64岁的人群。该量表由11个分测验组成，分言语和操作两个量表，言语分测验包括常识、理解、数字广度、算术、类同；操作分测验包括填图、图片排列、积木图案、物体拼配、数字符号。另有一个词汇分测验，作为备用测验。

韦克斯勒成人智力量表（WAIS-R）的11个分量表依照施测的顺序依次为：

（1）常识。包括33个一般性知识的题目，内容涉及面很广，例如"谁发现了美洲？""毛线是从哪里来的？"测验中每题答对为1分，答错为0分。常识测验能够测量智力的一般因素。

（2）填图。共有27张图片，每张图上都有意缺少一个主要的部分，要求被测者在规定的20秒时间内，指出图上缺少了什么。测验中每题答对为1分，答错为0分。该测验用来测量视觉敏锐性、记忆和细节能力。该测验测量智力的一般因素。

（3）数字广度。包括14个测题，主试读出一个2~9位的随机数字，要求被测者顺背或倒背，实施时要求背诵的数字的位数是依次增大的，且先安排顺背，后安排倒背。顺背的数字从3~9位不等，倒背则是从2~8位数。总分为顺背和倒背得分的和。主试按每秒1个数字的速度读出数字后，要求被测者顺背或倒背出来。若同样位数的两个数字均不能背出时，即中止测验。该分测验题目有0、1、2三种记分。该分测验主要测量瞬时记忆能力。

（4）图片排列。包括10套图片，每套由3~5张图片组成。在每道题中，主试呈现一套次序打乱了的图片，要求被测者按照图片内容的事件顺序把图片排列起来，组成一个有意义的故事。当被测者有连续5套图片不能完成时，即中止测验。测验题目有0、1、2三种记分。该测验用来测量被测者的广泛的分析综合能力、观察因果关系的能力、社会计划性、预期力和幽默感等。

（5）词汇。包括37个词汇，每个词汇写在一张词汇卡片上。通过视觉或听觉逐一呈现词汇，要求被测者解释每个词汇的一般意义。例如"美丽是什么意思？""公主是什么？"等，连续6个词汇回答失败者中止测验。测验题目有0、1、2三种记分。词汇测验用来测量被测者词汇知识和其他与一般智力有关的能力。

(6) 积木图案。共 10 个测题，使用 10 张卡片和 9 块积木，要求被测者用 4 块或 9 块积木，以卡片上的图案为样板排列积木。每块积木两面为红色，两面为白色，另两面为红白各半。前两个图案允许被测者做两次，后面的则只允许做一次，连续 4 个图案失败就停止测验。前两个题目有 0、1、2 三种记分，后面的则有 0、2 两种记分，速度快者可加分。积木图案测验用来测量视知觉和分析能力、空间定向能力及视觉—运动综合协调能力。

(7) 算术。包括 15 个测题，依难度排列，由主试口头提问，被测者在解答测题时，不能使用笔和纸，而只能用心算来解答。测题有 0、1 两种记分，速度快者可加分。算术测验主要测量最基本的数理知识以及数学思维能力。

(8) 物体拼配。包括 4 个测题，主试把每套零散的图形拼板呈现给被测者，要求他拼配成一个完整的人或物体图形。每套图形的记分依被测者拼对的数目而定。物体拼配测验主要测量思维能力、工作习惯、注意力、持久力和视觉综合能力。

(9) 理解。包括 18 个测题，依难度排列，主试把每个问题呈现给被测者，要求他说明每种情境下最佳的活动方式方法和对常用成语的解释。例如"为什么要告诫孩子不要玩火柴？""如果你在路上拾到一封贴上邮票、写有地址但尚未寄出的信，你应该怎么办？"等。连续 5 题失败则中止测验。测题有 0、1、2 三种记分，理解测验主要测量实际知识、社会适应能力和组织信息的能力，能反映被测者对于社会价值观念、风俗、伦理道德是否理解和适应，在临床上能够鉴别脑器质性障碍的患者。

(10) 数字符号。共有 93 对数字符号，要求被测者在规定时限内，依据所提供的数字符号关系，在数字下部填入相应的符号。测题有 0、1 两种记分。该测验主要测量注意力、简单感觉运动的持久力、建立新联系的能力和速度。

(11) 类同。包括 14 组成对的词汇，要求被测者概括每一对词义相似的地方在哪里。例如"桌子和椅子在什么地方相似？"测题按难度排列，连续 5 题失败者中止测验。测题有 0、1、2 三种记分。该测验主要测量逻辑思维能力、抽象思维能力和概括能力。

韦克斯勒成人智力量表（WAIS-R）是个别实施的，题目均由易到难排列，算术、积木、拼图、数字符号有时间限制，速度快者可加分。其他分测验则视反应质量而给分。将被测者的答案与手册上的标准答案对照，对每一项目赋分后求出分测验总分。再把每一分测验的原始分数转换为 10 为均数、3 为标准差的量表分，量表分的范围为 1~19。分别将 6 个言语分测验和 5 个操作分测验的量表分相加，得言语量表分和操作量表分，再将二者相加得全量表总分。然后根据不同年龄组的常模转换表，转换成以 100 为均数，以 15 为标准差的智商，即言语智商、操作智商和全量表智商。

韦克斯勒成人智力量表（WAIS-R）在湖南医学院龚耀先教授主持下，于 1982 年取得中国修订版，称"修订韦氏智力量表"，即 WAIS-RC。

（二）韦克斯勒儿童智力量表

韦克斯勒于 1949 年初发表韦氏儿童智力量表（WISC），1974 年修订为 WISC-R。适用于 6~16 岁的儿童与青少年。其原理和特点与 WAIS 相同，只是增加了测量速度和准确性的迷津测验，各分测验的难度均有降低。WISC-R 包括 6 个言语分测验，即常识、类同、算术、词汇、理解、背数；6 个操作分测验，即图画补缺、图片排列、积木图案、物体拼配、译码、迷津。其中的背数和迷津两个分测验是备用测验。测验实施时，言语分测验和操作分测验交替进行，以维持被测者的兴趣，避免疲劳和厌倦。完成整个测验约需 50~70 分钟。

测验手册中以 4 个月为年龄组分别提供了常模表，可直接由原始分查出各量表分和智商分。

韦克斯勒儿童智力量表（WISC-R）由林传鼎、张厚粲主持修订，1979 年改编为中译本，并取得中国常模。

（三）瑞文标准推理测验（SPM）

瑞文标准推理测验（简称瑞文测验）是由英国心理学家瑞文于 1938 年编制的非文字智力测验。瑞文于 1947 年又对 SPM 进行了小规模的修订，编制了适合更小年龄儿童和智力落后的瑞文彩色推理测验（CPM）和瑞文高级推理测验（APM）。

瑞文标准推理测验共有 60 个题目，分 A、B、C、D、E 由易到难的五组，每组 12 题，组内题目的难度也是依次增加。每组都有一定的主题，题目类型略有不同。从直观上看，A 组主要测量知觉辨别力、图形比较、图形想象等；B 组主要测量类同、比较、图形组合等；C 组主要测量比较、推理、图形组合等；D 组主要测量系列关系、图形套合；E 组主要测量套合、互换等抽象推理能力。

每个题目由一个缺少一部分的大图案和 6~8 张（A、B 组每题有 6 张，C、D、E 组有 8 张）作为选项的小图形组成，被测者的任务是发现 6~8 个选项中哪一个填入大图案的缺失部分最合适，然后将选项的序号填在答题纸上即可（如图 7）。测验一般不限定时间。

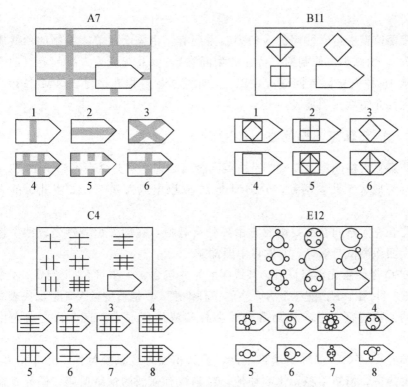

答案分别为：A7=6 B11=4 C4=8 E12=5

图7 瑞文推理测验样题

解释时先计算出原始分。每题答对记1分，答对题数即为总分。再将原始分转换成被测者所在年龄团体的百分等级。由百分等级查表得到智商。

瑞文标准推理测验（SPM）适用于6岁以上任何年龄的人群，不受文化、种族、语言的限制，可用于一些有生理缺陷者。测验既可个别实施也可团体实施，简单易行，对结果的解释直观明确，有较高的信度和效度。

北京师范大学张厚粲教授等人自1985年10月开始对瑞文测验进行修订，先后对瑞文标准推理测验、瑞文彩色推理测验、瑞文高级推理测验作修订，制订了中国常模，并发行了瑞文标准推理测验的农村和城市两个版本。

二、人格测验

人格测验就是利用心理学方法对罪犯的人格进行的测量。这类心理测验主要测量罪犯心理中比较稳定的一些特征，为罪犯分类和制订矫治计划提供参考资料。

我国监狱中经常使用的人格测验主要有：由陈会昌等人编制的"气质测验量表"、由张伯源研制的"行为类型问卷"，以及艾森克人格问卷（EPQ）、卡特尔16种人格因素问卷（16PF）、明尼苏达多相人格量表（MMPI）等。下面主要介绍后三项量表。

（一）艾森克人格问卷（EPQ）

艾森克人格问卷（EPQ）是由英国著名心理学家艾森克夫妇于1975年编制，分为成人、儿童两种，分别调查16岁以上成人和7～15岁儿童的人格类型。

艾森克人格问卷在我国北方由陈仲庚教授，在南方由龚耀先教授主持进行了大面积测试与修订，并取自中国常模。

EPQ经龚耀先等修订后，其成年问卷共包含4个项目88个问题。4个项目为E、N、P、L，前三个为人格的三种维度，L是效度量表，但也代表一种稳定的人格特征，反映被测者的社会朴实或幼稚水平。三个独立的人格维度是：

神经质（N）：又称情绪稳定性，反映植物神经系统特性，并非指病症。高分者焦虑，情绪不稳，忧心忡忡，对刺激有强烈的情绪反应；低分者情绪反应缓慢而轻微，且易于恢复平静，性情温和，善于自我控制。

内向—外向（E）：高分者外向，好交际，喜刺激和冒险，情绪外露，开朗活泼，冲动；低分者内向，不喜交往，好静，离群，内省，不喜欢刺激，情绪比较稳定，喜欢有秩序的生活方式，踏实。

精神质（P）：也称倔强性，并非暗指精神病。高分者可能孤独，不关心他人，难以适应外部环境，不近人情，感觉迟钝，与人不能友好相处，固执倔强，喜欢寻衅滋扰，干奇特的事情，且不顾危险，有发展成行为异常的可能；低分者能与人相处，能较好地适应环境，态度温和，不粗暴，善从人意。

EPQ每题有"是""否"两个选项，按0、1两级记分。传统的计算分数的方法是：题目做完后，按记分键记分，不过较为繁琐，不建议采用。手工操作一般用套板记分，4个项目用4块套板。成人的P、E、N、L量表的最高得分为23、21、24、20，共88分。得到原始分后，再按性别与年龄，到有关的T分表（常模）中找到T分，得到该被测者的标准分，即可进行解释。不过，EPQ已开发了计算机软件，把被测者的答案输入计算机软件即可得到结果。

(二) 卡特尔 16 种人格因素问卷 (16PF)

1. 卡特尔 16 种人格因素问卷简介

16PF 是美国伊利诺州立大学人格及能力测验研究所卡特尔教授编制的。共有 187 道题目，每 10~13 题组成一个分量表测量一个人格因素，分别测量个体的 16 种人格因素。这 16 种人格因素或分量表的名称和符号是：乐群性（A）、聪慧性（B）、稳定性（C）、恃强性（E）、兴奋性（F）、有恒性（G）、敢为性（H）、敏感性（I）、怀疑性（L）、幻想性（M）、世故性（N）、忧虑性（O）、实验性（Q_1）、独立性（Q_2）、自律性（Q_3）和紧张性（Q_4）。经许多心理学家研究证实，这些因素普遍地存在于年龄及文化背景不同的人群之中，由于这些因素的不同组合，就构成了一个人不同于他人的独特人格。

16PF 具有客观性、广泛性、深刻性的特点。16PF 测验结构明确，每一题都备有三个可能的答案，被测者可任选其一，避免了在是否之间必选其一的强迫性，所以被测者答题的自发性和自由性较好。为了克服动机效应，尽量采用了"中性"测题，避免含有一般社会所公认的"对"或"不对"，"好"或"不好"的题目，而且被选用的问题中有许多表面上似乎与某种人格因素有关，但实际上却与另外一个人格因素密切相关。因此，被测者不易猜测每题的用意，有利于据实作答。同时，16PF 的常模群体为正常人群，它的评价一般也是针对正常人，因而适用领域很广。而且，16PF 信效度较高。该量表 1981 年测试表明，最高的信度系数为 0.92（O 因素），最低的信度系数为 0.48（B 因素）。在效度方面，测试结果表明 16 种因素之间的相关系数较低，表明各因素之间是独立的。量表项目的因素负荷在 0.73 到 0.96 之间，同一因素中各题的反应有高度一致性。

通过 16 个人格因素或分量表上的得分和轮廓图，不仅可以反映受测者人格的 16 个方面中每个方面的情况和其整体的人格特点组合情况，还可以通过某些因素的组合效应反映性格的内外向型、心理健康状况、人际关系情况、职业倾向、在新工作环境中有无学习成长能力、从事专业而有成就者的人格因素符合情况、创造能力强者的人格因素符合情况，也可以反映被测者的人格素质状况并作为临床诊断工具用于心理临床诊断。此外，16PF 与其他类似的测验相比较，能以同等的时间测量更多方面主要的人格特征，是真正的多元人格量表。16PF 兼顾了环境（教育）与遗传对个体心理的影响，所以，常常以 16PF 的测量结果来反映个体的心理素质。

2. 卡特尔 16 种人格因素问卷的因素解释

分析 16 个人格因素时，是根据被测者在某个人格因素上是否有"高点分数"（标准分高于7，或低于4）来分析的。也就是说，确定一个人在某种人格特质上是否异常是以常模群体的次数分布的统计标准为根据的。各人格因素"高点分数"或"低点分数"的意义解释如下：

因素A乐群性：

低分数的特征（以下简称低）：缄默、孤独、冷漠。标准分低于3分者，通常表现为执拗，对人冷漠、落落寡合，吹毛求疵，宁愿独自工作，对人不对事，不轻易放弃一己之见，工作严谨不苟且，工作标准常常要求很高。

高分数的特征（以下简称高）：外向、热情、乐群。标准分高过8分，通常和蔼可亲，容易与人相处、合作，适应能力强。愿意参加或组织各种社团活动。不斤斤计较，容易接受别人批评。萍水相逢也可以一见如故。

因素B聪慧性：

低：思想迟钝，学识浅薄，抽象思维能力弱。低者通常理解力不强，不能"举一反三"。

高：聪明，富有才能，善于抽象思维。高者通常学习能力强，思维敏捷、正确。

因素C稳定性：

低：情绪激动，容易产生烦恼。低者通常不容易应付生活上所遇到的阻挠和挫折，容易受环境支配而心神动摇不定。常常会急躁不安，身心疲乏，甚至失眠、恶梦、恐怖。

高：情绪稳定而成熟，能面对现实。高者通常能以沉着的态度应付现实中各种问题，行动充满魄力，能振作勇气，有维护团结的精神。有时高C者也可能由于不能彻底解决生活难题而不得不强自宽解。

因素E恃强性：

低：谦虚、顺从、通融、恭顺。低者通常行为温顺，迎合别人。也可能有"事事不如人"的感觉。

高：好强固执，独立积极。高者通常有主见，独立性强。但容易自高自大，自以为是。可能非常武断，对抗有权势者。

因素F兴奋性：

低：严肃、审慎、冷静、寡言。低者通常行动拘谨，内省而不轻易发言，较消极，阴郁。有时可能过分深思熟虑。工作上常常是一位认真可靠的人。

高：轻松兴奋，随遇而安。高者通常活泼、愉快、健谈。对人对事热心而富有感情。但有时也可能过分冲动，以致行为变化莫测。

因素G有恒性：

低：苟且敷衍，缺乏认真负责精神。低者通常缺乏远大目标和理想，缺乏责任感，甚至有时不择手段地来达到某一目的。

高：有恒负责，做事尽职。高者通常责任心强，工作细心周到，有始有终。是非善恶是他的行动指南，所结交的朋友也多系努力肯干的人。不十分喜欢诙谐有趣的场合。

因素H敢为性：

低：畏怯退缩，缺乏信心。低者通常在人群中羞怯，有不自然的表现，有强烈的自卑感。不善于发言，更不愿跟陌生人交谈。凡事采取观望态度。有时由于过分倾向于自我意识而忽视社会中的重要事物和活动。

高：冒险敢为，少有顾忌。高者通常不掩饰，不畏缩，有敢做敢为的精神，能经历艰辛而保持有坚强的毅力。有时可能粗心大意，忽略细节，也可能无聊多事，喜欢向异性献殷勤。

因素I敏感性：

低：理智的，着重现实，自恃其力。低者通常多以客观、坚强、独立的态度处理问题，不感情用事。也可能过分骄傲，冷酷无情。

高：敏感，感情用事。高者通常心肠软，易受感动，较女性化，爱好艺术，富于幻想，有时过分不务实际，缺乏耐心与恒心。不喜欢接近粗犷的人和做笨重的工作。在集体活动中，由于常常有不着实际的看法和行为而降低团体的工作效率。

因素L怀疑性：

低：信赖随和，容易与人相处。低者通常无猜忌，不与人竞争，顺应合作，善于体贴人。

高：怀疑，刚愎，固执己见。高者通常多怀疑，不信任别人，与人相处常斤斤计较，不顾别人利益。

因素M幻想性：

低：现实，合乎成规，力求妥善合理。低者通常事先斟酌现实条件，然后决定取舍，不鲁莽从事，在关键时刻也能保持镇静。有时可能过分重视现实，为人索然寡趣。

高：幻想，狂放不羁。高者通常忽视生活细节，只以本身动机、当时兴趣等主观因素为行动的出发点。可能富有创造力，有时也过分不务实际，近乎冲动而被人误解。

因素N世故性：

低：坦白、直率、天真。低者通常思想简单，感情用事，与人无争，心满意足。但有时显得幼稚、粗鲁、笨拙，似乎缺乏教养。

高：精明能干，世故。高者通常处事老练，行为得体，能冷静分析一切。

对一切事物的看法是理智的、客观的。有时可能近乎狡猾。

因素 O 忧虑性：

低：安详、沉着、有自信心。低者通常有自信心，不易动摇，相信自己有应付问题的能力。有安全感，能运用自如。有时因缺乏同情而引起别人的反感。

高：忧虑抑郁，烦恼自扰。高者通常觉得世道艰辛，人生不如意，甚至沮丧、悲观，常常有患得患失之感，总觉得自己不容于人，缺乏和别人接近的勇气。

因素 Q_1 实验性：

低：保守，着重传统观念与行为标准。低者通常无条件地接受社会上沿用已久的而有权威的见解，不愿尝试探新，常常激烈地反对新的思潮和变革，墨守成规。

高：自由、激进，不拘于现实。高者通常喜欢考验一切现有的理论与事实而予以新的评价，不轻易判断是非，对新的思想和行为有兴趣。可能广见多闻，愿意充实自己的生活经验。

因素 Q_2 独立性：

低：依赖、随群、附和。低者通常愿意与他人合作共事，而不愿独立孤行。常常放弃个人主见。附和众议，以取得别人好感。需要集体的支持以维持其自信心，却不是真正的乐群者。

高：自立自强，当机立断。高者通常能够自作主张，独立完成自己的工作，不依赖别人，也不受社会舆论的约束，也无意控制和支配别人，不嫌恶人，但也不需要别人的好感。

因素 Q_3 自律性：

低：矛盾冲突，不明大体。低者通常既不能克制自己，又不能尊重礼俗，更不愿考虑别人的需要，充满矛盾，却无法解决。

高：知己知彼，自律谨严。高者通常言行一致，能够合理支配自己的感情行动，为人处事能保持自尊心，赢得别人的尊重，有时却太固执。

因素 Q_4 紧张性：

低：心平气和，闲散宁静。低者通常知足满意，内心平衡。也可能过分松懒，缺乏进取心。

高：紧张困扰，激动挣扎。高者通常缺乏耐心，心神不定，过度兴奋，时常感觉疲乏，又无法彻底摆脱，以求宁静。在集体中，对人对事缺乏信念，每日生活战战兢兢，不能控制自己。

二元人格因素分析：

在 16 个人格因素的基础上，卡特尔进行了二阶因素分析，得到 4 个二元人格因素，并计算出从一阶因素求二阶因素的多重回归方程。二元人格因素类型的标准也分为 10 级，即每一类型的最高分为 10 分，最低分为 1 分。

(1) 适应与焦虑型。

计算公式：$(38+2L+3O+4Q_4-2C-2H-2Q_3)/10$

上述公式中的字母分别代表相应量表的标准分（以下同）。由公式求得的最后分数即代表"适应与焦虑性"之强弱。

低分者生活适应顺利，通常感觉心满意足，能做到所期望的和认为有重要意义的事。但极端低分者，可能缺乏毅力，遇事知难而退，不肯努力奋斗。

高分者通常易于激动、焦虑，对自己的环境常常感到不满意。高度的焦虑不但会降低工作效率，而且会影响身体健康，易患神经病。

(2) 内向与外向型。

计算公式：$(2A+3E+4F+5H-2Q_2-11)/10$

低分者内向，通常羞怯而审慎，与人相处多拘谨而不自然。内向个性无所谓利弊，而以工作条件为准。例如，内向者较专心，能从事较精确的工作。

高分者外向，通常善于交际，不计较小节，不受拘束。外向个性也无所谓利弊，也以工作条件为准。有些工作极需要外向，而这种性格对于学术研究，却未必有利。

(3) 感情用事与安详机警型。

计算公式：$(77+2C+2E+2F+2N-4A-6I-2M)/10$

低分者情绪多困扰不安，通常感觉挫折气馁，遇到问题必须百般考虑才作出决定。但较为含蓄，敏感，温文尔雅，讲究生活艺术。

高分者安详警觉，通常果断、刚毅，有进取精神，但有时过分现实，忽视生活情趣，遇到困难时，有时不经考虑就冒然行事。

(4) 怯懦与果断型。

计算公式：$(4E+3M+4Q_1+4Q_2-3A-2G)/10$

低分者常常人云亦云，优柔寡断，受人驱使而不能独立，仰赖别人的扶持，因而事事迁就，以获取别人的欢心。

高分者独立、果断、锋芒毕露，有气魄。通常主动寻求可以施展所长的机会和环境，以充分表现自己的独创能力。

综合人格因素分析（应用性人格因素分析）：

综合人格因素分析是以统计标准和社会适应性标准这双重标准为根据的。尽管从理论上讲经过因素分析处理后 16 个因素中各因素间是相互独立的，但由于在社会适应的现实情境中某种行为表现往往是多种人格因素共同作用的结果，因此要分析人在某一实践领域的实际表现，就必须将多种人格因素的得分结合起来进行综合分析。

（1）心理健康的人格因素。

推算公式：$C+F+(11-O)+(11-Q_4)$

公式运算结果代表了人格层次的心理健康水平。心理健康标准分在 4~40 之间，平均值为 22 分，一般不及 12 分者只占人数分布的 12%，这种人情绪显著不稳定。担任艰巨工作的人要求有较高的心理健康标准分。

（2）专业而有成就者的人格因素。

推算公式：$2Q_3+2G+2C+E+N+Q_2+Q_1$

通常总和分数介于 10~100 分之间，平均值为 55 分，60 分约等于标准分 7，63 分以上者约等于标准分 8、9、10，总分在 67 分以上者，一般应有所成就。

（3）创造能力人格因素。

推算公式：$2(11-A)+2B+E+2(11-F)+H+2I+M+(11-N)+Q_1+2Q_2$

由上述公式计算得到的总分可以通过表 3-2 换算成相应的标准分，标准分越高，其创造力越强。

表 3-2 创造能力标准分换算表

因素总分	15~62	63~67	68~72	73~77	78~82	83~87	88~92	93~97	98~102	103~150
标准分	1	2	3	4	5	6	7	8	9	10

（4）在新环境中有成长能力的人格因素。

推算公式：$B+G+Q_3+(11-F)$

总分在 4~40 分之间，平均值为 22 分。不足 17 分者（约占 10%）不太适应新环境，27 分以上者有成功的希望。

1970 年，台湾刘永和、梅吉瑞合作对 16PF 进行了修订，发表了中文修订本。1981 年，辽宁教育科学研究所的李绍农在刘永和、梅吉瑞的基础上在大陆修订出版了 16PF。

（三）明尼苏达多项人格量表（MMPI）

MMPI 是由美国明尼苏达大学教授哈撒韦和麦金利在 20 世纪 40 年代初编制的自我报告式人格测验量表。量表包括 566 个题目，构成 13 个分量表，能够适用于年满 16 岁、有小学文化程度、没有影响测验的生理缺陷的人。1989 年，明尼苏达大学又修订出版了 MMPI-2。明尼苏达多项人格量表是国内外犯罪研究和监狱系统中应用最为广泛的心理测验量表之一。

1. 量表内容

MMPI 共有 566 个测题（有 16 个是重复的，实际上是 550 题），测题内容涉及各个方面，包括健康状况、婚姻关系、性、社会态度、宗教信仰、运动失调、心身疾病、神经症和精神病等 26 个方面。回答方式有三种，即"是"（T）、"否"（F）和"不能回答"（?）。测验共包括 10 个临床量表和 4 个效度量表。

10 个临床量表分别是：

疑病（Hs），共 33 个项目，反映被测者对身体功能的不正常关心；

抑郁（D），60 个项目，与忧郁、淡漠、悲观、思想和行动缓慢有关；

癔症（Hy），60 个项目，可鉴别癔症和癔症型人格，如情绪不稳定、自我中心、幼稚、自恋等；

病态人格（Pd），50 个项目，反映被测者在性格上的偏差，反社会行为（如对现实不满、偷窃等），反社会性格（不顾社会习俗的作风）等；

男子气—女子气（Mf），60 个项目，反映性别色彩，男人的测验分数高，有女子气，女性在测验上得分高时，则有男子气；

偏执（Pa），40 个项目，反映被测者敏感、猜忌、以自我为中心、妄想观念、被害感等；

精神衰弱（Pt），48 个项目，可以评估被测者的强迫观念、强迫行为、焦虑、恐怖、内疚感等；

精神分裂症（Sc），78 个项目，测量疏远感、家庭关系不好、异常知觉、异常思维和行为；

轻躁狂（Ma），涉及活动水平升高或过多，心境高扬或兴奋，观念飘忽；

社会内向（Si），70 个项目，反映被测者害羞，对人无兴趣，社会情境中的动摇性等。

另有 4 个效度量表，也称控制量表。用以检查被测者在测验时是否粗心、不明题意、掩饰、反应定势等现象的存在，及其参加测验时的态度。4 个量表的分数异常时，表示测验的效度值得怀疑。

疑问量表（Q），包括无法回答、漏答和对"是"和"否"均作回答的项目总数，正常人很少有 5 题以上的，超过 30 题则认为测验无效。

说谎量表（L），15 个项目，由与被社会所称赞的行为，或与情绪有关的问题组成，用以识别想让别人把自己看得比实际更好的人。L 得分高，表示被测者的回答可能不真实，测验不可靠。也有一些 L 得分高的人是对自己要求过高，L 得分低的人比较诚实、自信，能独立并会自觉承认自己的缺点。

诈病量表（F），由一些涉及古怪或荒唐内容的题目组成，共64题，其中有些题包含在Sc或Pa量表中。一般说正常人在F量表中得分较少，高分表示对题意理解错误，或者是由于故意让别人把自己看得有病而增加治疗的机会或逃避法律责任。另一些F量表得分高的是精神病患者，如妄想、幻觉、思维障碍等。F量表分数过高，测验结果就值得怀疑。

校正量表（K），共30个项目。可判别被测者对测验的态度，即是否有隐瞒和防卫心理。可以校正L量表、F量表以及临床量表的计分，以增加它们的效度。K分数高表示一种自卫反应，即表示希望做出正常的表现，对心理上的弱点故意歪曲，分数低表示被测者对自己过分严格，过分直率，过分自我批评或故意装坏。K分数高可以校正"是"反应过多，低分可校正"否"反应过多。

2. 施测、记分与解释

MMPI实施方式有卡片式和问卷式两种，也可在计算机上进行。卡片式是将题目印在卡片上，让被测者根据自己的情况将卡片装入粘有"是"、"否"和"无法回答"的标签盒内。问卷式则是将题目印在问卷上，被测者在答题纸上标出答案。测验可个别施测，也可团体实施。没有时间限制。正常人一般在45分钟内完成，很少超过90分钟。当少数被测者出现情绪不稳或不耐烦时，可分几次完成测验。

统计出各分量表的原始分后，对Hs、Pd、Pt、Sc、Ma五个量表还要用K量表进行校正。校正时，K量表有不同的权重，将某一临床量表的原始分与加权后的K分相加，即得校正后各分量表的原始分（上述五个量表校正后的原始分分别是Hs＋0.5K、Pd＋0.4K、Pt＋1.0K、Sc＋1.0K、Ma＋0.2K）。校正后各分量表的原始分转换成以50为均数，以10为标准差的标准分。

对MMPI的解释是一项技术性很强的工作。通常某量表的T分超过70即表示有严重的心理问题存在，但不能由此断定问题的类型就是该量表所表明的。如在D量表上的高分不一定代表抑郁，也可能是其他的障碍。心理问题类型的确定要依据量表分数的组合。因此在解释时要依性别分别将被测者在14个量表上的标准分标记在剖析图上。

为避免对某量表高分单独解释的错误，MMPI用数字0～9代替了1～10个临床量表的名称，并作为它们的代码。为简化分析程序，人们经常采用两点高分分析法解释MMPI的结果。所谓两点高分分析法是指根据10个临床量表中得分最高的两个量表的数字代码对被测者进行诊断。一般分数稍高的写在前面，例如21/12，前者为2量表高于1量表，后者为1量表高于2量表，但二者均为1、2量表两个高分，它们意义相同。在实际测验中经常遇到的两点高分的意义简要介绍如下：

12/21：出现这种高分的受测者常有躯体不适，并伴有抑郁情绪。这组高分者可诊断为幼疑病症或轻性抑郁症。

13/31：这种组合往往被诊断为疑病症或癔症。这是由于强烈的精神因素，引起夸张了的各种疼痛和不适。这类人在与人相处时关系肤浅。

18/81：这种组合有时被诊断为焦虑症和分裂样病态人格，如同时伴有F量表分数升高，可诊断为精神分裂症。

23/32：这种组合通常诊断为轻性抑郁症。他们常常感到疲劳、抑郁、焦虑、不能照顾自己；表现不成熟、稚气，表达自己的感觉困难，有不安全感，适应社会困难。

24/42：具有这种组合的人常有人格方面的问题，有的可诊断为反社会人格。当合并量表6同时高分时，这种人十分危险。

26/62：此种组合者常有偏执倾向，可能的诊断有轻性抑郁症、被动专横人格、偏执状态或早期的偏执型精神分裂症，少数病例为更年期偏执。

28/82：此类组合常见于精神病患者，如F量表T高于70，可诊断为重性抑郁症、更年期抑郁或分裂情感性精神病。如这种组合不能提示精神病，可诊断为分裂性人格伴抑郁或轻性抑郁症。对这种人要预防他的自杀企图。

29/92：常见的诊断为躁郁性精神病与循环性人格。

34/43：这种人以长期严重的易怒情绪为特征，诊断有癔症性人格、混合性人格障碍、被动专横人格和暴发性人格。

38/83：具有这种组合的人有焦虑与抑郁感，有时表现出思维混乱。常见的诊断为精神分裂症或癔症。

46/64：这种组合的人是不成熟、自负和任性的，对别人要求过多，并责怪别人对他提出的要求。可能的诊断有被动－攻击人格、偏执型精神分裂症和更年期偏执。

47/74：这种人对别人的需求不敏感，但很注意自己行为的后果，极易发生自怨自艾。可能的诊断为焦虑症或病态人格，心理治疗效果甚微。

48/84：有这种组合的人行为怪异，很特殊，常有不寻常的宗教仪式动作，也可能干出一些反社会行为。这些人一般诊断为精神分裂症（偏执型）、不合群人格、分裂性病态人格、偏执性病态人格。

49/94：这种组合最显著的特征是完全不考虑社会的规范和价值，常有违反社会要求的行为。常见的诊断为反社会人格。

68/86：这种人表现多疑，不信任，缺乏自信心与自我评价，他们对日常生活表现退缩，情感平淡，思想混乱，并有偏执妄想。如6、8量表T分均升高，F量表T分也超过70，可以说是一个精神分裂偏执型剖面图。如F量表T分未升高，6、8量表T分稍高可诊断为偏执状态或分裂性人格。

69/96：这种组合的人可表现极度焦虑，神经过敏，并有全身发抖等特征，当其受到威胁易退缩到幻想中去。典型的诊断是躁郁性精神病。

78/87：这种人常有高度激动与烦躁不安等表现，缺乏抵抗环境压力的能力，并有防御系统衰弱表现。其诊断应结合临床，一般诊断为焦虑症、强迫症、轻性抑郁症，以及人格异常。

89/98：这种组合多见于活动过度、精力充沛、情感不稳、不现实及夸大妄想者。诊断有精神分裂症与躁郁症，分裂情感性精神病亦有可能。

对被测者精神症状的诊断，要注意应结合多种资料。不能单纯依靠分数作出被测者有无异常或属于何种异常的判断，要结合病史及其他有关信息，如结合关键项目进行分析。

有一些研究者从明尼苏达多项人格量表（MMPI）中发展出若干专门适用于罪犯的心理测验量表，如"过度控制敌意量表"，用来鉴别极端性暴力犯罪人，还有如"假释违法者量表"、"累犯改造量表"等。

【单元小结】

（1）罪犯心理评估，是指在罪犯心理矫治工作中，评估者根据心理测验的结果，加上会谈、调查、观察等所得到的多方面的资料，对被评估的罪犯个体或群体（主要是罪犯个体）的心理特性作出有意义的解释和科学的价值判断过程。

（2）罪犯心理评估的基本程序包括五个阶段：查阅档案、面谈、心理测验、案例会诊、撰写报告。

（3）罪犯心理评估的方法包括会谈法、测验法、观察法、实验法、产品分析法等。

（4）罪犯心理评估报告的基本格式包括：被评估人的背景信息、要解决的问题、明确罪犯的心理特性、实施心理测验及其对结果的解释、行为观察、危险性预测、总结与建议。

（5）根据测量的目的不同，心理测验可分为智力测验、人格测验和心理评定量表。本单元介绍了韦克斯勒成人智力量表、韦克斯勒儿童智力量表和瑞文标准推理测验；以及艾森克人格问卷、卡特尔16种人格因素问卷和明尼苏达多项人格量表。

【思考题】
1. 试结合案例分析罪犯心理评估的基本程序与方法。
2. 对一名或数名罪犯实施《中国罪犯心理测试个性分测验》的测验，并分析测验结果。
3. 根据对罪犯实施《中国罪犯心理测试个性分测验》的测验结果，结合会谈评估法与查阅罪犯档案，撰写一份罪犯心理评估报告。

学习单元四　行为矫正疗法与罪犯矫正

【学习目标】
知识目标：明白阳性强化法、系统脱敏法、冲击疗法的基本原理和操作程序
技能目标：能初步运用阳性强化法、系统脱敏法、冲击疗法对罪犯进行行为矫正
态度目标：能养成对来访罪犯负责的态度，慎重选用冲击疗法对来访罪犯进行矫正

学习任务一　阳性强化法在罪犯矫正中的运用

一、一例严重心理问题的案例信息

（一）一般资料

（1）人口学资料：罪犯张春明（化名），男，36岁，未婚，初中文化，故意伤害罪，原判无期徒刑，已服刑十年，捕前系农民。

（2）个人成长资料：出生在江西偏远的农村，三个姐姐，家中排行最小，家中条件比较艰苦，该犯幼年经历坎坷，父早亡，母亲在他五岁时精神病发作，从小与姐姐相依为命，由姐姐一手带大，姐姐十分疼爱他，平时处处护着他。

（3）婚姻家庭状况：未婚。

（4）既往病史：既往体健，无重大身体疾病和精神疾病。

（5）家族病史：母亲患有精神病。

（6）目前精神状态：智力正常，感知觉正常，表述清楚思维连贯，有逻辑性，自知力完整，能清楚描述自己的想法，对自己的问题有一定认识。叙述时略紧张，语音低沉。

（7）身体状态：经常失眠，自感身体虚弱，心慌，紧张时手心出汗。

(8) 社会工作和社会交往状况：对他人有强烈的戒备和恐惧心理，总担心人家要"害"他，服刑期间迟早一天要"出问题"，经常在夜间想这些事情，导致失眠，独来独往，不愿和人交往，对一些日常的活动有回避心理。

(9) 心理测试结果：通过 EPQ 问卷测试，E（内外向）量表的 T 分为 39 分，N（神经质）量表 T 分为 65 分，为内向不稳定型。进行 SCL-90 测试，结果显示各因子分为人际关系：2.4；忧郁：2.8；焦虑：2.2；敌对：2.1；偏执：2.2。

结果分析：两份量表结果显示，该犯性格内向，缄默孤独，反应迟钝，固执倔强，生活严肃谨慎、小心，做事敏感性强，精神紧张，烦恼多虑，保守，怯懦，内心矛盾冲突强，神经过敏，缺乏自控能力。

(二) 来访者自述

自认为能担任互监是政府对他的信任，因此十分珍惜这个岗位，尽心尽力把它做好。在互监过程中经常向民警检举汇报他人的违规违纪行为，因此认为人家对他有看法，有意见，对他怀恨在心。近段时间以来，因日常琐事多次和他人发生争执，认为是由于自己的检举汇报而导致遭受他人的打击报复，认为人心险恶，产生恐惧、害怕、回避心理。在刚刚进行的互监测评中，排名较差，认为这就是人家打击报复他的结果。提出不愿意担任互监，认为如果再继续担任互监，早晚会受到人家的陷害。反复陈述这个人对他有看法，那个人对他有意见，认为他们经常聚集在一起，商量如何对付他，但说不出明确的对象和具体的事由。（根据平时掌握的情况分析，刚开始该犯还能讲出明确的对象或具体的事由，后来人员逐渐增多并扩大，理由也非常简单或可笑），经疏导，本人能认识到这种担心和恐惧完全不必要，但不能控制和摆脱，内心十分痛苦，一听到"监督"二字，就惊慌失措，焦虑、恐惧不安。

(三) 咨询师观察和他人反映

(1) 咨询师观察：初次咨询，发现该犯目光呆滞，讲话声音较轻，一直低着头，目光不敢和咨询师正面接触，坐立不安，存在紧张、焦虑情绪。

(2) 他人反映：投改后一直表现较好，做事谨慎细致，但性格较内向，胆小怕事，自担任互监以来，表现较好，敢于制止其他服刑人员的违规违纪行为，目前考核分已达到减刑条件，近来总感到在服刑中不顺心、压力大、表现不稳定，多次因一些琐事和人家发生争吵，认为是由于自己担任互监太负责任，平时得罪了一些服刑人员，认为有许多服刑人员对他有意见，想排挤他,让他"考核分作废,减不了刑",寻找机会打击报复他,感到压力大。

(四) 分析评估和诊断

诊断:认为该犯的行为是一种对人的恐惧,属严重的心理问题。

该来访者表现出的主要问题:对他人存在敌意,在人际交往中有恐惧感,总感到有人要害他,人际关系紧张,情绪焦虑、有忧郁倾向,常常胡思乱想,导致失眠,精神状态不佳。

问题严重程度:病程约三个月,自己能认识这些想法完全不必要,但无法摆脱,影响了正常的工作和生活。

诊断依据:一是根据判断正常和异常心理活动的三原则,来访者的主客观世界相统一,其知情意心理过程协调,自知力完整,无幻觉,认识到因内心冲突感到痛苦,主动要求解决问题的愿望较强,个性特征相对稳定。因此可排除精神疾病。二是来访者内心有冲突,但没有明显变形,来访者的痛苦程度属于可承受范围,但无法依靠自己的能力摆脱目前的处境,已对正常改造生活和人际关系有轻微影响,其中对人恐惧,人际交往不善的问题一方面来自情绪,最主要是与其个性因素相关。因此本案不符合神经症诊断标准。三是该案病程较长,已超过3个月,来访者有恐惧、焦虑的情绪体验,有明显的回避退缩行为,有躯体表现,如坐立不安、手心出汗、精神不佳,失眠严重等,因此也不是一般的心理问题。

病因分析:该犯自幼由于母亲患病,由姐姐抚养长大,由于姐姐对其教育方法不当,使其心理上发生了巨大的变化,虽然是一个男人,但缺乏男性果断、勇敢的气质。长期和女性生活在一起,受到女性的影响较大,加上社交圈子小,社交活动少,慢慢将其性格塑造成女性化,形成内向、胆小怕事、腼腆、脆弱依赖、顺从等典型的女性心理特征。因自小受姐姐照顾,胆小怕事,喜欢孤独,常有自卑感,性格内向,倾于女性化,自尊心强。个性呆滞,做事呆板,常被自卑和自我怀疑所束缚,做事小心谨慎,规规矩矩,依赖性强,感情比较脆弱,人际关系一般,没有关系密切或知心的朋友。

该犯没有前科,这次犯罪是初犯。原因是在打工时,与人发生争执,受到人家攻击后报复伤人致死。犯罪时心理状态紧张、害怕;犯罪后内心十分懊悔;犯罪主要动机是为了自我保护的需要。从该犯犯罪史调查可以看到,该犯在犯罪的整个过程中处于被动状态,持有紧张、懊悔心理。服刑后,有较强烈的罪责感。个性内向、懦弱、呆板,遇事没主见,具有较强的依赖心理。

(五) 咨询方案

放松训练。在咨询过程中，该犯碰到一些敏感问题时，会产生一些情绪上的波动，出现语无伦次、坐立不安的情况，当即中止咨询，让他进行放松训练，缓解该犯紧张、焦虑情绪，待其情绪平稳后继续进行咨询，如此反复，为下一步治疗奠定基础。放松的主要方法是肌肉松弛法和深呼吸练习。通过一段时间的训练，该犯学会了缓解紧张焦虑情绪的方法，并被要求在日常的生活中要经常应用。

行为训练。①向其讲述一些如何处理正常人际关系的知识，让其从心理上有所准备。②鼓励其大胆地和人去主动交往，逐步消除对人际交往的恐惧感。③管教干警有计划、有安排地让其在小组学习或开会的时候站起来发言、讲话（管教干警要提早通知他，使他有准备），不管他讲的如何，只要能站起来发言，管教干警就给予鼓励。刚开始他有些恐惧、紧张，讲话结巴，声音小，管教干警令其放松，缓解紧张情绪。④请管教干警无准备临时让其在小组里发言、讲话。开始仍有恐惧、紧张，管教干警要给予微笑、鼓励，并暗示其放松。⑤在小组开会或学习时，他能主动发言，让管教干警立即给予赞扬。⑥从有准备到无准备，让其在小组之外的陌生人员和场合发言。⑦有意识地安排他参加一些较大型的集体活动，锻炼他的胆量，使他能够从容地面对大家。⑧能利用开小组生活会的机会，面对其所说的"打击报复他的人"大胆陈述自己的想法。通过这种循序渐进的训练，最后该犯能从容地面对每一个罪犯，每一种场合，心理素质增强。

（本案例摘编自浙江省第一监狱三级心理咨询师徐宪明的一个案例）

在本案例中，咨询师徐宪明在对张春明进行行为训练中，就是运用了阳性强化法对张春明进行行为矫正。

二、阳性强化法的基本原理

"阳性强化法"属于行为治疗法，创始人为巴甫洛夫和霍尔。行为主义理论认定行为是后天习得，并且认为一个习得行为如果得以持续，一定是在被它的结果所强化。所以如果想建立或保持某种行为，必须对其施加奖励，如果要消除某种行为，就得设法给予惩罚，这种被称为"赏罚法"的行为矫正方法，完全适用于出现行为障碍的来访者。所谓阳性强化法，是指当某一行为在某种情况出现后，即时得到一种强化物，如果这种正强化物能够满足行为者的需要，则以后在同样或类似情景下，这一特定的行为的出现机率会升高。通俗地说,阳性强化法即对正确的行为进行及时奖励,对坏的行为予以漠视和淡化,促进正确的行为更多地出现。

在监狱管理过程中,服刑人员因良好的行为表现得到相应的分数,当累积到一定分值时,可以申请减刑,获批后,可得到相应的减刑,这就是阳性强化法在监狱管理中的具体体现。

三、阳性强化法的操作程序

阳性强化法的操作程序一般有四个步骤:

第一步,明确矫正的靶目标。靶目标越具体越好,如果目标过大将难以操作。设定的目标应当可以测量与分析。

第二步,监控靶行为。评定靶行为的基础水平。详细观察和记录该行为发生的频度、程度和后果。特别要注意靶行为的直接后果对不良行为的强化作用。

第三步,设计新的行为结果。设计新的结果取代以往不良行为导致的直接后果。

第四步,实施强化。继续记录靶行为。当来访罪犯出现适当行为时及时给予强化。阳性强化的标准应是现实可行、可达到的。要设计一个渐近强化的时间表,促使来访罪犯行为朝期望的方向发展。内外强化物要同时结合使用,对来访罪犯要有足够的吸引力。

四、运用阳性强化法时应注意的问题

运用阳性强化法时应注意以下 6 个方面:

(1) 矫正前,首先了解来访罪犯的行为障碍史,再确认目标行为,划出基准线。被选出的目标行为应该是能被客观地控制,可观察与评价其程度,而且能够反复进行强化。

(2) 选择有效强化物。来访罪犯的强化物有:活动性强化物——监狱文化娱乐活动;拥有性强化物——减刑分数、劳动改造积极分子、与亲人会见、出监探亲等;社会性强化物——咨询师、管教干警对他的赞扬、点头、微笑等。针对来访罪犯的具体情况,选择有效强化物,以期达到确实有效的强化与矫正目的。

(3) 拟订矫正方案或塑造新行为方案,以期取得来访罪犯的积极配合。矫正方案不但确认被矫正或塑造的行为,还应包括采用何种矫正方式、确定应用何种强化物等。根据情况变化，矫正方案还可随时调整。

（4）行为矫正过程中，每当目标行为出现，应立即给予增强物，不能延搁时间并向来访罪犯讲清楚被强化的具体行为，使之明确今后该怎么做。

（5）一旦目标行为多次按期望的频率发生时，应当逐渐消除可见的强化物，而以社会性强化物及间歇性强化的方法，继续维持，防止出现强化物的饱厌情况。

（6）矫正程序结束之后，周期性地对该行为作出评价。

学习任务二 系统脱敏法在罪犯矫正中的运用

一、一例社会交往恐怖罪犯的矫正个案

（一）来访罪犯张某的基本信息

罪犯张某，男，浙江人，32岁，小学文化，因盗窃罪被判无期徒刑。入狱后，张某沉默寡言，并多次在队列报数中突然晕倒。有一天，张某与其他罪犯打架，理由是对方想在背后袭击他。

张某对自身心理困扰的自述情况：

第一，感觉恐惧和恐慌。在别人面前他怕会做错事和说错话，特别是面对民警或在人多的时候。在队列中怕出错，很担心，经常在报数时紧张得报不出来，又怕别人笑话，所以很痛苦；怕民警找他谈话，听到民警过来或者民警叫他，心就发慌。

第二，害怕别人打他。喜欢一个人独处，不信任他人，总认为别人会在背后打他，因此在人多的时候常感到不自在甚至恐慌。

第三，认为自己是没用的人。家在农村，自己体质差，手脚慢，不会干农活，和同龄人上山砍柴的数量总是最少，人们都取笑他，说他是"空心萝卜"一个，经常萌发要逃离大山的想法。小时候有口吃，在学校里同学们经常嘲笑和奚落他，家人也经常讲他没用，连一句话都讲不清楚，所以，怕与同伴交往，甚至影响到学习。

张某对个人成长经历的自述情况：

第一，家庭经历。张某出生于普通农民家庭，自懂事以来，父母亲就希望他作一个善良的人，母亲很要强，一直对张某要求很严格，只要不按母亲

的要求和意志去做就会被打。由于自己晚上睡觉比较迟，早上喜欢睡懒觉，每次母亲叫他，如果没有起床，就会被暴打一顿。一次早上6点，张某还在睡梦中，隐隐约约听到母亲的叫声，张某条件反射地坐了起来，当时母亲表扬了他，但过了一会儿，张某又睡去了，母亲就掀起他的裤子，用竹条对他一顿毒打。

第二，学校经历。张某性格内向，在上小学的时候，同学们瞧不起他，经常被欺负。在小学三四年级时，跟一个同学闹矛盾，后来打了起来，对方三四个人冲了上来，把他打倒在地。平时也无缘无故受同学凌辱，如某同学趁张某撒尿不注意时，突然从背后对他一顿毒打，导致张某害怕上学，怕人家在背后袭击他。

第三，看守所经历。张某从小梦想当兵和作警察，认为穿上制服很威严，没人敢欺负。犯罪后在看守所期间，公安民警审讯张某时，张某不肯交代，被关禁闭一天一夜，当时他感到非常害怕，感觉天要塌下来似的。

（二）矫正过程

针对张某的具体情况，咨询师对他的社会交往恐惧进行心理矫正。

第一步，咨询师对张某进行放松训练。

准备工作：咨询师将张某安排到一间安静整洁、光线柔和、周围无噪声的房间，教给张某放松技巧。咨询师说话声音低沉、轻柔、温和，让张某舒适地靠坐在沙发或椅子上，闭上眼睛。

"现在我来教你如何使自己放松。为了让你体验紧张与放松的感觉。你先将你身上的肌肉群紧张起来，再放松。请你用力弯曲你的前臂，同时体验肌肉紧张的感受（大约10秒钟）。然后，请你放松，一点力也不用，尽量放松，体验紧张、放松感受上的差异。（停顿5秒）这就是紧张和放松。下面我将让你逐个使身上的主要肌肉群紧张和放松。从放松双手开始，然后双脚、下肢、头部，最后是躯干。"

"深深吸进一口气，保持一会儿。（大约15秒）好，请慢慢把气呼出来，慢慢把气呼出来。（停一停）现在我们再来做一次，请你深深吸进一口气，保持一会儿。（大约15秒）好，请慢慢把气呼出来，慢慢把气呼出来。（停一停）"

"现在，伸出你的前臂握紧拳头，用力握紧，注意你手上的感受。（大约15秒）好，现在请放松，彻底放松你的双手，体验放松后的感觉，你可能感到沉重、轻松，或者温暖，这些都是放松的标志，请你注意这些感觉。（停一停）我们现在再做一次。"

"现在开始放松你的双臂,先用力弯曲绷紧双臂肌肉,保持一会儿,感受双臂肌肉的紧张。(大约15秒)好,放松,彻底放松你的双臂,体会放松后的感受。(停一停)现在我们再做一次。"

"现在,开始练习如何放松双脚。好,紧张你的双脚,用脚趾抓紧地面,用力抓紧,用力,保持一会儿。(大约15秒)好,放松,彻底放松你的双脚。(停一停)现在我们再做一次。"

"现在,放松你小腿部位的肌肉。请你将脚尖用力上翘,脚跟向下向后紧压地面,绷紧小腿上的肌肉,保持一会儿,保持一会儿。(大约15秒)好,放松,彻底放松你的双脚。(停一停)现在我们再做一次。""现在,放松你大腿的肌肉。请用脚跟向前向下压紧地面,绷紧大腿肌肉,保持一会儿。(大约15秒)好,放松,彻底放松。(停一停)我们再做一次。"

"现在我们放松头部肌肉。请皱紧额头的肌肉,皱紧,皱紧,保持一会儿。(大约15秒)好,放松,彻底放松。(停一停)现在,转动你的眼球,从上,至左、至下、至右,加快速度。好,现在朝反方向旋转你的眼球,加快速度,好,停下来,放松,彻底放松。(停一停)现在,咬紧你的牙齿,用力咬紧,保持一会儿。(大约15秒)好,放松,彻底放松。(停一停)现在,用舌头顶住上腭,用劲上顶,保持一会儿。(大约15秒)好,放松,彻底放松。(停一停)现在,收紧你的下巴,用力,保持一会儿。(大约15秒)好,放松,彻底放松。(停一停)我们再做一次。"

"现在,请放松躯干上的肌肉群。好,请你往后扩展你的双肩,用力向后扩展,用力扩展,保持一会儿。(大约15秒)好,放松,彻底放松。(停一停)我们再做一次。""现在,向上提起你的双肩,尽量使双肩接近你的耳垂。用力上提双肩,保持一会儿。(大约15秒)好,放松,彻底放松。(停一停)我们再做一次。"

"现在,向内收紧你的双肩,用力收,保持一会儿。(大约15秒)好,放松,彻底放松。(停一停)我们再做一次。"

"现在,请抬起你的双腿,向上抬起双腿,弯曲你的腰,用力弯曲腰部,保持一会儿。(大约15秒)好,放松,彻底放松。(停一停)我们再做一次。"

"现在,紧张臀部肌肉,会阴用力上提,保持一会儿。(大约15秒)好,放松,彻底放松。(停一停)我们再做一次。"(休息3分钟,从头到尾再做一遍放松)

"这就是整个放松过程,现在感受你身上的肌肉群,从下至上,使每组肌肉群都处于放松的状态。(大约20秒)请注意放松时的温暖、愉快、轻松的感觉,并将这种感觉尽可能地保持1~2分钟。然后,我数数,数至'1'时,你睁开眼睛,你会感到平静安详,精神焕发。(停1~2分钟)好,我开始数,"1"感到平静,'2'感到非常平静安详,'3'感到精神焕发,'4'感到特别的精神焕发,'5'请睁开眼睛。"

第二步,咨询师与张某共同确定张某对刺激情景的主观焦虑等级。如表4-1。

表4-1 张某对刺激情景的主观焦虑等级

刺激情景	主观焦虑单位
母亲	0
父亲	1
室友	2
警官甲	3
警官乙	4
警官丙	5

其中,"0"表示没有焦虑,"1"主观焦虑等级最低,主观焦虑等级依次递增,"5"主观焦虑等级最高。

第三步,从主观焦虑等级最低的"1"开始,依次逐级进行脱敏训练。

进行脱敏训练时的部分对话:

咨询师:你在平时还在做放松训练吗?

张某:每天按要求做2次,每次20分钟。

咨询师:放松效果如何?

张某:还可以。

咨询师:好,请你现在逐步全身放松,并且闭上眼睛想象一个场面,可以是你经历过的,也可以是你任意想象出来的。要想的清晰一些、生动一些。

张某:想好了。

咨询师:能把你想象的场面说给我听吗?

张某:(继续闭眼慢慢地描述)我在一个幽静的地方漫步,脚下是弯弯曲曲的石板小道,道旁是参差不齐的灌木丛。远处,远处有一口池塘,塘中有几只鸭子在嬉戏……

咨询师:你能看清楚是几只吗?

张某:能,有3只。

咨询师:请你告诉我,此情此景,此时此刻,你紧张吗?

张某:不。

咨询师:如果按焦虑等级评分,该评多少?还记得焦虑等级吗?

张某:记得,应评0分。

咨询师：好，以下的问题，你不要再口头回答，以手示意就行。比如评 0 分，你就用拇指和食指构成一个环状；评 1 分你就伸出一个指头；评 2 分，你就伸出 2 个指头，依此类推。如果想象的图象清晰，则点点头；不清晰，则摇摇头。记住了吗？

张某：记住了。

咨询师：现在请你闭上眼睛，想象你正在同你的父亲对话。

张某：（点头示意）

（停顿一段时间，大概 20 秒左右）

咨询师：焦虑程度是多少？

张某：（伸出一个指头）

咨询师：抹掉头脑中的想象，全身放松。

（一分钟之后）

咨询师：现在的焦虑是多少？

张某：（示意为 0）

咨询师：请继续想象你同父亲对话的情景。

（15 秒之后）

张某：（点头示意）

咨询师：焦虑程度是多少？

张某：（仍伸出一个指头）

咨询师：抹掉头脑中的想象，全身放松……

……

咨询师对张某进行了 15 次（每次约 50 分钟）的脱敏矫正，张某的社会交往恐怖症状基本得到了解决。

二、矫正案例分析

在本案例中，咨询师首先通过与张某进行交流等途径，收集整理了张某的基本资料及成长经历，并对导致其社会交往恐怖的原因进行分析，然后，咨询师选择系统脱敏法对张某进行矫正。接下来，咨询师对张某进行放松训练，教会张某放松技巧，再与张某一起共同确定张某的主观焦虑等级（共 5 个等级），最后，咨询师从张某的低级焦虑"1"～"5"依次进行脱敏训练。咨询师对张某进行了 15 次（每次约 50 分钟）的脱敏矫正，张某的社会交往恐怖症状基本得到了解决。

咨询师在对张某进行心理咨询的过程，符合系统脱敏法的基本理念和操作程序，并收到了良好的矫正效果。

三、系统脱敏法的理论基础

系统脱敏疗法源于对动物的实验性神经症的研究。20世纪40年代末期，精神病学家沃尔普（J. Wolpe）在实验室中电击小铁笼中的猫，每次电击之前先制造一阵强烈的声响。多次实验之后，只要听到强烈响声或看见那只铁笼，即使不受电击，猫都会出现明显的植物神经反应。他将这只猫禁食几天，然后送回放着鲜鱼的铁笼。虽然猫极度饥饿，却不肯食用鲜鱼。在铁笼外面甚至是在实验室隔壁的房间里，猫的进食仍受到不同程度的抑制。沃尔普认为，这是猫对实验环境产生了泛化的防御性条件反射的缘故，即产生了实验性神经症。沃尔普想了个办法来克服猫的这些"症状"。他首先将猫放在离实验室很远的地方，此时在猫的眼里实验室只是依稀可见。因而猫只出现轻微的焦虑恐惧反应。这时给猫喂食，猫虽能进食但起初并不十分自然，不过待一会儿便能恢复常态，自如地进食了。到了下次该进食的时候，沃尔普把猫向实验室的方向挪近一段，这时猫又会出现一些轻微的焦虑恐惧，沃尔普立即给猫喂食。同第一次一样，猫起初进食时不太自然，但不久便适应了。沃尔普让猫渐渐接近实验室。最后，猫回到铁笼也能平静生活了。换句话说，猫的焦虑和恐惧已被"治愈"。沃尔普认为，这是交互抑制的作用。饥饿的猫进食后得到一种满足和快意，这种满足和快意可以抑制焦虑紧张反应。不过这种抑制能力是非常有限的，通常只能对付比较轻微的焦虑。所以沃尔普是由远及近，循序渐进，每次只增加一点焦虑，逐步增加，最终达到最严重的程度。对于人类来说，肌肉松弛技术就有对抗焦虑的作用。于是沃尔普以全身松弛代替食物作用，以想象自己暴露于可怕的刺激物面前代替实际暴露，创建了系统脱敏疗法。

系统脱敏疗法又称交互抑制法，系统脱敏疗法的基本原理是利用交互抑制的原理和反条件作用的原理来达到矫正目的的。这种方法主要是诱导来访罪犯缓慢地暴露出导致恐怖、焦虑的情境，并通过心理的放松状态来对抗这种焦虑情绪，从而达到消除恐怖、焦虑的目的。

四、系统脱敏疗法的操作程序

系统脱敏疗法的操作程序由三个阶段组成：建立恐怖或焦虑的等级层次、放松训练、实施脱敏。

（一）建立恐怖或焦虑的等级层次

这是进行系统脱敏疗法的依据和主攻方向。这一步包含两项内容：首先，要找出所有使来访罪犯感到恐怖或焦虑的事件，并报告出对每一事件他感到恐怖或焦虑的主观程度，这种主观程度可用主观感觉尺度来度量。这种尺度为0～5，一般分为6个等级。0表示没有焦虑；1表示轻度焦虑；2表示中度焦虑；3表示较重焦虑；4表示高度焦虑；5表示极度焦虑。其次，要将来访罪犯报告出的恐怖或焦虑事件选择6个具有现实生活意义的焦虑事件，按等级程度由小到大的顺序排列。这两步工作也可作为作业由来访罪犯自己独自去做，但再次矫正时，咨询师一定要认真检查，注意等级排列的情况。

（二）放松训练

让来访罪犯掌握放松技术是非常关键的步骤，需学习肌肉放松训练步骤和若干环节。这一步一般需要6～10次练习，每次约20分钟，嘱其回去每天练习1～2次，每次20分钟，以达到全身肌肉能够迅速进入松弛和放松技术的掌握。

（三）实施脱敏

要求来访罪犯在放松的情况下，按某一恐怖或焦虑的等级层次进行逐级脱敏。这一过程分为三个步骤进行：

第一步是放松。具体方法与前一环节相同，其目的是调整呼吸和进行肌肉的放松。

第二步是想象脱敏训练。咨询师让来访罪犯自己选择进入一个能令自己放松的想象情景，例如在上述案例中咨询师让来访罪犯自己想象在"一个幽静的地方漫步，脚下是弯弯曲曲的石板小道，道旁是参差不齐的灌木丛。远处有一口池塘，塘中有几只鸭子在嬉戏……"的放松情景，并让其以手示意焦虑等级。然后，让来访罪犯想象进入一个低等级焦虑的情景。经多次地交互之后，来访罪犯对低等级焦虑情景没有了焦虑，再接着进行下一个等级的脱敏。

第三步是现实体验训练。这是矫正中的最为关键的一步。在咨询室中，来访罪犯只是在想象情景中焦虑降低或消除了，但是面对现实情景时来访罪犯的焦虑可能还会出现，所以，来访罪犯要把在咨询室中习得的技能运用到现实中去，从最低级到最高级，逐级进行现实脱敏。

五、运用系统脱敏疗法时应注意的事项

咨询师在实施系统脱敏疗法时应注意以下 7 个方面：

（1）让来访罪犯想象进入某一放松场景时，可以重复呈现同一场景 3～4 次，直到焦虑情绪分数降到 "0" 左右。

（2）在系统脱敏过程中，咨询师不能随意赞许来访罪犯，以避免来访罪犯为了迎合咨询师，而对焦虑情绪打低分。

（3）每次咨询时间大概能做 3～4 个场景，一般来说下一次矫正从前一个结束项目开始。但是也要根据来访罪犯的实际状况而定，如果来访罪犯的焦虑情绪回去实践体验后有所反弹，应重复前一次的脱敏过程。

（4）每一次咨询结束后，咨询师都要给来访罪犯留体验作业，体验作业包括在咨询室里做过的场景和现实要面对的场景。在咨询室里做过的场景，来访罪犯每天要再自我练习 1～2 遍，在咨询室已经练过的场景也可以在现实中进行体验练习，并作好体验记录，以便下次咨询时交给咨询师进行检查。

（5）遇到放松困难或彻底放松不了的来访罪犯，咨询师就应放弃这一疗法。

（6）来访罪犯的焦虑等级建立要合理，否则系统脱敏很难进行，并且效果也很差。

（7）面对想象力不足的来访罪犯，咨询师要对来访罪犯做想象力训练。

（8）在操作过程中，建立恐怖或焦虑的等级层次和放松训练的先后次序可依据来访罪犯的具体情况而定。

学习任务三　冲击疗法在罪犯矫正中的应用

一、一位不洁恐怖女犯的矫正案例

（一）来访罪犯的基本信息

罪犯李某，女，30 岁，浙江人，高中文化，因犯故意伤害罪被判刑五年，投入浙江省某监狱服刑，已服刑两年多。外在表现：身体瘦弱，双眉紧蹙，焦虑不安，表情痛苦，双手瘦小，布满皲裂。

(二) 李某对自身心理困扰的自述情况

她是提前一月早产的,从小身体瘦弱,到了3岁时,走起路来还是东摇西晃。为了不让邻居的孩子们欺负她,母亲一直给予她极多的关照和爱护。爱清洁,讲卫生,以免生病,也是母亲对她的谆谆教导。因此,她童年的大部分经历不是依伴母亲,就是独自一人闭门家中。她个子虽小,人却很精明,母亲去上班后,她能把家里收拾得干干净净、井井有条。小小年纪便学会把被子一天折一个新花样。7岁那年上学,成绩一直不错。作业一丝不苟,卷面整齐干净,因此常常受到老师的表扬。但小朋友们似乎不喜欢她的认真、负责和严肃。她常常是孤立的,有时还成了调皮鬼"恶作剧"的对象。回到家里,她似乎就少了几分压力,走路有时也蹦蹦跳跳,嘴里也吟吟唱唱。妈妈爱她、夸她,有时也恼她。特别是妈妈急急忙忙做饭菜要赶着去上班的时候,就会朝她大声嚷嚷:"一棵白菜,你快洗半个小时啦!"但她仍不慌不忙,直到洗得干干净净方才罢休。

高中毕业后到某商场当营业员,爱清洁的习惯在商店是出了名的。同事们给的水果、瓜子之类的是绝不食用的,午餐用的碗筷也绝不借给别人。这样自然招来不少非议。某日,她接待一位顾客。这位顾客长得瘦骨嶙峋,好像病入膏肓。一只青筋暴突宛若鹰爪的手抓着一团揉得很皱很腻的纸币不停地颤抖,缓缓地递给她。迫于职业道德和礼貌,她接过纸币,打开铺平,然后找钱,交货。她几乎是屏住呼吸完成这一切的。待那位顾客一边咳吐一边走开的时候,她只觉得一阵恶心,腹内一团热物直往上冒。连忙跑到洗手间反复搓洗双手。下班回家后仍觉得手不干净,又擦肥皂,洗个没完。渐渐地,洗床单,洗沙发巾,洗鞋,洗菜,但洗得最多的是她那双手。几乎已成了习惯,她接触任何东西之后就要去洗手,而且一洗就没完没了。终于洗完了的时候,小心地用两个指头关上水龙头,突然又觉得,这两个指头又弄脏了,还得洗。由于处处小心,事事顾虑,做事缓慢,经常受到家人的批评,柜台同事也时有抱怨。自己也觉得洗手太多,有些过分,但苦于无法克制,欲罢不能。她觉得孤独、伤心,她觉得人们在疏远自己。她因此自责,多次决心放弃"恶习",但终不能如愿。病情时好时坏,严重时,要戴着手套睡觉,以免双手被污染。两年后,经人介绍结婚,婚后一段时间,是症状最轻的日子,但好景不长,丈夫慢慢觉察到她的这种怪癖。原来她还担心丈夫发现,有所克制,有所遮掩。既然事已败露,便毫无顾忌。每天至少要洗手十几次,每次几分钟,甚至十几分钟。并经常与丈夫吵架,甚至动手。在一次与丈夫动手过程中,用刀把丈夫砍成重伤,被判刑五年进入监狱服刑。

在服刑期间，她一直受不停洗手所累，恰好监狱近期开设了对服刑人员心理咨询的服务，在监区的心理健康教育宣传中，了解到了相关信息，认识到这是一种心理问题，所以，要求前来作心理咨询。

(三) 矫正过程

咨询师在对来访罪犯李某心理问题表现、成因进行分析后，明确了李某的不停洗手来自于不洁恐怖。咨询师首先对她进行系统脱敏矫正，李某的症状在矫正中期有所减轻，但总的效果不令人满意。为此，咨询师选用了冲击疗法对李某进行矫正。

在运用冲击疗法进行矫正前，咨询师让李某到监狱医院作身体检查，检查后发现可以对李某运用冲击疗法进行矫正。

李某第二次来到咨询室，咨询师让李某坐于房间内，请另一位咨询师当助手。让李某全身放松，轻闭双眼，然后让助手在李某手上涂抹上各种液体，如清水、黑水、油、染料等。在涂抹时，要求和指导李某尽量放松，而助手则尽力用言语暗示手已很脏了。李某要尽量忍耐，直到不能忍耐时睁开眼睛看看到底有多脏为止。助手在涂液体时应随机使用透明液体和不透明液体，随机使用清水和其他液体。这样，当李某一睁开眼时，就会发现手并不脏，起码没有想象的那么脏，这对李某的思想是一个冲击，说明"脏"往往更多来自于自己的意念，与实际情况并不相符。当李某发现手确实很脏时，洗手的冲动会大大增强，这时候，助手禁止她洗手，这是矫正的关键。李某会感到很痛苦，但要努力坚持住，助手在一旁积极给予鼓励。

在这关键时刻，助手的示范作用很大。助手可在自己手上也涂上液体，甚至更多更脏，并大声说出内心感受。由于二人有了相同的经历，在情感上就能得到沟通，对脏东西的认识也能逐渐靠拢。这时，患者要仔细体会焦虑的逐步消退感。

咨询师经过两个星期共5次对来访罪犯李某进行矫正，来访罪犯李某的洁癖行为已得到有效控制。

二、矫正案例分析

在本案例中，咨询师首先通过与来访罪犯李某进行交流，并根据李某的自述情况，收集整理了李某的基本资料，并对导致其反复洗手的成因进行分析，确定李某不停洗手源于不洁恐怖。咨询师首先选择系统脱敏法对李某进行矫正，结果发现矫正效果不是很好，然后选择了冲击疗法对其进行矫正，这说明咨询师在选择冲击疗法时非常慎重，因为，冲击疗法使用不当，会导致来访罪犯安全出现问题，这也是作为一名咨询师应该持有的一种理念和应该遵循的基本原则。在实施冲击疗法前，咨询师预先要求李某去作身体检查，在来访罪犯身体健康状况允许的情况下，再对她实施冲击疗法，这符合冲击疗法的基本要求。咨询师经过两个星期共5次对李某进行矫正，李某的洁癖行为已得到有效控制。

三、冲击疗法的基本原理

冲击疗法也称满灌疗法，是让来访罪犯持续一段时间暴露在现实的或想象的唤起焦虑的刺激情境中。一般采用想象或模拟的方式，也可以让来访罪犯直接进入到令其最恐怖、焦虑的现实场景，即直接与令其最恐怖、焦虑的对象接触，并尽力设法使来访罪犯坚持。一般只要坚持，恐怖、焦虑反应就会消退。

冲击疗法的产生，基于下面的动物实验：当实验场所发出恐怖性声、光或电击刺激时，实验动物惊恐万状，四处乱窜，想逃离现场。如果没有出路，它只得被迫无奈地呆在现场里，承受极其痛苦的刺激。当刺激持续了一段时间之后，动物的恐惧反应逐渐减轻，甚至最终消失。这一实验表明，所谓放松、所谓交互抑制似乎并不重要，只要持久地让被试者暴露在刺激因素面前，惊恐反应终究将自行耗尽。

四、冲击疗法的操作程序

（一）体检

冲击疗法是一种较为剧烈的矫正方法，对来访罪犯应做详细体格检查，如心电图、脑电图等。确定来访罪犯身体没有问题，然后分析其文化程度、个性、受暗示性，看看是否适合冲击疗法，否则人吓人吓死人，会出现安全问题。具有以下健康问题的来访罪犯不能运用冲击疗法进行矫正：严重心血管病，如高血压、冠心病、心瓣膜病等；中枢神经系统疾病，如脑瘤、癫痫、脑血管病等；严重的呼吸系统疾病，如支气管哮喘等；内分泌疾患，如甲状腺疾病等；各种原因所致的身体虚弱者；各种精神病性障碍。

（二）签订矫正协议

咨询师要仔细地向来访罪犯介绍矫正原理、过程和可能出现的各种情况，对来访罪犯在矫正过程中可能承受的痛苦不能隐瞒和淡化。同时也告之疗效之迅速可能是其他任何心理疗法所不及的。如有成功的先例，请来现身说法是最好不过的。咨询师与来访罪犯之矫正协议可以是口头的、也可以是书面的，但最好是书面的。

协议内容包括以下四个方面：

(1) 咨询师已反复讲解了冲击疗法的原理、过程及其效果。来访罪犯已充分了解，并愿意接受冲击疗法。

(2) 咨询过程中来访罪犯将受到强烈的精神冲击，经历不快甚至是超乎寻常的痛苦体验。为了确保矫正顺利完成，必要时咨询师可以强制执行矫正计划。这些矫正计划，包括所有细节都应该是经来访罪犯事前明确认可的。

(3) 咨询师应本着严肃认真的态度对咨询全过程负责，对来访罪犯的最终目的负责。

(4) 如来访罪犯在咨询的任何阶段执意要求停止矫正，咨询均应立即终止。

(三) 准备矫正场地和其他条件

首先，确定刺激物。刺激物应该是来访罪犯最害怕的和最忌讳的事物，因为这些事物是引发症状的根源。

矫正场地的布置：不宜太大，布置应简单，一目了然，除了特意安排的来访罪犯最感恐惧的刺激物外，没有任何别的东西。要使来访罪犯在矫正场地的任何地方都能感受到刺激物，不能使来访罪犯有回避的地方。矫正场地的门原则上由咨询师控制，使来访罪犯无法随意夺门而出。

(四) 实施冲击

来访罪犯接受矫正前应正常进食、饮水，最好排空大小便。穿戴宜简单、宽松。有条件的可在矫正中同步进行血压和心电的监测。来访罪犯随咨询师进入矫正场地，在指定位置坐下。然后咨询师迅速、猛烈地向来访罪犯呈现刺激物。来访罪犯受惊后可能惊叫、失态，咨询师不必顾及，应持续不断地呈现刺激物。如来访罪犯有闭眼、塞耳或面壁等回避行为时，应进行劝说并予以制止。矫正过程中大多数来访罪犯都可能出现气促、心悸、出汗、四肢震颤、头昏目眩等情况，应严密观察。除非情况严重，或血压和心电的监测指标显出异常情况，矫正应继续进行。如果来访罪犯提出中止矫正，甚至由于激怒而出言不逊，咨询师应保持高度理智与冷静，酌情处理。如果来访罪犯的一般情况很好，病史较长，原来求助要求十分迫切，应激反应不是十分强烈的话，咨询师可以给予鼓励、规劝或者是漠视。特别是在来访罪犯的应激反应高峰期过后，成功近在眼前，一定要说服甚至使用适当的强制手段让来访罪犯完成矫正。因为此时退却，将前功尽弃。每次矫正时间应根据来访罪犯应激反应的情况而定。其情绪反应要求超过来访罪犯以往任何一次焦虑紧张的程度，力求达到极限，其生理反应要求出现明显的植物神经功能变化。所谓极限，以情绪的逆转为其标志。如见来访罪犯的情绪反应和生理反应已过高潮，逐渐减轻的话，则表明已基本达到这次矫正的要求，再呈现5～10分钟的刺激物，来访罪犯将显得精疲力竭，对刺激物视而不见，听而不闻。此时便可停止呈现刺激物，让来访罪犯休息。通常一次冲击疗法的矫正时间在30～60分钟之间。

　　冲击疗法一般实施2～5次，1日1次或隔日1次。少数来访罪犯只需矫正1次即可痊愈。如咨询过程中来访罪犯未出现应激反应由强到弱的逆转趋势，原因之一是刺激物的刺激强度不够，应设法增强刺激效果；另一个原因是，该来访罪犯不适合冲击疗法，应停止冲击矫正，改用其他矫正方法。

五、冲击疗法与系统脱敏法的区别

　　有人认为冲击疗法是系统脱敏疗法的简化形式，实际上两者有诸多不同。

　　第一，从方法上来看，系统脱敏经常采用闭目想象的方式来呈现引起来访罪犯恐惧或焦虑的刺激或情境；而冲击疗法则往往使来访罪犯通过想象或模拟的方式直接置身于感到恐惧的真实情境中。

　　第二，从矫正程序来看，冲击疗法程序简洁，没有繁琐的刺激定量和确定焦虑等级等程序，而且不需要全身松弛这一训练过程。

　　第三，从原理上来讲，两者所采用的原理有所不同。系统脱敏采用的是交互抑制原理，也就是每一次只引起病人一点点焦虑，然后用全身松弛的办法去颉颃它，因此，系统脱敏程序总是将引起最小焦虑的刺激情境首先呈现出来；而冲击疗法则刚好相反，所采用的是消退原理，所以，它总是把危害最大的刺激情境放在第一位，尽可能迅速地使来访罪犯置身于最为痛苦的情境之中，尽可能迅猛地引起来访罪犯最强烈的恐惧或焦虑反应，并对这些焦虑和恐惧反应不作任何强化，任其自然。最后，迫使导致强烈情绪反应的内部动因逐渐减弱甚至消失，情绪的反应自行减轻或者消失。

【单元小结】

（1）所谓阳性强化法，是指当某一行为在某种情况出现后，即时得到一种强化物，如果这种正强化物能够满足行为者的需要，则以后在同样或类似情景下，这一特定的行为的出现几率会升高。

（2）阳性强化法的操作程序一般有四个步骤：明确矫正的靶目标、监控靶行为、设计新的行为结果、实施强化。

（3）系统脱敏疗法又称交互抑制法，利用交互抑制的原理和反条件作用的原理来达到矫正的目的。这种方法主要是诱导来访罪犯缓慢地暴露出导致恐怖、焦虑的情境，并通过心理的放松状态来对抗这种焦虑情绪，从而达到消除恐怖、焦虑的目的。

（4）系统脱敏疗法的操作程序由三个阶段组成：建立恐怖或焦虑的等级层次、放松训练、实施脱敏。

（5）冲击疗法也称满灌疗法，是让来访罪犯持续一段时间暴露在现实的或想象的唤起焦虑的刺激情境中。一般采用想象或模拟的方式，也可以让来访罪犯直接进入到令其最恐怖、焦虑的现实场景，即直接与令其最恐怖、焦虑的对象接触，并尽力设法使来访罪犯坚持。一般只要坚持，恐怖、焦虑反应就会消退。

（6）冲击疗法的操作程序包括四个步骤：体检、签订矫正协议、准备矫正场地和其他条件、实施冲击。

【思考题】

1. 使用阳性强化法对来访罪犯进行矫正时应注意哪些方面？
2. 在系统脱敏法中，如何确定来访罪犯的主观焦虑等级？
3. 在使用冲击疗法对来访罪犯进行矫正时，为什么要对来访罪犯进行身体健康检查？
4. 冲击疗法与系统脱敏法两者之间有什么区别？

学习单元五　合理情绪疗法与罪犯矫正

【学习目标】

知识目标：掌握合理情绪疗法的含义及理论基础，个体不合理信念的表征与特点，了解贝克和雷米的认知疗法、梅肯鲍姆的认知行为矫正方法

技能目标：掌握分析不合理信念的过程、阶段与区分标准，以及合理认知的重建技术：与不合理信念辩论法、合理情绪想象技术和认知家庭作业

态度目标：养成助人自助的基本理念、对来访罪犯认真负责的心理品质

学习任务一　不合理认知分析技能

一、案　例

案例一：

罪犯马某，男，汉族，1969 年 5 月 13 日出生，初中文化，因抢劫罪被判处有期徒刑 13 年，剥夺政治权利 3 年。

案情： 1996 年 3 月 11 日，马某伙同他人在某市某地以被害人别了他们的车为由，对被害人进行殴打，并抢走被害人的 800 元钱及录音带、身份证等物品。

马某家庭情况： 妻子在家，有一个 10 岁女儿，上有七旬父母。

因马某长期服刑，妻子与马某父母逐渐有了矛盾，并且日积月累，不断激化，直到最后发生直接冲突，家庭矛盾发展到不可调和的地步。马某妻子在接见时，不免唠叨一些家中的事情。由于马某脾气暴躁，对父母感情很深，因此在接见时就对妻子恶言相加，在生气愤怒的情况下，对妻子说："以后你不要来见我，咱们离婚吧！"

马犯之妻在会见时得不到丈夫的理解，家中又得不到亲人的关心和帮助，

于是，在2001年9月向区人民法院提起离婚诉讼，2001年10月18日，法院派员到监狱审理离婚案件。2001年11月1日，法院作出离婚判决。

自2001年10月18日起，马某表现出极端烦躁不安的情绪，整夜睡不着觉，认为妻子太无情，自己当时生气时说的一句话怎么能当真呢？因此，整天吃不香、睡不好，看见什么都感到烦，特别想和别人打一架出口气。

2001年11月28日，当法院的离婚判决书送达该犯手中时，对马某产生了极其强烈的心理震动。他说："仿佛天都要塌下来了。"这时仅存的一点希望也破灭了，因而产生极度的绝望情绪。原来还想，自己刑期不算太长，出去后可以和妻子团聚，现在什么都没有了。回忆过去的幸福时光，想想未来的凄惨景象，马某逐渐产生了释放后对妻子进行报复的念头。

针对这种情况，监狱的心理咨询师加强了咨询工作。首先，进行心理诊断。经测查，马某的气质类型为多血质—胆汁质；行为类型为A型。16PF测验结果显示，马某性格外向、迟钝、学识浅薄、情绪容易激动、冒险敢为、自由激进。COPA-PI测验发现，马某思绪迟钝，不安分守己，恃强霸道，胆大妄为，惹是生非，情绪易变，起伏不定。

其次，心理咨询师与马某一起分析测验结果，帮助马某分析他妻子之所以离婚的原因，让其认识到，他自己的恃强霸道、脾气暴躁和情绪易变等心理行为特征，是导致离婚的主要原因。

再次，心理咨询师根据所了解到的情况，决定采用合理情绪疗法进行矫治。合理情绪疗法的治疗过程分为心理诊断、领悟、修通、再教育等阶段。在对马某进行了心理诊断之后，开始进入领悟阶段。通过多次咨询活动，帮助马某认识到自己的不适当情绪——焦虑、紧张、愤怒、报复，使马某意识到自己对离婚事件负有重要的责任。由于他脾气暴躁，做事鲁莽，在妻子面前大摆大男子主义的作风，对妻子一个人在社会上既要挣钱养家、又要养育孩子的事实缺乏理解和同情，总是自私自利地认为妻子对自己关心不够。同时，也让马某认识到，自己的脾气、性格与其犯罪行为有密切的联系。

在治疗的第三阶段，帮助该犯摆脱现在的困境，向旧的自我挑战。心理咨询师着重进行了改变马某暴躁、鲁莽、虚荣爱面子的性格特征的治疗，注意培养其良好的兴趣爱好，帮其寻找生活的乐趣，教他珍惜每一天的改造时间，勇敢地面对离婚的现实，保持积极向上的乐观心态。

矫治成效：由于马某从内心深处体会到心理咨询对自己帮助作用很大，积极配合，因此取得了良好的矫治效果。马某不再像原来那样整天闷闷不乐、愁容满面。他除了每天积极参加劳动之外，还培养了一些兴趣爱好，如养花。还每天坚持收看新闻，了解时事。同时，把全部精力放在了改造上，对离婚的事情不愿意再提起，表示"现在只有好好改造、多挣分，拿奖励和减刑才是自己所要考虑的事情"。用16PF对其进行再测验，发现测验结果与马某在接到离婚判决书时的测验结果差别很大，表明马某的变化很明显。

案例二：
背景信息：
罪犯沈某，男，28岁，江苏无锡人，高中文化，未婚。因犯抢劫罪被判处有期徒刑15年。

问题表征：
两个月前，与他犯发生矛盾，造成人际关系紧张，担心影响自己的改造，经常入睡困难，感到一定的痛苦。平时与人交往过于拘谨，孤独感强烈。因此，主动寻求心理帮助，以缓解心中压力。

心理测验结果与分析：
征得沈某同意，对其实施EPQ、SCL-90、SAS、SDS测验。①EPQ测试。E：41分，倾向内向；N：65分，伴有焦虑、担心；P：65分，孤独，不适应环境。说明沈某性格内向，存在焦虑情绪，并对人际关系有了一定的影响。②SCL-90测试。焦虑：2.1；人际关系敏感：1.6；其他（睡眠）：1.4。沈某焦虑因子得分超过2分，有中等程度焦虑，并有人际关系、睡眠问题。③SAS测试。T分61分，显示沈某存在中度焦虑情绪。④SDS测试。T分46分，在正常范围，无明显抑郁情绪。

评估与诊断：
依据收集到的资料，沈某无躯体疾病，排除器质性精神障碍；知情意协调、一致，个性稳定，有自知力，主动要求就医，并且没有表现出幻觉、妄想等精神病症状，排除精神病；罪犯虽然表现出焦虑、人际关系紧张、睡眠障碍等症状，但从严重程度标准看，其病程不到3个月，为短程，精神痛苦程度表现为一般，能够正常参加学习和劳动，社会功能轻微受损，因此可以排除神经症。综合上述情况，沈某可诊断为一般心理问题，主要表现为人际关系引起的焦虑情绪。

咨询目标与方案：
根据上述诊断分析，通过与来访罪犯协商，确定咨询目标为：具体目标——探询诱因，改善当前焦虑情绪和睡眠情况，放弃消极改造思想；改变人际交往的不良状况，增进与他人的接触；学习调节情绪的方法，寻找合理的宣泄情绪的途径。长期目标——建立自信，学会以行动去解决问题，提高环境适应能力，达到正确的自我认识、自我成长、完善人格的目的。

咨询方案的选择：在收集资料和初步诊断后，发现来访罪犯的焦虑情绪主要来自其不合理的信念：①过分概括化，即在遇到困难时小组其他成员不帮自己说话，就认为他们都是在针对自己；②糟糕至极，即认为其他人对自己的态度很不好，自己在改造上也无望了。基于上述情况，决定采用合理情绪疗法。

咨询过程（部分）：

咨询师：经过上次的交谈，我对你的情况有了一个基本了解，我认为你与小组成员发生纠纷并不是引起你不良情绪的直接原因，仅仅是诱发事件。

沈某：那是什么原因呢？

咨询师：是你对这一事件的一些看法引起的。我们每个人对自己经历的事件都会有自己的看法，其中，有的想法是合理的，有的想法是不合理的，不同的想法会导致自己不同的情绪结果。如果你能看到现在的情绪是由自己的不合理的想法造成的，那么也许你就能控制和改变你的情绪。

沈某：是这样的吗？

咨询师：比如，路上一行人不小心踩到你的脚，你会如何表现？

沈某：我会很气愤。

咨询师：那如果这个行人是盲人呢？

沈某：（沉默）摇摇头。

咨询师：你看，同样一件事，由于想法不同，体会到的情绪也不一样，不是吗？

沈某：是的。

咨询师：同样的道理，小组成员对你的"指责"，只是事件本身，并不会控制你的心情，你内心的困惑不是来自小组成员，而是来自你内心对小组成员及事件的看法，如果你的看法改变了，你的困惑也就会解决。

沈某：看来问题真的是内心的想法造成的。

咨询师：是的，像你遇到的问题，我们在生活中也会遇到，但并不是每一个人都像你这样心理压力大、情绪反应强。

沈某：那到底我的哪些想法不合理呢？

咨询师：让我们进一步来分析，当你遇到这个事件的时候，尤其是被其他成员"指责"的时候，你心里是怎么想的？

沈某：我就认为他们都针对我，以后我在这个小组就待不下去了。当时我也没有和他们争辩什么。

咨询师：我们现在就用ABC理论来分析一下，哪些是诱发事件，哪些是不合理想法，哪些是情绪和行为的后果。

在接下来的咨询过程中，通过分析，帮助来访罪犯认识到内心存在的不合理想法：一是过分概括化，仅仅是小组成员帮另一个人说话就片面地认为"小组其他成员都针对我"、"指责我"，事实上来访罪犯当时并未表露自己的想法，而且事后小组成员也并不存在进一步针对来访罪犯的不当行为，这种以偏概全的思维，导致了焦虑情绪的产生；二是糟糕至极，来访罪犯自认为人际关系差，因情绪焦虑而导致睡眠质量差，进而产生了"在改造上有混日子的想法"，来访罪犯夸大了事件可能产生的后果，从而进一步陷入焦虑的情绪中。

二、分　析

分析上述两个案例，咨询师在心理矫治中都运用了合理情绪疗法的技术。分析马某的行为和情绪表现，可以看到，马某存在多个不合理信念（认知）。比如，"妻子应当对我父母孝顺"、"在任何情况下，妻子都不能跟我离婚"、"妻子提出离婚，就是无情无义"等等。在这样的不合理信念支配之下，当马某妻子与其父母发生冲突时，马某就产生了愤怒情绪；而当妻子提出离婚时，马某感到不能接受，情绪相当激动，表现出极端的烦躁不安与绝望之情，等等。在这儿，马某妻子与其父母发生冲突，是激发事件（A），而"妻子应当对我父母孝顺"是不合理的信念（B），马某感到愤怒情绪是其后果（C）。同样的，妻子离婚是激发事件（A），"任何情况下，妻子不能与我离婚"、"妻子提出离婚，就是无情无义"是不合理的信念（B），而马某出现极端烦躁不安、绝望情绪是后果（C）（关于 A、B、C 的含义见后面的介绍）。

在案例二中，沈某的焦虑情绪主要来自其不合理的信念（认知）：①过分概括化，即在遇到困难时小组其他成员不帮自己说话，就认为他们都是在针对自己；②糟糕至极，即认为其他人对自己的态度很不好，自己在改造上也就无望了。

这些不合理信念占据着罪犯的心灵，就会使他们戴着有色眼镜去看待周围的人和事。当他们遇到激发事件时，自然而然地就会产生不良情绪反应，困扰他们，影响其日常生活，阻碍其接受改造，因此，监狱心理学工作者要努力帮助他们去纠正其不合理的信念，使他们适应改造生活，重建理性信念，完善人格。

三、不合理认知分析的理论基础

（一）合理情绪疗法简介

合理情绪疗法（Rational-Emotive Therapy，简称 RET），又称理性情绪

疗法，是通过消除错误的思维方式或者不合理的信念来解决心理障碍、情绪和行为问题的一种心理治疗方法。它由美国临床心理学家埃利斯（Albert Ellis）于20世纪50年代创立。合理情绪疗法是认知心理疗法中的一种，因它也采用行为治疗的一些方法，因此亦被称之为一种认知行为治疗的方法。

合理情绪疗法的工作程序可分为四个阶段：心理诊断阶段、领悟阶段、修通阶段、再教育阶段。在心理诊断阶段，咨询师的主要任务是根据ABC理论对来访罪犯的问题进行初步分析和诊断，通过与来访罪犯交谈，找出他情绪困扰和行为不适的具体表现（C），以及与这些反应相对应的诱发性事件（A），并对两者之间的不合理信念（B）进行初步分析。同时，咨询师还应向来访罪犯解说合理情绪疗法关于情绪的ABC理论。在领悟阶段，咨询师要进一步明确来访罪犯的不合理信念，并使他进一步领悟对自己的问题与其自身不合理信念的关系。在修通阶段，咨询师要运用多种技术，使来访罪犯修正或放弃原有的非理性观念，并代之以合理的信念，从而使症状得以减轻或消除。在再教育阶段，咨询师的主要任务是巩固前几个阶段治疗所取得的效果，帮助来访罪犯进一步摆脱原有的不合理信念及思维方式，使新的观念得以强化，从而使来访罪犯在咨询结束后仍能用学到的东西应对生活中遇到的问题，以能更好地适应现实生活。[①]

合理情绪疗法的基本理论主要为ABC理论，但要了解这一理论，首先要了解埃利斯对人的本性的基本看法。

（二）合理情绪疗法对人性的看法[②]

埃利斯对人的本性的看法可归结为以下五点：

（1）人既可以是有理性的、合理的，也可以是非理性的、不合理的，当人们按照理性去思维、去行动时，他们就会是愉快的、富有竞争精神以及行有成效的人。

（2）情绪是伴随人们的思维而产生的，情绪上或心理上的困扰是由于不合理的、不合逻辑的思维所造成的。

（3）人具有一种生物学的和社会学的倾向性，倾向于存在有理性的合理思维和无理性的不合理思维。即任何人都不可避免地具有或多或少的不合理的思维与信念。

（4）人是有语言的动物，思维借助于语言来进行。不断地用内化语言重

---

① 郭念锋：《心理咨询师（三级）》，民族出版社2005年版，第114-121页。
② 钱铭怡：《心理咨询与心理治疗》，北京大学出版社1994年版，第234页。

复某种不合理的信念就会导致无法排解的情绪困扰。

(5) 情绪困扰的持续是由于那些内化语言持续的结果。埃利斯曾指出，那些我们持续不断地对自己所说的话经常就是，或者就会变成我们的思想和情绪。

(三) ABC 理论

ABC 理论是合理情绪疗法的理论基础。在 ABC 理论中，A 代表诱发性事件（Activating events）；B 代表个体在遇到诱发事件后相应而生的信念（Beliefs），即个体对这一事件的看法、解释和评价；C 代表继这一事件后，个体的情绪反应和行为结果（Consequences）。一般情况下，人们都认为人的情绪及行为反应是直接由诱发性事件 A 引起的，即是 A 引起了 C。但合理情绪疗法认为 A 并不是引起 C 的直接原因，继 A 发生之后，个体会对 A 产生某种看法，做出某种解释和评价，从而产生关于 A 的某些观念即 B。虽然这一过程因自动化而不经常为人所意识，但正是这个过程所产生的 B，才是引起情绪和行为反应的直接原因。换句话说，抑郁、焦虑、沮丧等情绪结果 C 并不是由所发生的事件 A 直接引起的，而是由想法 B 所产生。因此，ABC 理论指出，诱发性事件 A 只是引起情绪及行为反应的间接原因；而 B——人们对诱发性事件所持的信念、看法、解释，才是引起人的情绪及行为反应的更直接原因。

(四) 不合理信念

合理情绪疗法理论强调情绪困扰和行为不良都来源于个体的非理性观念，治疗的重点也在于改变这些观念。那么这些观念都包含什么内容呢？为什么说它们不合理？它们又有哪些特征呢？埃利斯通过临床观察，总结出日常生活中常见的产生情绪困扰，甚至导致神经症的 11 类不合理信念，并分别对其不合理性做了分析。

(1) 每个人绝对要获得周围的人，尤其是周围重要人物的喜爱和赞许。这个观念实际上是个假象，是不可能实现的事。因为在人的一生中，不可能得到所有人的认同，即便是父母、老师等对自己很重要的人，也不可能永远对自己持一种绝对喜爱和赞许的态度。因此如果一个人坚持这种信念，就可能千辛万苦、委曲求全以取悦他人，以获得每个人的欣赏；但结果必定会使他感到失望、沮丧和受挫。

(2) 要求自己是全能的，只有在人生道路的每个环节和方面都能有所成就才能体现自己的人生价值。这也是一个永远无法达到的目标，因为世界上根本没有十全十美、永远成功的人。一个人可能在某方面较他人有优势，但在另外方面却可能不如别人。虽然他以前有过许多成功的境遇，但无法保证在每一件事上都能成功。因此，若某人坚持这种信念，他就会为自己永远无法实现的目标而徒自伤悲。

（3）世界上有些人很可憎、很邪恶，对他们应歧视和排斥，给予严厉的谴责和惩罚。世上既然没有完人，也就没有绝对的区分对与错、好与坏的标准。每个人都可能会犯错误，但仅凭责备和惩罚则于事无补。人偶然犯错误是不可避免的。因此，不应因一时的错误就将他们视为"坏人"，以致对他们极端排斥和歧视。

（4）当生活中出现不如意的事情时，就有大难临头的感觉。人不可能永远成功，生活和事业上的挫折是很自然的，如果一经遭受挫折便感到可怕，就会导致情绪困扰，也可能使事情更加恶化。

（5）人生道路上充满艰难困苦，人的责任和压力太重，因此要设法逃避现实。逃避问题虽然可以暂时缓和矛盾，但问题却始终存在而得不到解决，时间一长，问题也便会恶化或连锁性地产生其他问题和困难，从而更加难以解决，最终会导致更为严重的情绪困扰。

（6）人的不愉快均由外在环境因素造成，因此人是无法克服痛苦和困扰的。外在因素会对个人有一定影响，但实际上并不像自己想象的那样可怕和严重。如果能认识到情绪困扰之中包含了自己对外在事件的知觉、评价及内部言语的作用等因素，那么外在的力量便可能得以控制和改变。

（7）对危险和可怕的事情应高度警惕，时刻关注，随时准备它们的发生。对危险和可怕的事物有一定的心理准备是正确的，但过分的忧虑则是非理性的。因为坚持这种信念只会夸大危险发生的可能性，使人不能对之加以客观评价和有效地去面对。这种杞人忧天的观念只会使生活变得沉重和没有生气，导致整日忧心忡忡，焦虑不已。

（8）一个人以往的经历决定了现在的行为，而且是永远无法改变的。已经发生的事实是个人的历史，这的确是无法改变的。但是不能说这些事就会决定一个人的现在和将来。因为事实虽不可改变，但对事件的看法却是可以改变的，从而人们仍可以控制、改变自己以后的生活。

（9）人是需要依赖他人而生活的，因此，总希望有一个强有力的人让自己依赖。虽然人在生活中的某些方面要依赖于别人，但过分夸大这种依赖的必要性则可能使自我失去独立性，导致更大的依赖，从而失去学习能力，产生不安全感。

（10）人应十分投入地关心他人，为他人的问题而伤心难过，这样才能使自己的情感得到寄托。关心他人，富于同情，这是爱心的表现。但如果过分投入他人的事情，就可能忽视自己的问题，并因此使自己的情绪失去平衡，最终导致没有能力去帮助别人解决问题，却使自己的问题更糟。

（11）人生中的每一个问题，都要有一个精确的答案和完美的解决办法，一旦不能如此，就十分痛苦。人生是一个复杂的历程，对任何问题都要寻求完美的解决方法是不可能的事。如果人们坚持要寻求某种完美的答案，那就会使自己感到失望和沮丧。

从以上非理性观念中，可以归纳出相应的非理性思维方式，如：我喜欢如此→我应该如此；很难→没有办法；也许→一定；有时候→总是；某些→所有的；我表现不好→我不好；好像如此→确实如此；到目前为止如此→必然永远如此；等等。从中可以看出，许多不合理信念就是将"想要"、"希望"等变成"一定要"、"必须"或"应该"的表现。一个情绪沮丧的人总是坚持他必须要有某事物，而不只是想要或喜欢它而已。因此他便会把这种过度极端化的需求应用到生活的各个方面，尤其是关于成就和获得别人赞赏上，而当他不能满足这种需求时，就容易产生焦虑、自卑、沮丧等情绪；如果他将这种需求应用到他人身上，要求别人应该或必须怎样做时，一旦别人不能符合其意，他就会对人产生敌意、愤怒等情绪。

许多学者对上述不合理信念加以归纳和简化，总结出这些不合理信念的三个主要特征，即绝对化的要求、过分概括化和糟糕至极。

对事物的绝对化要求，是指人们以自己的主观意愿为出发点，对某一事物怀有认为其必定会发生或不会发生的信念。这种信念通常是与"必须"和"应该"这类字眼联系在一起的。比如，有的罪犯认为"我必须得到管教队长的信任"，"我应该得到减刑奖励"，"同犯不应该这样对我"，"社会上不应该有不合理的现象存在"，等等。这类信念使服刑人员难以适应监狱生活，当某些事物的发生与他们对事物的绝对化要求相悖时，怀有这样信念的罪犯就会感到受不了，感到难以接受、难以适应并陷入情绪困扰之中。

过分概括化，是一种以偏概全、以一概十的不合理思维方式的表现。过分概括化可以有两种表现：一种表现是当面对失败或极坏的结果时，如罪犯一次没有得到减刑，一次当众出丑，妻子提出离婚，就把自己看得"一无是处"、"一钱不值"，是个"废物"，等等。这样势必导致自责自罪、自暴自弃的心理以及焦虑和抑郁的情绪的产生。另一种表现是当别人稍有不当就认为他很坏，没有可取之处，"世上没好人"，"社会上一片黑暗"等。这样必将导致对他人的求全责备，以致产生敌意和愤怒等情绪，从而对他人和社会失去信心。

糟糕至极，是一种认为如果一件不好的事发生将是非常可怕、非常糟糕，是一场灾难的想法。它使人们用一种畏惧和惊慌不安的心理看世界，似乎不久就会大难临头，因而使人们被焦虑不安的情绪所笼罩。这是强迫症、抑郁症等神经症发生的认识根源。事实上，任何事情都不可能百分之百的坏，世事变化，物极必反，即使是最黑暗的时候，也往往潜伏着转机。但当人们沿着糟糕至极的思路走时，就把自己引入了极端苦闷的情绪状态。而糟糕至极常常是与人们对自己、对他人以及对自己周围环境的绝对化要求相联系而出现的，即在人们的绝对化要求中认为的"必须"和"应该"的事物并未像他们所想的那样发生时，他们就会感到无法接受这种现实，无法忍受这样的情景，他们的想法就会走向极端，就会认为事情已经糟到极点了。

在人们或者罪犯的不合理信念中，往往都可以找到以上三种特征。每个人或每个罪犯都或多或少地会具有不合理的思维与信念，而那些具有严重情绪障碍的人，具有这种不合理思维的倾向更为明显。情绪障碍一旦形成，他们自己便难以自拔，需要进行心理辅导了。

(五) 不合理信念分析技能

(1) 不合理信念的分析过程。对服刑罪犯不合理信念的分析，可采用以下过程：一是通过与来访罪犯的交谈，弄清引起他情绪困扰的不合理信念是什么，找准症结，以便对症下药。二是要把这些不合理信念明确告诉来访罪犯，指出其不合理的思维方式和信念与其困扰之间的关系，使他认识到其目前的消极心理状态的根源是自己的不合理信念，而不是早年生活经验的影响或其他的一些外界因素。对于这一点，他们自己应当负有责任。

(2) 不合理信念分析步骤。分析不合理信念可遵循下列步骤进行：①询问诱发事件 A 的客观证据；②询问来访罪犯对这一事件的感觉和他是怎样对 A 进行反应的；③询问他为什么感到有恐惧、悲痛、愤怒等情绪（由不合理信念而引起的消极的、不适当的情绪反应）；④将来访罪犯对事件 A 持有的合理的看法与不合理的信念区分开来（罪犯对同一事件往往会持有合理和不合理的信念，两者常交替出现，而引起不适当反应的是不合理的信念）；⑤区分来访罪犯的情绪（愤怒、悲痛、恐惧、抑郁、焦虑等）与观念性的东西（不安全感、无助感、绝对化的要求、消极的自我批评等）。

(3) 不合理信念区分标准。监狱心理咨询人员在区分来访罪犯的合理与不合理信念时，可以参照以下标准：①合理的信念大都是基于一些已知的客观事实；而不合理的信念则包含更多的主观臆测成分。②合理的信念能使人们保护自己，努力使自己愉快地生活；不合理的信念则会产生情绪困扰。③合理的信念使人更快地达到自己的目标；不合理的信念则使人难以达到现实的目标而苦恼。④合理的信念可使人不介入他人的麻烦;不合理的信念则难以做到这一点。⑤合理的信念使人阻止或很快消除情绪冲突;不合理的信念则会使情绪困扰持续相当长的时间而造成不适当的反应。①

在分析来访罪犯的不合理信念时,一般可从罪犯在服刑生活中的具体事件入手,因为有时候来访罪犯自己亦区分不清究竟是什么困扰他。当从具体生活事件中区分出困扰事件时,咨询人员就要注意事件的客观性内容与情绪困扰的割裂,并特别要注意来访罪犯对这一事件的看法、解释和评价(即B),这是不合理信念分析成功与否的关键。监狱咨询人员在运用合理情绪疗法时,要时刻牢记 ABC 的区分。

(4) 帮助来访罪犯达到三种领悟。通过对来访罪犯不合理信念的分析,要使其达到三种领悟:①使来访罪犯认识到是信念(B)引起了情绪及行为后果(C),而不是诱发事件本身(A);②来访罪犯因此对自己的情绪和行为反应当负有责任;③只有改变了不合理信念,才能减轻或消除罪犯目前存在的各种症状。要使来访罪犯领悟到以上三点,仅凭空洞的理论性解说是难以做到的。咨询师应当结合具体实例,从具体到一般,从感性到理性,反复向来访罪犯分析说明,使其真正地领悟。在进行这一步工作时,咨询师不应急于求成。有时来访罪犯表面上接受了 ABC 理论,对自己的问题也好像达到了一种领悟。但是这很可能是一种假象。因为来访罪犯可能希望自己的问题得到及时解决,他们都或多或少地存有讨好咨询师的心理(在监狱里这种情况有时更为突出),希望尽快得到一付"灵丹妙药"。这表明他们仍没有认识到自己应对问题负责任,仍希望依靠外部的力量来解决他的问题。要检验来访罪犯是否真正达到领悟,咨询师可以引导来访者分析他自己的问题,让他举一些例子来说明自己问题的根源。

(5) 阻碍来访罪犯认知不合理信念的阻力。上面所说的来访罪犯对自己的问题难以领悟的情况,实际上是合理情绪疗法中经常会遇到的阻力。这种阻力还可能表现在其他方面,使咨询师感到治疗停滞不前,陷入僵化的局面。造成这一类阻力的原因可能来自咨询师和来访罪犯两个方面。一方面,对于咨询师来说,如果他对来访罪犯的问题假定得太多,没有抓住核心问题,或者自己讲得太多,使来访罪犯陷于被动(后一种情况在某些监狱成长起来的心理咨询人员身上会较为常见),这都会造成治疗中的阻力。另一方面,来访罪犯过分关注自己的情绪或诱发事件,没有意识到他现在能做些什么或觉得自己没有能力改变现状,这也是使治疗受阻的主要原因。因此,咨询师应特

---

① 郭念锋:《心理咨询师(三级)》,民族出版社 2005 年版,第 115 页。

别注意这些阻碍治疗进程的因素，对自身的问题努力加以克服；对来访罪犯的问题应加以引导，使其从情绪困扰和过去经历的体验中走出来，正视造成这些问题的不合理信念。

学习任务二　合理认知重建技术

一、案　例

案例一：

罪犯李某，男，35岁，初中文化，因盗窃被判处有期徒刑8年，捕前职业为农民。

症状表现： 李某表现出无行走、站立能力，生活不能自理。病史情况，某年深秋感到四肢无力，腹部胀气，能感觉到气在全身窜动，窜到四肢，使四肢不能自如活动，皮肤变色、心悸、多梦，腹中胀满、不思饮食。但经多种检查，没有确诊。口服吗丁林等药物治疗，未见效果。

鉴别诊断与分析：

经对李某全面的身体检查和心理测量，得到以下结果：

（1）体检情况。李某目光呆滞，不能站立，双手呈鸡爪状，查体合格。语言逻辑性较强，皮肤弹性、色泽正常，腹部软而平坦，血、尿正常，四肢活动尚可，上肢、下肢肌力、肌张力正常，双肺闻及轻微哮鸣音，未发现其他器质性病变。

（2）心理测量情况。EPQ测量结果——李某为典型的内向不稳定个性，属抑郁质。SCL-90测试结果——阳性症状均分为3.36，总均分为2.6；各因子分为：躯体化3.1，强迫症3.1，人际关系敏感2.1，抑郁2.9，焦虑2.4，敌对1.5，恐怖2.4，偏执1.5，神经症性3.1，其他2.7。MMPI测量结果——Hs（疑病）69分，Hy（癔症）67分。

根据上述生理、心理检查情况，初步分析认为，李某因某种不明原因，或是因一种获益体验，或是为了逃避某种现实，而产生了本身并不存在的肠胀气的感觉。随后在自身疑病心理的作用下，这种感觉逐渐强化和扩大，形成了严重的心理障碍——疑病症和癔症性瘫痪。可以排除生理疾病和伪病。

对李某的矫治，应当综合运用多种心理治疗的方法，而不是单一方法的运用。下面仅呈现认知疗法部分。

在经过一二次咨询初步了解引起李某症状的原因后，在第三、第四、第五次咨询时，运用面质技术，进行认知治疗。主要目的是要让李某了解一些生理解剖知识，同时对他那些荒唐的想法提出质疑，以期更新他的健康观念，树立他对身体健康状况的正确评价。

第三次咨询以面质形式开始。咨询一开始，李某就用右手指着左手指端掌面对咨询师说：你看这手，都被气顶得变颜色了（其实与平常无异），它一掐就下去，一松就鼓起来（李某把指端掌面的肌肉弹性当成了气体作用）。咨询师对此提出了质疑，就将自己的左手伸给他，要他比一比，和他的左手是否一样。李某反复观察对比后说："咱俩的差不多！"咨询师接着说："不是差不多，而是一样！这不是病，伸开手变色是血液循环造成的，按下去又起来是肌肉弹性所致，不是气顶。相反，肌肉如果没有了弹性，血液不再循环，那咱俩可都完了。"听到这里李某笑了。

接下来，咨询师又用人体腹部解剖图给李某讲了有关人的胃肠结构、腹内气体产生和运动形式等生理卫生知识，使李某相信了即便腹中有"气"也不会窜到四肢。

在对腹部有胀气问题的质疑中，咨询师让李某对他们二人的腹部进行叩诊对比。对比后，李某承认了自己肚子里并没有比别人更多的气体。

在关于父母的疾病对他遗传、妻子的疾病对他传染的问题质疑时，咨询师讲到：从遗传学的角度来看，你父母的病是不会遗传给下一代的，你的怀疑没有根据。退一步说，如果你父母的疾病遗传给了你，你妻子的病传染给了你，他们都已经去世多年了，你为什么还能健康地活着？如果你得了那些疾病，为什么你的血液检查和X光透视会一点问题也没有？这只能说明他们的疾病没有遗传和传染给你。

经过上述多次面质，李某接受了血癌等疾病没有遗传和传染给他的事实，改变了不合理认知与错误认知，从而产生了较为强烈的治疗欲望，为接下来的进一步治疗奠定了基础。

案例二：

来访罪犯的基本情况与"学习任务一"之案例二一致。在帮助沈某领悟的基础上，第三次咨询时进行了与不合理信念的辩论。

咨询师：你说小组成员针对你，他们是如何对你的啊？

沈某：他们都一致指责我。

咨询师：什么程度，你是怎么应对的呢？

沈某：其实也没有对我怎么样，我就是郁闷，感觉其他成员好像排斥我。当时也没有争辩什么。

咨询师：现在情况如何，他们后来有没有进一步针对你，排斥你？

沈某：没有，我平时也不和他们说话的。

咨询师：由于当时你未及时表达自己的想法，会不会给小组成员造成一定的误解？

沈某：（思考）

咨询师：遇到这样的情况，你是不是觉得在改造上就只能无望了？

沈某：（沉默）

咨询师：你觉得自己是否存在改善小组人际关系的意愿？如果调换小组后，自己会不会还会遇到类似的问题？自己应该如何做才能与他人融洽相处？

沈某：（思考）是的，我确实要降低对自己的高要求，要放下自己的架子，要正确地看待和处理与小组成员的关系，在疏远别人的同时也是在孤立自己，即使以后换了小组，这样的事还是要重复发生。虽然有些事情可能发生，但我的想法太消极了，好多事情是不能代表未来的发展趋势的。在人际交往上，我自己比较独来独往，这本身就是对其他人的一种排斥。我想如果自己能够认识自己的错误，并能够在今后的改造中加以改正，我想还是可以打消焦虑不安的情绪的，自己也可以融入集体的生活中去。

咨询师：是的，我很赞成你的想法，你完全可以帮助自己走出困境。

沈某：是吗？我可以么？

咨询师：是的。相信你可以做到。

沈某：（轻松地笑）

通过质疑、夸张、精确化等方法，使来访罪犯认识到，每个人包括自己都不是完美的，应该以评价一个人的具体行为和表现来代替对整个人的评价。通过咨询，来访罪犯原来的不合理信念初步得到了转变。

布置咨询作业：要求来访罪犯沈某主动地、积极地与小组成员进行坦诚交流，主动化解顾虑，并虚心地接受他人的建议与意见；同时鼓励来访罪犯主动体会自己不同的信念对自己情绪和行为产生的不同的影响，自己与自己的不合理信念进行辩论。

二、分　析

在上述两个案例中，咨询师都运用了面质技术。这是一种与不合理信念辩论的方法。在第一个案例中，咨询师对罪犯认为"被气顶得变了颜色的手"

提出质疑,并且与咨询师的手进行现场比较,直截了当地提问来访罪犯,两只手有无差异?面对事实,罪犯只能承认:"咱俩的差不多。"咨询师抓住不放,进一步表明事实:"不是差不多,而是一样!这不是病,伸开手变色是血液循环造成的,按下去又起来是肌肉弹性所致,不是气顶的。相反,肌肉如果没有了弹性,血液不再循环,那咱俩可都完了。"接着,咨询师对罪犯的其他不合理信念亦进行了质疑,从而一举攻破罪犯不合理信念的防线,初步建立起正确的认知与合理的信念。

在第二个案例中,咨询师同样运用了质疑技术。"你说小组成员针对你,他们是如何对你的啊?""什么程度,你是怎么应对的呢?""现在情况如何,他们后来有没有进一步针对你,排斥你?""由于当时你未及时表达自己的想法,会不会给小组成员造成一定的误解?""遇到这样的情况,你是不是觉得在改造上就只能无望了?"通过一系列的提问、质疑,在步步推进而引发的与现实相谬的事实面前,促使罪犯认识到自己先前头脑里不合理的认知,并主动地加以自我纠正。

咨询师通过上述与不合理信念的辩论技术,并运用其他一些合理认知重建技术,如布置认知性的家庭作业等,从而逐步实现使来访罪犯建立起合理信念的目标。

三、合理认知重建技术

上述例子表明,认知重建是在与不合理认知与信念的质疑过程中逐渐完成的。不过,除了质疑方法之外,合理认知与信念的重建技术还有"合理情绪想象技术"与"认知家庭作业"等,下面逐一介绍之。

(一) 与不合理信念辩论法

这是合理情绪疗法中最常用最具特色的方法。它来源于古希腊哲学家苏格拉底的辩论法,即所谓"产婆术"的辩论技术。苏格拉底的方法是让你说出你的观点,然后依照你的观点进一步推理,最后引出谬误,从而使你认识到自己先前思想中不合理的地方,并主动加以矫正。这种辩论的方法是指从科学、理性的角度对来访者持有的关于他们自己、他人以及周围世界的不合理信念和假设进行挑战和质疑,以动摇他们的这些信念。

事实上,采用合理情绪疗法对罪犯进行心理咨询与治疗时,从一开始咨询师就在运用这一方法,以便使来访罪犯接受 ABC 理论的观点,并使之明确认识到自己的情绪与信念之间的关系。对来访罪犯而言,也许他们从未把自己的症状与其思维和信念联系起来,因此,要使他们同意合理情绪治疗的基本观点也是需要一番辩论的。尤其是在治疗的第三阶段,即修通阶段,要使来访罪犯认识到信念的不合理并予以放弃是非常困难的。因而,采用这一辩论方法,咨询师要积极主动地向来访罪犯发问,对其不合理的信念进行质疑。从提问的形式上看,常用的有质疑式和夸张式两种。

1. 质疑式

心理咨询师直截了当地向来访罪犯的不合理信念发问,如"你有什么证据能证明你自己的这一观点?""是否别人都可以有失败的时候,而你不能有?""是否别人都应该照你想的那么去做?""你有什么理由要求事物按你所设想的那样发生?""请证实你自己的观点!"等等。

一般来说,来访罪犯不会轻易地放弃自己的信念,虽然他们往往不加批判地接受了许多现成的看法,但面对咨询师的质疑,他们会想方设法地为自己的信念辩解。因此,心理咨询师需要不断努力,借助于这种辩论过程的不断重复,使来访罪犯感到为自己的不合理信念辩护变得理屈词穷了,使他们真正认识到:第一,他们的那些不合理信念是不现实的,不合逻辑的东西;第二,他们的那些信念是站不住脚的;第三,分清什么是合理的信念,什么是不合理的信念;第四,以合理的信念取代那些不合理的信念。

2. 夸张式

这是心理咨询师针对来访罪犯信念的不合理之处故意提一些夸张的问题,其落脚点与质疑式提问是一样的,仅仅是方式上有所区别。这种提问方式犹如漫画手法,是把罪犯信念的不合理之处、不合逻辑或不现实之处以夸张方式放大给他们自己看。

例如,一个患有社交恐怖的来访罪犯说:"别人都看着我。"心理咨询师问:"是否别人都不干自己的事情了,都围着你看?"罪犯回答:"没有。"咨询师:"要不要在身上贴张纸写上'不要看我'的字样?"答:"那人家都要来看我了!"问:"那原来你说别人看你是不是真的?"答:"……是我头脑中想象的……"

在这里,心理咨询师抓住罪犯的不合理之处发问,前两个问题均可归入夸张式问题一类。这种提问方式往往优于质疑式,因为来访罪犯在这一过程中自己也感到自己想法的无道理及可笑和不可取之处,因此比较容易心服口服。

不过应当注意的是,无论是质疑式还是夸张式,对来访罪犯的不合理信念的辩论,一般是不可能一次完成的,"毕其功于一役"是不太可能的,而是需要来回反复几次才能取得一定成效。少数罪犯可能需要很多次的交锋才能有所触动。对于这一点,监狱心理咨询师应当心中有数。

在上述辩论过程中，当涉及来访罪犯对周围的人或环境方面的一些不合理信念时，咨询师可运用"黄金规则"来反驳来访罪犯对别人和周围环境的绝对化要求。所谓黄金规则，是指"像你希望别人如何对待你那样去对待别人"这样一种理性观念。某些来访罪犯常常错误地运用这一定律，他们的观念可能是"我对别人怎样，别人必须对我怎样"，或者一些青少年罪犯认为的"别人必须关心我，爱护我"等一些不合理的、绝对化的要求，而他们自己却做不到"必须接受别人"、"必须关心别人"。因为当这类绝对化的要求难以实现时，他们常常会对别人产生愤怒和敌意等情绪——这实际上已经违背了黄金规则，构成了"反黄金规则"。因此，一旦来访罪犯接受了黄金规则，他们很快就会发现自己对别人或环境的绝对化要求是不合理的。

　　应当注意的是，各种阻力也会在辩论中产生，使辩论显得难有进展或没有效果。出现阻力的原因也在于咨询师和来访罪犯两个方面。首先，如果咨询师在辩论时没有结合对方的具体问题，或没有抓住问题的核心，甚至是为了博得来访罪犯的接纳而不直接提出他的非理性之处，或提的问题过于婉转和含蓄，那么就会使辩论停留于表面形式。因此，咨询师对要辩论的问题一定要有明确的目标，并做到有的放矢；同时，咨询师一定要保持绝对客观化的地位，对来访罪犯的不合理信念应针锋相对，不留情面，而不要因害怕遭到对方拒绝而姑息迁就。

　　阻力产生的另一方面的原因在来访罪犯本身。主要表现为他对咨询师的辩论和质疑会存在"如果我改变了那么多，那么我就不是我了"或"如果我改变了那些必须、应该的要求，我就会变得平淡无奇，也就不能成为罪犯群体中有特性的人了"，等等。针对这种情况，咨询师应向来访罪犯指出：改变他的不合理信念并不是消除他的前进动力。每个人都有良好地适应环境或获得成功的愿望，但如果变成必须或应该这样，这就是一个不容易实现的目标，而合理的想法则会使目标更易实现。

　　与不合理信念辩论是一种主动性和指导性很强的认知改变技术，它不仅要求咨询师对来访罪犯所持有的不合理信念进行主动发问和质疑，也要求咨询师指导或引导来访罪犯对这些观念进行积极主动的思考，促使他们对自己的问题深有感触，这样做才会使得辩论比来访罪犯只是被动地接受咨询师的说教更有成效。监狱心理咨询人员可以积极运用"学习任务二"中的"影响他人的技巧"来改变罪犯的不合理认知。

（二）合理情绪想象技术

　　来访罪犯的情绪困扰，有时就是他自己向自己头脑传播的烦恼，他经常给自己传播不合理信念,在头脑中夸张地想象各种失败的情境,从而产生不适当的情绪和行为反应。合理情绪想象技术就是帮助来访罪犯停止这种传播的方法。具体步骤可分为以下三步:

首先,使来访罪犯在想象中进入产生过不适应的情绪反应或自感最受不了的情境之中,让他体验在这种情境下的强烈情绪反应。

其后,帮助来访罪犯改变这种不适当的情绪体验,并使他能体验到适度的情绪反应。这常常是通过改变来访罪犯对自己情绪体验的不正确认识来进行的。

最后,停止想象。让来访罪犯讲述他是怎样想的,自己的情绪有哪些变化,是如何变化的,改变了哪些观念,学到了哪些观念。对来访罪犯情绪和观念的积极转变,咨询师应及时给予强化,以巩固他获得的新的情绪反应。

比如,有一个入监不久的罪犯,因为对监狱生活的不适应而感到恐惧,因而产生了脱逃的念头。心理咨询师可以这样帮助他做想象训练。

咨询师:好,闭上眼睛,想办法使自己坐得很舒服。现在想象你是如何在监狱生活的:生活非常艰苦,劳动任务非常繁重,卫生条件差,生病没人管,家人与自己脱离了关系,罪犯之间互相欺诈……

来访罪犯:……嗯……

咨询师:你在里面实在无法生活下去了,其他罪犯经常欺负你,管教队长对你不闻不问,你可能生病死去,或者在繁重的劳动中累死。现在你是怎么想的?

来访罪犯:我实在忍受不下去了,只想逃跑。

咨询师:好,你再想想,监狱里的实际生活是不是就像你想的那样。另外,你再想象一下,如果逃跑了被抓回的情境……

来访罪犯:如果逃跑了就会被加刑,就会受到更重的惩罚,我就需要在监狱服更长时间的刑期。

咨询师:对,你现在需要用现实的改造环境去代替你那些不合实际的想象中的监狱环境,也就是用合理的东西去代替不合理的东西,这样就会使你的情绪不那么低沉。摆在你面前的现实是你老老实实地改造,争取减刑,缩短自己的刑期。现在的监狱是现代文明制度下的新型监狱,而不是阴森可怕的人间地狱。你来了这么多天,你自己仔细回想一下,是不是这样?

来访罪犯:……(点头同意)

上面的过程是通过想象一个不希望发生的情境来进行的。除此之外,还有另一种更积极的方法,即让来访罪犯想象一个情境,在这一情境之下,来访罪犯可以按自己所希望的去感觉和行动。通过这种方法,可以帮助他有一个积极的情绪和目标。

(三) 认知家庭作业

合理情绪疗法是在改变人的认知方面下工夫，但是要改变人的信念与思维方式是一件非常困难的事。与来访罪犯不合理信念的辩论是面对面谈话，是对其不合理信念提出质疑的过程。但是，从提出质疑到促使来访罪犯真正改变观念是需要一个过程的。因为来访罪犯的不合理信念并非偶然形成，而是在他长期的生活过程中形成的，改变之实非易事。因此，应当给罪犯一个反复思考的时间，让他有较充分的时间在自己的头脑中展开自我辩论。只有在来访罪犯的头脑中合理的信念战胜了原有的不合理信念，矫治才会真正有效。布置认知家庭作业，就是为了促进来访罪犯在面谈咨询以后，继续进行思考。它实际上是咨询师与来访罪犯之间的辩论在一次治疗结束后的延伸，即让来访罪犯自己与自己的不合理信念进行辩论。

认知的家庭作业主要有：合理情绪疗法自助表、与不合理信念的自我辩论和合理的自我分析报告。

1. 合理情绪治疗自助表（RET）

这一量表由埃利斯所创立。其内容为，先让来访者（来访罪犯）找出事件 A 和结果 C，然后从表中列出的十几种常见不合理信念中找出符合自己情况的 B，或写出表中未列出的其他不合理信念。接下来是要求罪犯自己做 D，即对自己所持有的不合理信念，一一进行质疑式的辩论，并找出可以代替那些 B 的合理信念，填在相应的栏目中。最后是填写 E，即通过自己与自己的不合理信念辩论所达到的新的情绪和行为。完成 RET 自助表实际上就是一个来访罪犯自己进行 "ABCDE" 工作的过程。

2. 与不合理信念的自我辩论

这是由来访罪犯个体独自完成的自我辩论。也是一种规范化的作业形式，内容很简单，只要求罪犯回答一些具体的问题：

（1）我打算与哪一个不合理的信念辩论并放弃这一信念？

（2）这个信念是否正确？

（3）有什么证据能使我得出这个信念是错误的（或正确的）结论呢？

（4）假如我没能做到自己认为必须要做到的事情，可能产生的最坏的结果是什么？

（5）假如我没能做到自己认为必须要做到的事情，可能产生的最好的结果是什么？

3. 合理的自我分析报告（RSA）

合理的自我分析报告与上述 RET 自助表基本相同，也是要求来访罪犯以报告的形式写出 ABCDE 各项，差异之处在于 RSA 是一种完全由来访罪犯自己完成的报告，没有什么特殊的要求与规定，不像 RET 自助表那样有严格规范的步骤，但报告的重点在 D 上，即与不合理信念的辩论为主。ABCDE5 项代表的内容是：A——诱发事件；B——来访罪犯在遇到 A 后相应而生的认识或信念；C——来访罪犯的情绪与行为的反应；D——对自己不合理信念的反驳；E——辩论后的情绪与行为变化。罪犯一开始可能不得要领，心理咨询师可以给予一定的指导，教会罪犯如何做正确的自我分析，从而实现信念转变之目的。

总之，许多罪犯的大多数不良情绪与行为是在不合理信念的影响或支配下形成的，比如，"这个社会太不公平"，"别人有钱，我也得有"，"撑死胆大的，饿死胆小的"，等等。如果罪犯的这些不合理信念或错误的信念得不到纠正，他们的犯罪心理就得不到彻底的消除，即使回归社会，也难免再犯。对于这类罪犯，在教育矫正过程中就可以通过合理情绪疗法中的各种具体方法与技术进行有针对性的矫治，从而提高罪犯改造质量，实现矫正之目的。

学习任务三　其他认知疗法在罪犯矫正中的应用

认知（行为）治疗方法是一组通过改变思维和行为的方法来改变不良认知，达到消除不良情绪和行为的短程的心理治疗方法。上面介绍了认知（行为）治疗方法中最有代表性的合理情绪疗法。认知行为治疗流派众多，各有侧重。下面主要介绍另外两种有影响的认知行为疗法的工作程序和具体技术。[①]

一、贝克和雷米的认知疗法

贝克和雷米的认知疗法，其工作程序是：
1. 建立咨询关系

良好的咨询关系对任何类型的心理治疗都非常重要，它是治疗持续下去以及取得疗效的基础。认知疗法强调咨询师扮演诊断者和教育者的双重角色。对来访罪犯的问题及其背后的认知过程有全面的认识，对来访罪犯的问题进

---

① 郭念锋：《心理咨询师（二级）》，民族出版社 2005 年版，第 86—93 页。

行诊断，这是咨询师所要做的工作之一。而在咨询过程中，咨询师不是简单、机械地向来访罪犯灌输某种理论，而是引导来访罪犯对他的问题及其认知过程有一定的认识，并安排特定的学习过程来帮助来访罪犯改变其不合理的认知方式。同时，应当让来访罪犯明确，他不是一个被动的接收者，要发挥其主观能动性，即一方面要积极体验反省自身的认知过程和不正确的观念，另一方面要发挥自己在其他问题上尚有的正确认识事物的能力来解决目前的问题。因此，对来访罪犯来说，这实际上是一个主动的再学习过程。

2. 确定咨询目标

认知疗法咨询的根本目标，就是要发现并纠正错误观念及其赖以形成的认识过程，使之改变到正确的认知方式上来。这一根本性目标，咨询师在具体咨询时，还要进一步分解为更为具体的咨询目标，保证整个咨询过程比较有层次，使自己在咨询时能够掌握好整个进程，并有利于在每一个目标指导下采用更有针对性的方法和技术。咨询目标制订时，要取得来访罪犯的理解，努力保持咨询师与来访罪犯之间的目标一致性。

3. 确定问题：提问和自我审查技术

在这一过程中，咨询师对来访罪犯的认知过程以及认知观念进行面对面的碰撞。如何与来访罪犯一起尽快进入其问题所在，即来访罪犯行为问题背后的不正确的认知观念，咨询师需要限定问题情景，特别注意那些具体的问题和可以观察到的事实。为此，咨询师可以通过提问、自我审查，以及这两种技术的结合来实现。

咨询师的提问，要围绕某些特定的问题，并把来访罪犯的注意力引导到这些与他的情绪和行为密切相关的问题上来。以问题指导谈话方向，并且尽量引发出来访罪犯以往经验中忽略了的问题。对于那些较为重要的问题，咨询师可多变换几种方式提问，从而使问题突现出来，使来访罪犯能够把他意识到和未意识到的经验联系起来加以比较，发现自己思维过程中不合理的地方，并能主动加以改变。

咨询师要启发来访罪犯进行积极的自我审查，鼓励其说出自己的看法，并对自己的这些看法进行细致的体验和反省。咨询师要使来访罪犯注意到被他自己忽略了的经验，因为这些经验就是来访罪犯当前不适当的情绪和行为的认知基础。因此，对这些经验的重新体验和评价，就能使来访罪犯很快发现自己的认知过程是不合逻辑的。而一旦他能认识到这一点，就有可能从这种不合理的认知框架中摆脱出来。

应当特别注意的是，咨询师在提问以及引导来访罪犯进行自我审查时，要使谈话的内容基于具体的、可见的事实，避免陷入空洞的理论探讨。对文化程度较低的罪犯,这一点较容易做到。但对文化程度较高的罪犯,他们可能很愿意与咨询师讨论一些理论上的问题,甚至少数懂点心理学知识的罪犯,更喜欢用这些理论来解释与分析自己的问题。此时,如果咨询师被他们牵着鼻子走,不能把握咨询的方向,不能对整个咨询过程加以正确的引导,就会使谈话显得抽象和空洞,阻碍咨询的正常进行,也就达不到咨询的效果。

如果咨询师能够熟练地应用提问和自我审查技术,对一些问题不太严重的来访罪犯可能很快收到效果。但在实际咨询中,有时仅凭这两种技术并不能很好地解决来访罪犯的问题,需要运用更多的认知治疗技术。

4. 检验表层错误观念:建议、演示和模仿

来访罪犯对自己的不适应行为的直接、具体的解释被称之为表层错误观念。例如,一个有强迫洗手行为的来访罪犯,可能把自己的行为解释成对细菌或其他脏东西的恐惧,认为自己是怕这些东西伤害躯体健康而不断洗手。而一个患有抑郁症的来访罪犯,则可能把自己的退缩行为解释为没有能力去做某件事。总之,来访罪犯很容易用具体事件来对自己的行为加以解释,这种解释所包含的就是表层错误观念。

对于这些表层错误观念,咨询师可以使用建议、演示和模仿的技术来检验。

第一,建议。咨询师建议来访罪犯进行某一项活动,这一活动与他对自己问题的解释有关。通过这个活动,来访罪犯可以检验自己原来的解释是否正确。例如,对于前面提到的强迫洗手的罪犯,咨询师可以建议他去有意减少洗手的次数,并让他自己去检验这样做是否真的会给他的健康造成危害。

第二,演示。咨询师鼓励来访罪犯进入一种现实的或者想象的情境,来观察与检验他的错误观念的作用方式与作用过程。具体应根据来访罪犯的问题和对问题的解释来设定,例如,可以采用心理剧的方式出现,由咨询师设定某种剧情,并与来访罪犯分别扮演不同的角色。这样,随着剧情的发展,来访罪犯的行为以及行为背后的认知过程就会通过他所扮演的特定角色表现出来,从而使罪犯能够对之直接加以观察和体验。这样做的目的就是让来访罪犯把"我"的行为和观念投射到所扮演的"角色"身上,通过观察体验"角色",使之能够更为客观地看待自己的问题。

第三,模仿。咨询师让来访罪犯先观察一个模特完成某种活动,然后要求来访罪犯通过想象或模仿来完成同样的活动。例如,对于一个社交恐怖症的来访罪犯,可让他先观察咨询师或其他罪犯的正常的人际交往活动,然后要求来访罪犯模仿或者在想象中也来完成这一活动。该罪犯就可以直接体验自己恐怖情绪的产生过程。

咨询师如果把上述几种技术结合起来应用时，往往会使咨询很快收到效果。不过，当咨询师面对比表层错误更为基本的、深层的错误观念时，就需要运用其他方法。

5. 纠正核心错误观念：语义分析技术

深层错误观念往往表现为一些抽象的与自我概念有关的命题，比如"我毫无价值"等等。这些观念并不对应具体的事件和行为，也难以通过具体的情境加以检验。这就需要使用一些逻辑水平更高、更抽象的技术进行纠正。认知治疗学派发展出了针对此类错误观念的语义分析技术。例如，"灾变祛除"的方法，即通过严密的逻辑分析使来访罪犯认识到自己对事物不良后果的可能性估计过高，过分夸大了灾难的后果，从而祛除这种夸张性的认知。又如"重新归因"技术，即对来访罪犯非现实的假设作严格的逻辑批判，使他看到自己思维的缺乏现实性，从而做出对挫折和失败更为客观现实的归因。"认知重建"技术，即让来访罪犯学会如何正确地使用思维工具来代替非逻辑的认知。

语义分析技术主要针对来访罪犯错误的自我观念。这些自我观念常常表现为一种特殊的句式，也具有共同的逻辑形式：即一个"主—谓—表"的句式结构。比如说"我是一个笨蛋"或"我是一个毫无价值的人"。一旦来访罪犯用这种结构来表达对自我的态度，他就有可能用这个判断来概括他的一切行为。例如，"我是一个毫无价值的人"，实际上就是在暗示他在一切方面都是毫无价值的。

然而通过对这样的句子进行语义分析，就不难发现作为主语的"我"应包括与"我"有关的各种客体（如我的头发、我的躯体等）或与"我"有关的各种行为（如我说话、我走路等）。而动词"是"后面的表语则描述的是主语的整体性质。因此，从语义学的理论来看，说"我是一个毫无价值的人"应是指与"我"有关的各种客体和行为都是无价值的，而这样的句子显然没有什么逻辑意义。因为一个人可以说"我上次做的那件事没有价值"，但不能说"我呼吸"、"我吃饭"等都没有价值。这是不符合客观实际的，也是没有任何实际意义的。另外，如果处于表语位置上的词不能被客观评定，那么这样的词在这种句子中也没有意义。比如说"我是个很笨的人"，"笨"的含义在这里是不清楚的，没有客观标准来判断某人是笨或是不笨。如果把这句话换成"我的智力不高"，那么智力高低则是可以通过智商这一客观标准来加以限定的。这样才能使"我很笨"这句话在一定程度上有意义。

因此，要使一个包含"我"的句子有意义，必须做到以下两点：一是要把主语位置上的"我"换成与"我"有关的更为具体的事件和行为；二是表语位置上的词必须能够根据一定的标准进行评价。通过这种语义分析和转换，咨询师就可以引导来访罪犯把代表他深层错误观念的无意义的句子转变成具体的、有特定意义的句子，使他学会把"我"分解为一些特定的事件和行为，并在一定的社会参照下来评价它们。通过这一客观化的过程，来访罪犯就有可能学会依据较为客观的标准来看待自己的问题，从否定自我中解放出来，关注于具体的事件及其评价。

6. 进一步改变认知：行为矫正技术

认知理论认为，认知过程决定着行为的产生，同时行为的改变也可以引起认知的改变。但是，认知与行为的这种相互作用关系在来访罪犯身上常常表现为一种恶性循环，即错误的认知观念导致不适当的情绪和行为，而这些不良情绪与行为又反过来影响认知过程，给原有的认知观念提供证据，使之更为巩固和隐蔽，使来访罪犯的问题一步一步更加严重起来。因此，在认知治疗中，咨询师常常结合行为矫正技术来改变来访罪犯的不合理的认知观念。只是这种技术不是仅仅针对行为本身，而是时刻把它同来访罪犯的认知过程联系起来，并努力在两者之间建立起一种良性循环的过程。这也是认知疗法与行为治疗不同的地方。

认知治疗中的行为技术具体表现为以下两个方面：一是咨询师通过设计特殊的行为模式或情境，帮助来访罪犯产生一些通常为他所忽视的情绪体验，这种体验对来访罪犯的认知观念的改变具有重要作用。比如，对一个患了抑郁症的来访罪犯来说，他很少有愉快的情绪体验，而仅仅通过语言使他获得积极情绪是不够的。此时，咨询师可以设计一些特殊的情境，只要来访罪犯有什么积极表现，咨询师就马上给予强化，并督促他反省获得强化后的情绪体验，这样就可能使来访罪犯获得愉快的情绪，并可能做出更多的主动性行为。而这些情绪和行为上的变化，以及对这种变化的体验与反省，会促使来访罪犯主动发现并改变原来对自己问题的认知。二是在行为矫正的特定情境中，来访罪犯不仅体验到什么是积极的情绪，什么是成功的行为，而且也学会了如何获得这些体验的方法。这样，在日常生活情境中，他就能用这些方法去获得积极的体验和成功的行为。

7. 巩固新观念：认知复习

在上述咨询过程中，咨询师从表层错误观念开始，运用建议、演示以及模仿等技术对这些观念加以检验和纠正，并通过语义分析技术进一步揭示来访罪犯深层的错误观念，逐步使他提高对自己错误的认知过程和观念的认识，用新的思维方式来代替、评估旧的思维观念，用新的行为方式代替旧的行为方式。可以说，咨询到这一阶段，咨询师的任务就基本上完成了。但这并不意味着咨询也可以就此结束,因为认知治疗的目的和原则就是要充分调动来访罪犯内在的潜能来进行自我调节,这就是说来访罪犯自身的任务还没有完成,还需要做好认知复习工作。

所谓认知复习,就是以布置家庭作业或让来访罪犯阅读有关认知疗法材料的方式给来访罪犯提出某些相应的任务,这实际上是前面几个咨询过程在实际生活情境中的进一步延伸。因此,这一工作不一定只在咨询的后期才开始进行。在每次咨询之后,咨询师都可以根据具体情况给来访罪犯布置一定的家庭作业。例如,可以让来访罪犯在实际情境中继续应用演示或模仿的方法来检验并纠正错误观念,或教会来访罪犯语义分析技术,让他在咨询之后继续对自己的深层观念进行句子分析,继续注意自己的活动和反应,并及时记录下来,不断加以评估和反省。这就使来访罪犯在现实生活中有更多的机会来巩固那些刚刚建立起来的认知过程和正确的认知观念,进一步学会使用新的思维方式和正常的情绪行为反应。只有来访罪犯在实际生活中能够做到完全依靠自己来调节认知、情绪和行为时,咨询才算达到了目的。

二、梅肯鲍姆的认知行为矫正技术

梅肯鲍姆的认知行为矫正(简称 CBM)技术,关注的是来访者的自我言语表达的改变。梅氏认为一个人的自我陈述在很大程度上与别人的陈述一样能够影响个体的行为。CBM 的一个基本前提是来访者必须注意自己是如何想的、感受的和行动的,以及自己对别人的影响,这是行为改变的一个先决条件。

梅肯鲍姆提出,行为的改变是要经过一系列中介过程的,包括内部言语、认知结构与行为的相互作用以及随之而来的结果。他提出了三个阶段的理论:

第一阶段,自我观察。改变过程的第一步是要求来访罪犯学习如何观察自己的行为。当治疗刚开始时,他们的内部对话是充满了消极的自我陈述和意象的。此时,关键的因素是他们愿意和有能力倾听自己。这个过程包括提高对自己的想法、情感、行为、生理反应和对别人的反应方式的敏感性。例如,如果一个抑郁罪犯希望取得建设性的改变,他就必须首先认识到自己不是消极想法和情感的"受害者"。相反,实际上正是他通过告诉自己的东西造成了抑郁。尽管自我观察被视为改变发生的一个必需的过程,但它本身并不是改变的充分条件。随着治疗的进行,来访罪犯获得了新的认知结构。这就使得他能够以一种新的角度来看待自己的问题。这个过程是通过来访罪犯与咨询师共同努力来完成的。

第二阶段，新内部对话开始。来访罪犯通过与咨询师的接触，学会了注意他们的适应不良行为，并且开始看到不同的适应性行为的存在。如果来访罪犯希望改变，他们对自己所说的就必须能够产生一种新的行为链，一个完全不同于他们原先适应环境的不良行为的行为链。来访罪犯通过治疗学会改变他们的内部对话，他们新的内部对话将作为新的行为向导。反过来，这一过程也会影响来访罪犯的认知结构。

第三阶段，新技能学习。即教给来访罪犯一些更有效的可以在现实生活中应用的应对技能。同时，来访罪犯要继续注意告诉自己一些新的内容，并且观察和评估它们的结果。当他们在各种情境下以不同的方式行动时，他们通常就可以从别人那里得到不同的反应。来访罪犯所学内容的稳定性在很大程度上受到他们告诉自己的有关新学行为和它的结果内容的影响。

有代表性的认知行为矫正技术是应对技能学习程序，其基本原理是通过学习如何矫正认知"定势"来获得更有效的应对压力情境的策略。具体程序是：①通过角色扮演和想象使来访罪犯面临一种可以引发焦虑的情境；②要求来访罪犯评价他们的焦虑水平；③教给来访罪犯察觉那些他们在压力情境下产生的引发焦虑的认知；④帮助来访罪犯通过重新评价自我陈述检查这些想法；⑤让来访罪犯注意重新评价后的焦虑水平。

压力接种训练（SIT）是应对技能学习程序的具体应用。它是一系列技术、过程的组合，包括信息给予、苏格拉底式讨论、认知重组、问题解决、放松训练、行为复述、自我监控、自我指导、自我强化和改变环境情境。它既可应用于当前问题，也可应用于未来困难的应对技能。

梅肯鲍姆为压力接种训练设计了一个三阶段模型：

（1）概念阶段。首要的关注点是与来访罪犯建立一种工作关系。在咨询起始阶段，来访罪犯常常感觉自己是外部环境、想法、情感和行为的受害者，而所有这些是他们无法控制的。压力接种训练就包括教给来访罪犯觉察他们自己在压力形成中起的作用。要获得这种觉察，就必须系统地观察他们的内部陈述，并且监控这一内部对话带来的适应不良行为。这种自我监控贯穿了各个阶段的始终。为此，来访罪犯通常要求记录一种开放性的日记。在日记中，来访罪犯要系统记录自己的具体想法、情感和行为。在教授这些应对技能的过程中，咨询师要努力做到灵活地使用各种技术，并且要对来访罪犯的个人、文化和情境环境保持敏感。

（2）技能获得和复述阶段。关注点是教给来访罪犯各种行为和认知应对技术以应用于不同的压力情境。这一阶段包括一些直接行动，如明确找到是什么情境带来了压力，通过各种途径来做一些不同的事以减缓压力，以及学习躯体和心理放松方法，还包括认知应对。通过学习，来访罪犯认识到适应性与适应不良的行为都是与他们的内部对话相联系的。使他们获得一种新的自我陈述。

作为压力管理程序的一部分，来访罪犯要接受各种不同的行为干预，其中包括放松训练、社会技能训练、时间管理指导和自我指导训练。

（3）应用和完成阶段。该阶段关注的是将治疗情境中发生的改变迁移到现实生活中去，并将之维持下去。一旦来访罪犯熟练掌握了各种认知和行为应对技能，他们就要开始练习难度逐步提高的行为家庭作业。咨询师让来访罪犯写出他们愿意完成的家庭作业。这些作业的完成情况将在随后的会面中得到仔细的检查。如果来访罪犯没有完成它们，咨询师将和他们一起寻找失败的原因。后续和加强治疗通常安排在治疗之后3个月、6个月和12个月的时候，目的是激励来访罪犯继续练习和提高他们的应对技能。

最后应当指出的是，不管是埃利斯的合理情绪疗法，还是贝克和雷米的认知疗法、梅肯鲍姆的认知行为矫正技术，都有其适用范围。认知行为治疗可以有效地解决一般心理问题，并可用以治疗抑郁性神经症、焦虑症、恐怖症（包括社交恐怖症）、情绪的激怒和慢性疼痛等。对神经性厌食、性功能障碍以及酒精中毒等，也可作为选用的一种方法。

【单元小结】

（1）合理情绪疗法（RET），又称理性情绪疗法，是通过消除错误的思维方式或者不合理的信念来解决心理障碍、情绪和行为问题的一种心理治疗方法。它由埃利斯（Albert Ellis）于20世纪50年代创立。

（2）ABC理论是合理情绪疗法的理论基础，A代表诱发性事件；B代表个体在遇到诱发事件后相应而生的信念，即个体对这一事件的看法、解释和评价；C代表继这一事件后，个体的情绪反应和行为结果。ABC理论指出，诱发性事件A只是引起情绪及行为反应的间接原因；而B——人们对诱发性事件所持的信念、看法、解释，才是引起人的情绪及行为反应的更直接原因。

（3）埃利斯通过临床观察，总结出日常生活中常见的产生情绪困扰，甚至导致神经症的11类不合理信念。这些不合理信念的三个主要特征是绝对化的要求、过分概括化和糟糕至极。

（4）对罪犯不合理信念的分析，要掌握正确的分析过程与步骤，并且要掌握区分罪犯合理信念与不合理信念的标准。

（5）合理认知重建技术包括与不合理信念辩论法、合理情绪想象技术与认知家庭作业。

(6) 贝克和雷米的认知疗法，以及梅肯鲍姆的认知行为矫正技术，也是目前认知行为疗法中有代表性的两种治疗方法。

【思考题】
1. 结合案例分析埃利斯合理情绪疗法的 ABC 理论。
2. 试述不合理认知的内容与特征。
3. 如何分析来访罪犯的不合理认知？
4. 试述合理认知的重建技术。
5. 试分析下述案例中周某的不合理认知，并如何重建其合理认知。

罪犯周某，男，1977 年出生，初中文化，因犯强奸、盗窃罪，被判处有期徒刑 15 年。周某出生在城市，家庭经济不富裕，家教严，童年顽皮常受父亲打骂。周某上学时常被高年级同学欺负，身单力薄无法与之抗衡，又不愿将真实想法向家人、老师、同学倾诉，认为说了也没有意义，解决不了问题，独自一人承受被欺凌的境遇。这时的周某内心对暴力行为既恨之入骨，又认同暴力行为的存在价值，认为只有拳头才能解决问题。随着年龄增长，周某体格逐渐强壮，又讲哥们义气，很快成为一群伙伴的"头目"，于是带着同伴，回到学校向以前欺负自己的同学"声讨"、"较量"。每次打完架，看到被打者跪地求饶，听到同伴的赞许，心中无比舒畅，感到了成就与满足，进一步强化了"行侠仗义"的人生观与价值取向。到监狱后，经常因打架、顶撞、辱骂民警被监狱处理，如因吃方便面的琐事，同监舍其他服刑人员发生争吵，就动手殴打他犯；在水房洗漱时与他犯言语不合发生口角，随即怀恨在心，回到监房后越想越生气，便纠集要好同犯找该犯报复，发生群体斗殴事件；监狱除草劳动，当民警要求他到另外地方拔草时，突然暴躁起来，并采取了对抗态度，认为是民警有意刁难他；集体看新闻时开小差，被值班民警扣分，周某觉得丢面子，找分监区长"理论"，等等。

学习单元六　罪犯心理健康教育

【学习目标】
知识目标：了解心理健康教育涉及的内容以及作为教育者的素质要求；
　　　　　掌握罪犯心理健康教育的原则、内容、方法和步骤
技能目标：根据罪犯的表现识别其心理问题，针对心理问题采取相应的
　　　　　教育策略
态度目标：认真、细致、耐心、和蔼

学习任务一　罪犯心理健康教育的内容

一、案　例

罪犯李某，原是某县乡镇的一名中学教师，在当地具有较高的威望，在村民心目中是一个有文化、讲道理、正直和善、非常正派的人。其妻胡某漂亮怕寂寞，背着他与村里的"花花公子"有不正当的关系，李某得知此事后与妻子发生激烈的争吵，后要求离婚，其妻不同意。此后李某再一次与妻子发生激烈的争吵并发生打斗，李某失手杀死了妻子，被判处死刑缓期两年执行。入狱后，由于思想压力大，情绪悲观，精神萎靡，整日沉默不语，感到前途黯淡无光，尤其是对未成年的子女放心不下，在改造过程中表现为消极改造，精神恍惚，对人存有戒心，不愿与其他罪犯讲话，对民警不信任，不愿对管教民警汇报思想。近日出现了食欲不振、睡眠困难等情况。

二、分　析

李某由一个"在当地具有较高的威望，在村民心目中是一个有文化、讲道理、正直和善、非常正派的人"一下子变成了"杀死妻子，被判处死刑缓期两年执行的罪犯"；同时他是"一名中学教师"，每天要面对很多学生，要

求学生讲法律守纪律、学会做人，自己家里反而出现了伤风败俗的风流事件，结果自己又杀人被判刑；妻子死了，自己被判入狱，家里未成年的子女一下子失去了双亲；想想前后的变化、自己地位的改变、家庭的变故、父母及子女受到的打击、自由突然的丧失、未来的一片黑暗、别人（领导、同事、学生、邻居等）对自己的看法、自己的未来、子女的前途将会怎样，等等。对很多人来说，他的这些顾虑、情绪悲观、精神萎靡、不愿与其他人讲话、出现了食欲不振、睡眠困难等变化是能够理解的。作为一个心理健康教育者应该对这名罪犯如何进行心理健康教育呢？

罪犯心理健康教育方案的制定要点：

（1）在全面了解和掌握罪犯的成长经历、原来夫妻关系状况、犯罪原因、改造表现等情况的基础上，根据目前的情况，对李某进行心理测量与危险性评估。

（2）与管教干警（必要时包括对李某情况比较了解的罪犯）联系了解李某的目前详细情况，找出李某改造压力的主要症结是前途问题和家庭问题，对李某开展前途教育和政策教育，并通过一些必要渠道了解其家庭、子女与父母的状况，并在可能的情况下通过各方面的努力，在力所能及的范围内对其家庭困难进行妥善解决，尽力解除其后顾之忧。

（3）客观、辩证地帮助李某分析犯罪危害和他个人在性格上的缺陷，使其认识到犯罪对妻子、孩子和双方父母的伤害，使其产生悔罪认罪心理，并注重培养理性，尽可能地减少感情冲动。

（4）对李某进行心理干预和心理疏导，在耐心开导的基础上强调消极心理和不良情绪对健康、改造等带来的不利，应该振作精神、调整状态，多为父母子女想想，重新做人。

（5）利用李某在当地的影响和在周围人中有较高威信等的有利因素，动员其原来感情较好的单位领导、同事和村干部、村民等来监狱进行帮教，坚定其改造信念和回归社会后重做有用之人的信心和力量。

（6）根据李某的以后表现，若改造较为稳定可考虑调整其劳动岗位，使其能够从事使其特长得以发挥的岗位，以调动其积极性和创造性。

三、罪犯心理健康教育的具体内容

（一）罪犯心理健康教育的基本概念

心理健康教育，是根据个体生理、心理发展特点，有目的、有计划地运用有关心理学的方法和手段，对受教育者的心理施加影响，培养其良好的心理素质，促进其身心全面和谐发展的教育活动，其有助于受教育者潜能的开发和各种优秀心理品质的培养与发展，有利于提高受教育者心理健康水平、全面发展其个性，同时预防和消除各种异常心理和心理问题。

罪犯心理健康教育是罪犯心理咨询、心理治疗的延伸，属于心理发展、心理预防性的教育，主要是针对罪犯在服刑期间心理发展的需要而开展的教育活动，旨在提高和培养罪犯的心理素质、预防产生心理问题。

罪犯心理健康教育，这项工作包含了很多内容，从工作模块来说它主要有：一是定期举办心理健康讲座，开展心理团体训练，并通过黑板报、闭路电视等渠道宣传心理健康知识；二是做好每一名新入监罪犯的心理测试工作，对有突出心理障碍的罪犯开展个别化的心理咨询、辅导与矫治；三是建立和完善罪犯心理健康档案。

（二）罪犯心理健康教育的意义

对罪犯心理健康的促进，是对教育改造质量的一种提升。相对于心理辅导、心理咨询和心理治疗，心理健康教育可以直接纳入罪犯教育的范畴，可以与思想教育、文化教育、娱乐教育以及职业教育一起，成为罪犯教育的内容。

（1）有利于罪犯认识自身心理，培养健康人格。

（2）有利于提高罪犯综合素质。①能够促进罪犯良好品德的形成。②保证罪犯正常健康地生活与改造。③有利于防止各种心理危机和突发事件，维护监管工作的安定与和谐。

（三）罪犯心理健康教育的特性

《简明不列颠百科全书》对心理健康的定义是"心理健康是指个体心理在本身或环境条件许可范围内所能达到的最佳功能状态，不是指绝对的十全十美的状态"。

罪犯心理健康是指罪犯心理在自身与监狱环境许可的范围内所能达到的、为改造所能接受的较好功能状态，是不健康心理或人格缺陷的康复、重建及预防。

（四）罪犯心理健康教育的地点

对罪犯进行心理健康教育的地点包括：一是罪犯所在的场所，如劳动、生活场所等对他们随时进行心理健康教育；二是罪犯能接触的场所，如劳动、生活场所的周围设立专栏进行教育、在阅览室放置心理健康方面的书籍、在心理咨询室进行个别教育、在活动室或教室等进行集体教育等。

(五) 罪犯心理健康教育的内容

为了适应现代改造罪犯理念的发展，如何组织教育内容是教学论中迫切需要解决的一个问题。教育学家布鲁纳强调说："任何概念或问题或知识，都可以用一种极其简单的形式来表示，以便使任何一个学习者都可以用某种可以认识的形式来理解它。"在他看来，任何学科的内容都可以用更为经济的和富有活力的简便方式表达出来。

布鲁纳提出了三条组织原则。一是表现方式的适应性原则。这里指知识结构的呈现方式必须与不同年龄人的认知学习模式相适应。二是表现方式的经济性原则。这是指任何教育内容都应该按最经济的原则进行排列，在有利于学习者的认知学习的前提下合理地简约。三是表现方式有效性原则。这是指经过简约的教育知识结构应该有利于学习者的学习迁移。

1. 认知教育

监狱环境下对罪犯的认知教育以罪犯的矫正为前提，以解决罪犯首要问题为原则。主要有：①对生理和心理关系的认知；②对自己与他人的觉察；③对生理与情绪表达之间关系的觉察；④有关价值观的思维；⑤什么是人的合理化的需要；⑥对个人或他人优点和缺点的认知；⑦典型的认知错误。教育学家布鲁纳十分重视认知发展的研究。他强调说："一个教学理论实际上就是关于怎样利用各种手段帮助人成长和发展的理论。"在他看来，认知发展是讨论教学问题的基础。在教学时，如果忽视认知发展以及它的各种制约因素和可能利用的机会，那确实是会出馊主意的。

2. 意志力教育

意志力是个体克服困难、忍受挫折的能力，是指一个人自觉地确定目的，并根据目的来支配、调节自己的行动，克服各种困难，从而实现目的的品质。从某种意义上说，意志力通常是指我们全部的精神生活，而正是这种精神生活在引导着我们行为的方方面面。意志力教育是为了使罪犯了解意志的心理特点，了解挫折的心理规律，从而能够正确面对并理智地采用积极的挫折应对方式。以意志为主体的心理健康教育主要包括：①什么是良好的意志品质；②如何培养自己良好的意志品质；③挫折的基本原理；④如何培养挫折的耐受力；⑤什么是积极（消极）的挫折反应；⑥如何避免消极的挫折反应。

意志是人类特有的心理现象。它有三方面的特征：明确的目的性、以随意运动为基础和与克服困难相联系。其中，明确的目的是意志行动的前提，随意运动是意志行动的基础，克服困难是意志行动的核心内容。其中，构成意志的某些比较稳定的方面，就是人的意志品质。意志力是个体克服困难忍受挫折的能力。

意志力的教育旨在使罪犯了解意志的心理特点，了解挫折的心理规律，使他们能够正确面对挫折，自觉运用挫折的原理，理智地采用积极的挫折应付方式。

3. 情感教育

要控制个体的行为，必须首先能够控制其情绪，心理问题和心理障碍都会以不同的情绪作为外在的表现。情感教育的内容主要有：①对自己与他人情绪的觉察；②情感的适当表达方式；③如何对待自己与他人的消极情绪；④愤怒的自我控制训练；⑤情绪的自我管理。

情感教育是教育过程的一部分，它关注教育过程中罪犯的态度、情绪、情感以及信念，以促进罪犯的个体发展和整个社会的健康发展。即情感教育是使罪犯身心感到愉快的教育。情感教育是教育过程的一部分，通过在教育过程中尊重和培养罪犯的社会性情感品质，发展他们的自我情感调控能力，促使他们对学习、生活和周围的一切产生积极的情感体验，形成独立健全的个性与人格特征，真正成为品德、智力、体质、美感及劳动态度和习惯都得到全面发展的有社会主义觉悟的有文化的劳动者。

情感教育的价值：①对罪犯的生存具有积极意义；②促进罪犯认知的发展；③促进罪犯良好人际关系的建立；④促进罪犯潜能的开发；⑤提高罪犯的审美能力；⑥完善罪犯的品德；⑦有利于罪犯社会化的发展。

情感教育是心理教育的关键。因为人的行为与其当时的情绪和情感有着很直接的关系，要控制个体的行为，必须首先能够控制自己的情绪，心理的问题和心理障碍都会以不同的情绪作为外在的表现。

4. 人格教育

教育的本质是人格的塑造，教育的根本职能是开发人的潜能，塑造具有健全人格的人。国外研究表明，犯罪与某些人格障碍有着非常紧密的关系，如反社会人格几乎是犯罪的同义词。对罪犯的人格的大量研究中，艾克森认为人格与犯罪行为有一定的关系。国内的许多研究也发现罪犯的人格与常人有显著差异。在日常生活中，人格缺陷也是诸多认知、情绪等心理问题的来源。

从世界教育史来看，世界各国都根据各自的不同情况，文化观念形成的人格标准来进行人格培养工作。而通过人格教育扭转人的不良倾向，转变人的道德观念，从而成功地完成对人的培养任务的典型，则是前苏联的马卡连柯创办的高尔基工学团，马卡连柯以自己高尚的人格、真诚的爱心、无私的奉献、严格的要求，从人格培养入手，使那些流浪儿懂得自尊、自爱、自律，从而按照社会要求去安排自己的行为。

那么，人格到底该怎样表达呢？人格应是思想、品德、情感的统一表现，丰子恺先生把人格比作一只鼎，而支撑这只鼎的三足就是思想——真；品德——美；情感——善。这三者和谐的统一，就是圆满健全的人格，而对真、善、美的追求，缺一不可。否则，这只人格之鼎就站立不稳，显示的人格就缺损，就低下。这就是说，所谓人格是人们在社会生活中以自己的言、行、情、态体现的对真、善、美追求和达到的程度，并且被别人感知，受到社会准则的定位。例如，当某人遇险，有人挺身而出营救、相助，人们称之为高尚；有人则扬长而去，人们斥之卑下。为集体为国家勤勉工作，分毫必争，社会评价为优秀；为个人和小家无孔不入，无利不图，社会评价为自私。这是当今社会的人格内容之一。

在对人格有正确的认识之后，还必须培养罪犯对人格的评价能力，用优秀范例和低劣人格表现进行比较，使罪犯产生强烈的对比感、反差感，在心理上产生震撼，从而形成评价能力、判断能力。这样才能在日常改造生活中鼓励罪犯实践自己对人格的认识，并自我评价，使他们把自己对人格的理论认识和行为行动统一起来，逐渐完善自己的人格，而管教干警自身的人格行为也无时不对被教育者产生强烈的影响。社会风尚是社会成员总体人格的展示，不仅表现在国家危亡之际，更表现在日常生活的责任和义务。

人格教育主要包括：①对人格的含义和形成过程的了解；②了解什么是健康的人格，什么是不良的人格；③了解什么是人格障碍；④通过心理评估了解自己的人格优点和缺陷；⑤如何培养健全的人格。

5. 社会性教育

社会性是人的本质属性，社会性教育是心理教育中的重要内容，它是以实现人的社会适应为目的的心理教育。

什么是人的社会属性呢？①人是社会的产物，人类学、考古学和社会发展史都证明，人是由古猿进化而来的，人的劳动以及在此基础上形成的语言和思维，都是社会的产物；②人的生产活动具有社会性，人们为了生存和发展，不断从事物质资料的生产活动，人在生产活动中必然结成了各种各样的关系。其中，生产关系是最为重要的。也就是说，人的生产活动是社会性的活动，从事生产的人也就必然是处在一定社会关系中的社会的人，人的生产活动具有社会性；③人的生活具有社会性，人在社会中生活也不能摆脱多种多样的社会关系。人的生活也具有社会性。

社会性是人的最主要、最根本的属性。人的社会属性提示的主要是人区别于其他动物的特殊的本质。人会做事情，不会像动物那样只听从"本能"的召唤，还要遵循其他的规则。如法律的规定、道德的制约等。人的社会属性制约着人的自然属性。人之所以是人，从根本上说，并不在于人的自然属性，而在于人的社会属性。人的社会性是主要的，根本的，它渗透着并制约着人的自然属性。因为，人是社会活动的主体，是社会关系的承担者和体现者。人的社会活动一开始就是社会性的活动。它改变着客观物质世界，也在改变着人类自身，是人本质力量的重要体现。生产劳动是人与动物区别的本质属性。

四、罪犯心理健康教育内容的选择

罪犯心理健康教育内容的选择非常重要，很大程度上也决定着罪犯心理健康教育的效果，所以我们在进行教育内容选择的时候，应该先了解罪犯心理健康教育的功能与属性及罪犯的心理状态。

（一）理解心理健康教育的功能

一谈到心理健康教育，人们通常容易与"心理咨询"、"心理变态"等概念联系在一起，这是对心理健康教育的误解。心理健康教育具有三级功能：①初级功能——防治心理障碍；②中级功能——完善心理调节；③高级功能——促进心理发展。其中，初级功能又称为障碍性心理健康教育，中级和高级功能又称为发展性心理健康教育。由此可见，通常人们所认识的"心理健康教育"仅仅是其初级功能的体现，心理健康教育最大的功能是帮助人优化心理品质、提高生活质量。

（二）掌握罪犯心理健康教育的属性

罪犯心理健康教育是在罪犯矫正过程中，面向全体罪犯，通过知识传授、行为训练和实践指导等途径，提高心理素质，促进心理健康发展，实现罪犯重新社会化的一种教育活动。

罪犯心理健康是指罪犯心理在自身与监狱环境许可的范围内所能达到的、为改造所能接受的较好功能状态，是不健康心理或人格缺陷的复健及预防。

（三）认识罪犯心理的构成

1. 罪犯的心理成分

罪犯虽然由自由的社会公民、犯罪人演变而来，但其心理已不同于守法公民的常态心理，也区别于犯罪人心理和罪犯的服刑心理，而是原有的犯罪人心理（包括犯罪心理和常态心理）在特定的服刑环境（刑罚执行和监狱改造环境）的刺激下所产生的复合的矛盾心理。罪犯的心理成分大致由三部分组成：

（1）罪犯常态心理。罪犯常态心理是指罪犯作为一个人与社会守法公民所共有的心理。当然，罪犯的常态心理既有与社会守法公民在心理内容及规律上的一致性，又有监狱环境影响下的特殊性。

罪犯作为人，虽然因其有社会化的缺陷，而导致其未能成为合格的社会成员，但犯罪心理和犯罪行为，并不是犯罪人心理活动与行为活动的全部，而只是其一部分内容，他们仍具有守法社会成员所共有的一些心理特征。也正是这些共有心理，使得罪犯在被捕前可以在多数情况下，和其他公民一样进行正常的社会生活。在犯罪人头脑中，犯罪心理和常态心理，有时是并存的，有时是交替出现的。通常，当犯罪人进入实施犯罪的情境之后，常态心理被抑制；当犯罪人离开实施犯罪的情境之后，尤其是犯罪人被判刑入狱后，随着犯罪心理的衰落或犯罪情境的消失，常态心理又得以恢复。在监狱机关良好的教育和影响下，这些常态心理不仅会被重新唤醒，而且会被发扬光大，占领罪犯的整个心灵，从而成为他们改恶向善的良好心理基础。我们改造罪犯，就是要改变其心理成分中恶的部分，恢复、发展其常态的心理品质，强化他们濒于泯灭的良知。

尽管罪犯常态心理和守法公民的心理在形成过程、心理构成上是一致的，但罪犯毕竟是触犯了法律、受到刑罚处罚的特殊公民。他们处在高墙电网的监狱之中，失去了人身自由，并在准军事化的管理下，接受强制性的劳动改造和教育改造，其常态心理必然呈现出特殊性。

总之，罪犯作为一个人，它同常人之间必定有着某些共同点，有着许多共同的需要、愿望、意向，有对未来的设计，有正常人的喜怒哀乐，有悔恨和憧憬，有嫉妒和羡慕，有羞耻心和荣誉感。有些罪犯甚至还保持着某种程度的爱国心，对党和社会主义、对人民的朴素的情感等。罪犯与守法公民相同的常态心理应当成为监狱矫正工作的出发点和基础，这是罪犯改造里程的起跑线。如果我们不承认这些事实，也就从根本上否认了改造罪犯的可能性。

（2）罪犯的犯罪心理。犯罪心理是指行为人在准备和实施犯罪行为过程中的心理现象的总和。犯罪心理是犯罪行为产生的内在原因，因此，消除犯罪心理以及导致犯罪心理形成的各种消极心理，也就可以有效地防止犯罪行为的发生。罪犯被依法判刑、投入监狱后，曾经支配其发生犯罪行为的犯罪心理仍然会不同程度地存在于罪犯心理中，不少犯罪人的犯罪心理甚至是根深蒂固的。所以,对罪犯实施惩罚与改造,从根本上说,就是通过消除罪犯的犯罪心理,从而达到预防重新犯罪的目的。因此,犯罪心理是罪犯心理学研究的主要对象,也是罪犯心理矫正的主要依据与目的。

(3) 罪犯的服刑心理。罪犯的服刑心理有广义和狭义两种理解。广义的服刑心理是指罪犯在监狱服刑期间所有心理现象的总和。它包括罪犯的常态心理、残存的犯罪心理、刑罚心理和改造心理。狭义的服刑心理仅是指罪犯在服刑期间承受刑罚环境的刺激所新产生的心理,主要指罪犯承受刑罚心理和刑罚执行之下所产生的改造心理。这里指狭义的服刑心理。

不过应当说明的是,我们将罪犯心理划分为常态心理、犯罪心理、服刑心理,只是理论研究的需要,实际上,罪犯心理是一个整体。在矫正罪犯工作中,我们很难将罪犯心理进行这种理论上的区分。比如,罪犯刑罚心理和改造心理就是密不可分的,罪犯承受刑罚的痛苦必将表现在改造中,罪犯对刑罚的态度也直接影响罪犯的改造态度。

2. 不同罪犯的心理状态

罪犯心理健康教育要具体问题具体对待,如集体教育要选择他们共有的心理问题,个别教育要抓住他最主要的心理问题或障碍。这些要注意的方面有:

(1) 不同犯罪性质罪犯的心理健康教育。

①暴力型罪犯的心理特征:暴力型罪犯的情绪不稳定、自我控制力差的特点,还使其改造表现时好时坏,极易出现反复现象。甚至有些暴力型罪犯会因为难以忍受监狱的艰苦生活和严格管束,不顾将被加刑的后果,孤注一掷伺机越狱脱逃。暴力型罪犯的犯罪行为所造成的社会危害大多比较严重,因此其所判刑期一般较长。面对漫长的刑期,暴力型罪犯感到前途无望,因而易产生悲观厌世心理。

②财产型罪犯的心理特征:财产型罪犯的犯罪与其物质需要强烈有关,他们被判刑入狱后,其强烈的物质需要并不会消失,仍然会表现出强烈的物质占有欲,并可能由此而导致他们旧病复发,产生狱内重新犯罪行为。财产型罪犯为人处世总是以利己主义为出发点,功利心较重。他们在服刑中,总是以是否对自己有利为标准决定行为的取舍,对自己有利的事抢着去做,对自己没有实惠的事却决不去做;他们经常揣测监狱人民警察的心理,以便投其所好来获取信任,极少与监狱人民警察对抗,注重与监狱人民警察搞好关系,以期减刑时能被监狱人民警察认可而多减刑。

③盗窃型(困难刑盗窃犯、行为恶习刑盗窃犯、贪欲刑盗窃犯)罪犯的心理特征:盗窃型罪犯大多对自己的犯罪行为无罪恶感,他们总是寻找种种借口,为自己开脱罪责。他们或者认为自己的犯罪是生活所迫,因而把自己

的犯罪原因归咎于社会、家庭或他人；或者认为自己所"弄"的那点钱和那些贪官相比简直是小巫见大巫，因而否认自己行为的犯罪性质及其社会危害性；甚至还有人否认对其判刑关押的正确性、合法性等，以此推卸责任，企图逃避惩罚和改造。

④淫欲型罪犯的心理特征：性欲型罪犯由于性欲较强，但又无法通过正当途径得以满足，因而时常表现为心神不宁、烦躁不安，对学习、劳动抱无所谓态度，无心改造。

⑤毒品型（吸毒类罪犯、贩毒类罪犯）罪犯的心理特征：毒品型罪犯虽能认罪服判，但并不悔罪，因而使其改造意识十分淡薄。很多毒品型罪犯都持有"不管思想是否真正改造好，只要能减刑就行"的信条。毒品犯罪中团伙犯罪居多，因此毒品型罪犯入狱后，其好结团伙的特点仍有所表现。他们往往以地域、民族、风俗等因素纠合在一起，逐步组成以毒品犯为主的罪犯非正式群体，并形成一定的利益范围。

⑥过失型罪犯的心理特征：过失型罪犯虽然也是因犯罪被判刑入狱，但却认为自己与故意犯罪者有所不同，即自己并无犯罪动机和犯罪目的，本质上也不坏，因而做"清白人"的需要十分强烈。过失型罪犯由于刑期短，往往怀着"不求有功，但求无过"的心情来对待改造，从态度上看，安居中游的多，在改造中存在一定的应付性。

⑦另外还有危害国家安全型罪犯的心理健康教育问题。

总之，不同犯罪类型的罪犯的心理状态不尽相同。需要注意的是，某些罪犯并非实施单一类型的犯罪，而是实施了多种类型的犯罪，如强奸兼杀人犯罪，盗窃、抢劫兼杀人犯罪，盗窃、抢劫兼强奸犯罪，盗窃、聚众斗殴团伙犯罪，等等。这些罪犯因实施了多种类型的犯罪，故其在监狱里心理状态也是多种不同类型罪犯的心理的综合。因此，我们在对这类罪犯进行心理健康教育时不要忽略这一特殊之处。

（2）不同性别与年龄罪犯的心理健康教育。

①女犯（情感型女性罪犯、财产型女性罪犯）的心理特征：由于女性在生理、心理上与男性存在较大差异，因而女犯在服刑期间也呈现出与男犯不同的心理特征。思亲恋家之情强烈，而且外露、持久而不易自控，她们往往虚荣心较强，总希望自己成为人们注意的焦点，在自我显示情绪的作用下，喜欢与他人攀比，争出风头。女犯对吃穿住用的需要比较重视，改善伙食、看电影和电视、进行多种文娱活动成为女犯企盼经常得到满足的需求。

②未成年罪犯的心理特征：多数少年犯存在着消极性格特点，主要表现为随心所欲、放荡不羁、情绪易变、追求新鲜刺激、争强斗狠、自我表现欲

望强烈、好"打抱不平"、自我控制能力差等。这些性格的消极方面，虽然因受到严格的监规纪律的约束而处于压抑状态，但在特定情况下往往难以自控而不顾一切地表现出来。

③老年罪犯的心理特征：老年犯由于阅历丰富，往往处世理智多于冲动，遇事权衡利害关系，追求实惠而又明哲保身。老年犯因自己在接近人生终点时入狱服刑而悲观失望，产生强烈的自卑心理。

（3）犯罪前不同身份罪犯的心理健康教育。①职务罪犯的心理健康教育；②少数民族罪犯的心理健康教育；③外国籍罪犯的心理健康教育；④独生子女罪犯的心理健康教育；⑤知密罪犯的心理健康教育。

（4）不同服刑经历罪犯的心理健康教育。

①初、偶犯的心理特征：初犯由于对监狱生活缺少思想准备，对入狱服刑心理上难以承受，情绪压抑、低沉、焦虑，在服刑生活中遇到困难和挫折，都可能引起他们较强的情绪波动，有时甚至是痛不欲生。他们对自由极其渴求，盼减刑、假释，为达此目的申诉不止，或者努力做出好的表现，以求尽快达到减刑的标准。

②累、惯犯的心理特征：多数累犯积累了一定的服刑经验，适应监狱生活的能力强，对监狱人民警察惯于阳奉阴违，两面三刀，当面奉承，背后捣乱。他们对犯罪生活不以为耻，反以为荣，缺乏自尊心和羞耻感。这类罪犯还常在监狱传习犯罪经验和犯罪技能、方法，是"病毒"的传播者，其重新犯罪的比例大。

（5）不同健康状况罪犯的心理健康教育。①精神病犯的心理健康教育；②病残罪犯的心理健康教育；③传染病类罪犯的心理健康教育。

（6）不同改造表现罪犯的心理健康教育。①积极犯的心理健康教育；②中间罪犯的心理健康教育；③落后罪犯的心理健康教育；④顽危罪犯的心理健康教育。

（7）不同服刑时间罪犯的心理健康教育。

①服刑初期罪犯的心理特征：罪犯入监初期，由于角色的转换，原有社会地位的丧失，生活环境的急剧变化，心理落差加大，在认知、情感、意志、行为上，一时难以适应监狱生活。容易产生过度紧张和恐惧，长期生活在这种环境中，若不懂心理卫生常识，缺乏自我排解心理压力的能力，长期的紧张和恐惧不但会加重原有的心理障碍，还会产生新的问题，尤其是新入监的服刑人员，极易产生拘禁反应，出现诸如恐惧、抑郁、孤独、焦虑、自卑、多疑、偏执、攻击等心理问题，严重者甚至出现精神异常。

②服刑中期罪犯的心理特征：服刑中期是罪犯接受改造的关键时期，通

常占到罪犯实际服刑期限的绝大多数。这一时期罪犯的心理主要产生于改造的要求与罪犯不良心理、行为习惯之间的矛盾和冲突，并主要表现为悔改、务实、屈从、反复等心理。

③服刑后期罪犯的心理特征：服刑后期是罪犯即将出狱逐步适应社会的时期，通常指罪犯出狱前的半年左右时间。这一时期的罪犯心理主要产生于重获自由和如何适应社会的矛盾，并主要表现为兴奋与顾虑的矛盾心理。

(8) 不同刑期罪犯的心理健康教育。

①短刑期（3年以下）罪犯的心理特征：由于刑期短，罪犯入狱后不久就进入服刑后期，需要考虑出狱的事。服刑初期和服刑后期都是罪犯心理活动变化剧烈、稳定性差的时期，特别是服刑后期，因盼着出狱的时间快点到来而更加焦躁不安，心情难以平静。这种浮躁心理使罪犯难以集中精力投入改造，不太可能自觉反思自己的罪行，对教育改造也抱应付的态度。

②普通刑期（3～10年）罪犯的心理特征：介于短刑期与长刑期之间。

③长刑期（10年以上）、无期、死缓罪犯的心理特征：重刑犯中申诉的比轻刑犯多，不少罪犯幻想大赦、特赦、改判，不思改造，决意申诉、纠缠不止。在改造中怨天尤人，发泄不满，抗拒劳动和教育，报复心极强，人身危险性很大。有些罪犯不能承受意外打击，可能因绝望而自杀。重刑犯对服刑生活适应以后，就可产生服刑场所特有的各种各样的需要，许多罪犯由幻想步入实际，开始用努力、踏实的改造行动争取获得减刑，力争早日回归社会。关心监区的物质文化生活的改善，希望更多地学习知识、技术，提高自己的劳动技能，以便取得更好的劳动成果。

(9) 不同文化程度罪犯的心理健康教育。

①文盲、半文盲罪犯的心理健康教育；

②一般文化程度罪犯的心理健康教育；

③文化程度较高罪犯的心理健康教育。

(10) 不同宗教信仰罪犯的心理健康教育。

①有宗教信仰类罪犯的心理特征：痴迷、冷漠、缺乏责任感等。

②"法轮功"类罪犯的心理特征：法轮功罪犯一般都不承认自己有罪，而且用极其恶毒的语言攻击政府对邪教组织的取缔。法轮功罪犯在邪教的歪理邪说影响下，其正常的思维被摧毁，原有的正确认识被扭曲。

③其他邪教类罪犯的心理特征：邪教罪犯完全被邪教的歪理邪说所控制，丧失了自我意识，完全没有自己的思维。邪教罪犯因为不认罪，所以对判刑心怀不满，常常和监狱人民警察对着干，扰乱监所秩序。邪教罪犯往往存在明显的个性缺陷，如认知上的偏激、狭隘、片面、固执，情感上的冷漠（如

冷眼看世界,"六亲不认"等),负性意志较强(即他们所认定的事,即使公认是错的,也要坚持去做,甚至他们可以为此忍受各种痛苦和磨难)等。

(11) 不同服刑监狱罪犯的心理健康教育。
①工业型监狱罪犯的心理健康教育;
②农场型监狱罪犯的心理健康教育。

学习任务二　罪犯心理健康教育的方法

一、案　例

(一) 集体教育

案例:某年某月某日晚6点30分,某监狱分监区的教学大楼里从一层到四层灯火通明,某学院的某某教授在主会场通过闭路电视向该分监狱的两千多名罪犯进行"情绪的识别及其调适"的讲座。该教授首先讲述了先前发生在该分监狱的一起罪犯间的打架事件,接着问了坐在主会场的罪犯几个问题:"人在准备动手打人时,他的情绪会有什么样的变化?"、"被打的人心情又会是怎么样的?"、"目击者的情绪又会怎样?"、"打架后一般需要多长时间心理才能平静下来?"、"如果造成了较为严重的后果对当事人会有哪些影响?"、"双方当事人的家庭知道了此事件后又会怎样?"、"以后双方当事人再见面时怎么办?"让大家回答,大家也可以递纸条提问。教授从中引出情绪的问题,并就日常劳动、生活、人际交往、遇到一些突发事件等情景时一般人的情绪会发生什么样的变化、表现的是何种情绪、如何识别、这种情绪反应是否合理、是否在适度的范围内、如果情绪反应不合理或明显不在适度的范围内又该怎么办。教授边讲边与大家讨论,最后又播放了一段有关"不良情绪心理咨询"的影像资料。讲座结束后不少人谈了感想,认为受到了触动,引发了自己的思考,得到了不少启发,也学到了一些处理不良情绪的方法。

(二) 个别教育

案例:罪犯林某,54岁,因故意伤害致人死亡,被判处有期徒刑10年。林某因儿女婚事与被害人发生争执,情急之中用木棍打在被害人头部,导致其死亡,后林某自首,属于典型的激情暴力犯罪者。入监后,发现林某虽劳动积极,但干活时沉默少语,很少与他犯交往,另外由于他年龄较大,刑期较长,有可能会出现过激行为。因此,在一次干活中,干警主动让其稍休息一会,并及时对其进行谈话,用平和的口气向其了解犯罪过程,倾听其忏悔的心声,并适时给予正确的慰藉,指明出路,并答应在今后的劳动中照顾其年老体弱的情况,适当安排劳动任务。林某后来声泪俱下地说:"干警,你们真是好人,本来我来了这里,心情坏透了,一来自己年老体弱,干不动重活;二来我觉得很对不起家人,原来我就抱着先改造看看再说,如果真不行,我就不想再活下去了。"干警趁机开导他说:"人的一生真不容易,挫折每个人都会遇到,人也并非完人,都有可能一时失足,但我们应该正确总结过去,从过去的阴影中走出来,走好明天的路,而不应该再徘徊于过去的十字路口。"林某后来思想逐步稳定下来,在平时的劳动中相当积极,收到了良好的效果。

案例:罪犯赵某,30岁,故意伤害致人死亡,被判处有期徒刑15年。通过查档了解到赵某为"三进宫"。从初中起就混入社会,恶习较深,曾三次被劳教改造,属于流氓性暴力型犯罪,且性格暴躁,遇事不冷静。有一次与另一名犯人雷某在劳动中因干活多少问题发生争执,将雷某的头部打破。当时,分监区对其实施了严管。经观察,张干警发现严管对其触动不大,但当他了解到妻子一直坚持等他早日回家,他就很注重能早日减刑。张干警想到年终评审就要开始,于是张干警先不对其谈话,采取迂回法。果然,在评审中,由于他有重大违纪行为,只评了个乙等。本来,正常改造的话,他应该评为省级改造积极分子。评审未结束,张干警就发现他情绪显著异常,老想休息。于是,张干警立即在劳动中对其进行了一次对比教育,将他因为一时冲动造成的改造损失,并联系其犯罪经过,进行了一次长谈。他听完后低下了头,懊悔不已地捶打着自己的头说:"张干警,我真傻,明明知道前面是火坑,我却偏往进跳,都是我的脾气太坏了。"不久其父亲去世,如按监狱法规定,他差几个月才能离监探亲,但考虑到对其改造有利的一面,监狱决定由监狱干警专程带其回家探亲。他回来后,张干警先让其休息三天,未与其交谈。第四天,他一出工就要求跟张干警谈话,说回家后,看到村委会、乡亲们对他家的帮助,联想到自己父亲为了他竟十几年没买过一身新衣服以及自己近十年来从未和家人过过一回春节,觉得自己欠他人的太多了,今后一定好好改造,改掉自己的坏脾气。后来他省吃俭用,把省下的零花钱补贴给儿子和女儿买了学习书籍,自己也受到了专项奖励。

个别教育是教育改造罪犯的最直接、最有效的进攻性改造措施,是监狱人民警察必须掌握的基本功。落实《教育改造罪犯工作纲要》,提高教育改造质量,必须加强个别教育工作,监狱要根据每一名罪犯的具体情况,实施有针对性的个别教育。每月对每一名罪犯要进行个别谈话教育,并根据不同罪犯的思想状况和动态,采取有针对性的管理教育措施。在做好"一般罪犯"个别教育工作的基础上,进一步完善个案分析制度,对重点犯和顽危犯要综合其成长史、家庭情况、性格特点和心理特征以及犯罪的主观意识和现实改造表现等情况进行分析,找出问题根源,制定教育计划,提出相应的个别化教育转化方案和具体的教育措施并落实警察专管专教,全面构建罪犯个别教育工作体系,进一步提高教育改造罪犯的针对性。

(三) 同伴教育

案例:罪犯 A,男,28 岁,某外企的一名技术员,因为犯强奸罪被判入狱。入狱后他想到自己的父母、同学、同事、朋友将来对他的态度,自己工作、地位等全部丢失,思想极不稳定,一直情绪低落,到监狱后也认为干警甚至包括其他的罪犯也会看不起他,十分苦闷,经过监狱人民警察多次做工作后情绪渐渐平稳。有一次他在劳动时与另一个罪犯 B 一起出来有事,在走廊里遇见大队长同一管教干部边走边谈话,A 就向他们打招呼,但对方两个人都没有与他们打招呼,径直走了过去。自此,A 的情绪又低沉起来。自认为"是不是某次冒犯了领导(干警),他就故意不理我了,下一步可能就要故意找我的岔儿了,我积极改造也没有意思了……"B 就对 A 说:"有没有其他可能?"、"他们可能正在谈论别的重要事情,没有注意到你"、"即使是看到你而没理睬,也可能有什么特殊的原因"、"他们没有理睬你,他们理睬了我吗?"、"他们与我们都没有打招呼,我怎么没有你这种担心呢?"、"这种情况有很多可能,你为什么就选择了这种最糟糕的可能呢?"

B 再提醒他想想:你总是这样担心,能改变现实吗?启发他应该做些什么呢?如果真正去做了,又会有什么样的改变呢?指出造成他这种担心的原因,以及给自己带来的不利后果(情绪、健康、生活、劳动、学习等);如果改变一下想法呢,或站在另一个角度想想又会怎样呢?……

两种不同的想法就会导致两种不同的情绪和行为反应。一种可能觉得无所谓、没什么;而另一种可能就忧心忡忡,以致无法平静下来干好自己的工作、平静地生活。经过同伴 B 的一番分析,A 的情绪有了不小的改善。

B 与 A 是同伴,由于 B 心理状态较平衡、情绪较稳定,又懂得一些心理学的知识,所以就能看出 A 的心理问题,抓住他问题的症结,有意与无意间对他进行了心理健康教育。

(四) 专栏教育

普及罪犯心理科学知识,是罪犯心理健康教育的重点。近年来,监狱逐渐将罪犯的心理健康教育重心从个案矫治向普及罪犯心理科学知识、从治疗向预防转变。为了全方位加强普及罪犯心理健康方面的科学知识，监狱在每个监区、分监区设立了心理知识宣传栏、心理知识教育园地和心理知识兴趣小组，配备了罪犯心理咨询信息员，负责罪犯的心理知识宣传和心理信息的收集、上报。同时，监狱还在入监教育中开展心理知识讲座成功经验的基础上，准备在全监罪犯中开展心理科学知识课堂化教育，建立正常的罪犯心理科学普及机制。

二、分　析

罪犯心理健康教育是针对罪犯的思想、心理行为特征进行的以帮助罪犯解决服刑改造、婚姻家庭、疾病治疗、人际纠纷等实际问题为主的教育方法，是贯彻监狱法中提出的因人施教、分类教育、以理服人的教育原则的一种主要形式，是灵活机动地调动和激发每个罪犯改造积极性的有力措施。

罪犯心理健康教育的内容和要求是多方面的，有面对面的说理斗争，有摆事实、讲道理的疏通引导，有耐心的规劝和严肃的警告，有表扬鼓励和批评帮助，有同罪犯直接接触中的情感交流，有生活上的体贴关怀和解决实际问题的感化，它是一项严肃的执法行为，也是一门综合性很强的艺术。通过罪犯心理健康教育可以做到了解情况深入，分析把握问题准确，解决问题及时正确，是从罪犯改造的实践中获取反馈信息，检验和改进工作的良好渠道。可以增加对罪犯改造工作的透明度，增进改造者与被改造者之间的心理沟通，促进罪犯的思想改造。为了达到预期的效果，监狱干警应当认真分析暴力型罪犯的个性心理特点和思想症结，摸清全部事实真相，然后制定出一套切实可行的罪犯心理健康教育计划，有针对性地对罪犯进行罪犯心理健康教育。

三、罪犯心理健康教育的具体方法

（一）知识的传授和技能的训练

作为教育形式的一种，心理健康教育可以采用常规的教育形式。一般分为知识的传授和技能的训练。知识的传授可以通过课堂教学、专题讲座、专家报告、阅读相关书籍、收看教学节目、收听相关内容的广播、观看板报等形式进行；技能的训练是在心理健康教育者的引导与指导下，有针对性地对罪犯进行系统的心理实训，使他们获得改善和调适自身心理状况的能力，可以通过教授、模仿、练习、巩固和应用等环节来达到目的。

要想解决服刑人员的心理问题,集体心理健康教育还可以采用团体心理训练。

下面让我们带领十多名服刑人员来做这个活动:"你戳我爆"——情绪加油站。

这些参加活动的人来监狱时间大多在一年内,主要问题表现在人际交往方面,情绪表现为消极成分为主。这天早晨,阳光明媚,一丝丝光线从洁净的窗户投入活动室……12位年龄在20~30岁的服刑人员在管教民警的带领下来到这间早已经布置好的活动室,心理咨询师起身迎接,"欢迎、欢迎","请大家先找座位坐下",管教民警与心理咨询师交接之后就离开了。心理咨询师注意到大家对这里的环境感到很新奇,既兴奋又拘谨。

心理咨询师等大家基本安静后说:"很高兴各位来到我们的'好人缘俱乐部',我们今天主要是在一起做些活动,希望大家在这里不要有任何顾虑、学会忘记身份、积极参与,把握过程、彼此之间好好配合、注意自己的感受……我们先玩热身游戏,叫'你戳我爆',请大家在一分钟内找个同伴,手拉手坐在一起。"

心理咨询师观察到大家还比较拘谨,于是走到几个行动不太积极的人面前,引导他们。等大家都准备好了时,咨询师说:"请每组的两位学员比比看,指甲长的为A,短的为B。我会给A发一个气球,给B发一条绳子和一根牙签,然后请A吹气球,B帮着绑气球。大家不要急着戳气球,听清楚要求再动手:B用牙签戳破气球,但不能将气球戳爆。最先成功的举手示意,可得到一件小礼品。"

有的人将牙签轻轻触碰中间鼓起的部分,立刻听见"啪"的一声,手里只剩下气球的"尸体"!笑声与埋怨声开始出现;有的人闭着眼睛,将牙签慢慢往软的地方戳,如吹气口及其另一端,随着牙签的深入,表皮在凹陷,他的脸扭曲了,手快僵直了,等待着爆裂声……但是,成功了!他与同伴仔细观察与等待后,发出兴奋的叫声"我们成功了"!

心理咨询师走到他们身边,向他们竖起了大拇指:"向大家说说,你为什么能做到让气球不破的?"

这位游戏参与者有点不好意思,他的同伴开始试探地说:"是不是气球两端较松弛,表面张力小,所以不容易破;中间绷得紧,表面张力大,所以容易破?"

心理咨询师意味深长地说:"对。其实,这个物理原理和人际交往是相通的,在和他人交往时,你千万不要触碰对方的紧张面。例如,有的人有某些方面的不足,如家境贫寒或个子很矮,很不乐意别人谈论自己这一点,你就要避开这个话题,否则,容易像牙签戳气球一碰就爆,引发反感、争吵甚至打架,反目成仇。反之,你可以找对方松弛的一面去交流,这样更容易拉近彼此的距离。"

大家听后都感到有所触动,笑声似乎少了嬉戏的成分,但他们的情绪都渐渐地被调动起来。之后的游戏大家进行的越来越顺利,前后进行了两个多小时。此后,监狱又组织了几次团体训练,如"众志成城"等。

活动目标:让学员体会合作的重要,通过团体合作与思考达到解决问题的目的,并体会个人在团体中的重要性。

活动对象:所有参训人员均可

活动材料:报纸数张

活动场地:不限

活动程序:

1. 心理咨询师先将全体人员分成几组,每组约十人。

2. 心理咨询师分别在不同的角落(依组数而定)铺一张全开的报纸,请各组成员均进入报纸上,无论用任何方式都可以,就是不可以脚踏在报纸之外。

3. 各组完成后,心理咨询师再请各组将报纸对折后,再请各组成员进入报纸上。各组若有成员被挤出报纸外,则该组淘汰不得再参加下一回合。

4. 上述进行至淘汰到最后一组时结束。(勿过长)时间到,换下一位上场,至轮完为止。(以上约 30 分钟)

5. 分享与回馈:请各位成员围坐成一圈,讨论刚才之过程并分享心得。

6. 心理咨询师结论参考:

(1) 要得到团体的成功或胜利,唯有通过合作才能众志成城。合作乃在团体中贡献一己之力,并截长补短,同心协力共同创造团体成功之机会。

(2) 解决问题时可通过团体合作与思考达到目的,每个人在团体中都有一定的重要性。

7. 注意事项:注意成员安全。

整个团体训练(一共进行了 8 次,历时近 2 个月)结束后,每个成员对整个活动进行评价,许多成员在作业中认为自己从活动中收获很多,归纳起来,主要有如下几点:

(1) 自信心进一步增强,作为一个自强训练团体,设计的活动都是从调节情绪、改善人际关系方面着手的,所以几乎所有的成员在这方面都有进步。通过团体辅导活动让成员学会了从另一角度重新认识自己、肯定自己。一位服刑人员在团体活动感言时说:"长时间的交流障碍,让我很容易否定自己,否定得多了,我发现自己变得有些自卑了。不仅是在人际交往上,在做其他事情时（如劳动），我也经常会顾虑许多，怕自己做不好"。而团体活动结束后，他的体会却是："与以前相比，现在渐渐走出了一味无故地否定自己的怪圈，开始学会了客观地分析成败原因，总结经验。自信心随着自我否定的减少而增强。"

（2）人际关系得到改善，团体辅导活动使成员认识到在生活中要善于沟通，只要真诚付出，人际关系就一定会得到改善。一位成员是大队教导员推荐前来参加团体辅导的，刚参加活动时，说话时眼睛不敢看人，声音很小，沟通能力特别差，就像他自己在他的书面报告中说的那样"感觉自己不会说话不会做人，很多时候，自己心里想的是那个意思，但一出口又变成别的……人际关系实在是搞得不怎么样"。该成员在 SCL-90 的测量中有 5 个因子的均分在 2 分以上，4 个因子的均分在 1 分以上，但在团体辅导中，他每项活动都积极参与、勇于尝试，大家发现他的变化真的很大，事实也是如此，在团体结束后的 SCL-90 的测量中该成员每个因子的均分都在 1 分以下。另外几位成员在体会中也谈到："真诚是相互的，大家相互信赖，把自己的想法说出来，关系就会好很多"、"这个团队让我体会到，沟通是很有效的"。

（3）学会了理解他人、关怀他人、替他人着想。"要真诚地对待别人，努力去理解别人"。"团体辅导改变了我以往对生活的一些看法，比如要坚持不懈地带给别人快乐"。"团体辅导激励自己去关心了解别人，也领会团队中的温情"、"每个人都有自己的优势和劣势，有时会在某个方面陷入困难窘境，这时就应当站在别人的角度来帮助和宽容，因为你也会有这种时候"。好多成员都在体会中谈到通过团体辅导懂得了发现和寻找他人身上的闪光点，学会了更多地设身处地为他人着想，发现现实中美好的一面，知道应该怎样用一颗感恩的心好好生活，珍惜生命。

（4）增进了自我认识、自我反思，形成了积极的自我概念。很多成员在参加团体之前，对自我的认识有很多消极想法"我做人是很失败的"、"害怕吃苦，害怕与人接触"，团体活动——"人际关系中的我"，给成员提供了从不同角度看自己的机会，通过"戴高帽子"游戏和"我真的很不错"等手语歌的暗示，让他们更清楚地认识了自我，看到了自己的长处，感受到了被人称赞的乐趣。下面是几位成员的体会："参加团体辅导以来我能更好地认识自己，发现别人的评价并没有自己原先想象得那么苛刻"、"通过团体辅导使自己对同龄人有了更多的了解，也能从一个更客观的角度来看待自己了"。

（5）增强了团队意识。"在活动中，我体会到团体中的成员是千差万别、性格各异的，但为了同一种目的，聚在了一起，那么我们就要成为其中不可分割的一部分，学会如何融入这个团体中。一个团结的团体才能称其为团体，团体的力量是不可估量的。我们身处于很多不同的团体之中，应该为这些团体做出贡献，同时，遇到困难可以向团体寻求帮助"、"我真心地感觉到，只有真心地投入到这个集体中，才能真正感觉到集体的凝聚力"、"我发现自己参加团体以来比较愿意在团体中发表自己的意见、观点，养成了一些主动融入团体的习惯"、"通过实际的活动，我不但体会到了团结，也明白了在一个团体中互帮互助的必要性"……

为了改变监狱民警和罪犯对心理健康的错误观念，监狱要将普及心理知识纳入工作日程。要采取"走出去，请进来"的方法，如选派管教民警，分批接受函授、自考、资格培训等形式的心理学培训，让其成为监狱心理健康教育工作的中坚力量。与此同时，监狱还应该将社会上的心理学专家、心理医生请进监狱，向基层民警传授心理科学知识，并有针对性地讲解监狱罪犯这个特殊群体容易发生的心理疾病的起因、症状、危害以及矫治手段，因为平时与罪犯接触最多的是基层的管教民警。

（二）集体心理健康教育与分类心理健康教育

采用什么样的心理健康教育方式是由其教育内容决定的。集体心理健康教育是针对罪犯共同性心理问题而采用的心理健康教育方式，而分类心理健康教育是针对部分罪犯的心理问题而采用的方式。例如，集体心理健康教育可以通过对全体罪犯进行心理健康知识的普及，如讲座、课堂教学、统一收看相关节目、共同阅读指定书籍报刊等活动，使他们明白心理问题可能引发心理疾病的道理，明白调节自我心理状态的重要性，重视自身的身心健康，合理调节自身心态，达到心理健康。但是，同样还是心理健康教育，针对不同对象的不同心理问题应该采取不同的方式方法，需要在分类的基础上进行教育。例如，焦虑问题的心理健康教育就需要运用分类心理健康教育的方式。在罪犯的异常焦虑表现上存在明显不同的两种状态：一是缺乏焦虑，二是过度焦虑。适度的焦虑对正常人遵守社会规范、社会道德是很有益的。在人格研究中发现，反社会型人格障碍者的突出的特点就是缺乏焦虑。有人把罪犯分为三种主要类型：神经症型、精神变态型和亚文化型，而精神变态型和亚文化型都表现为缺乏焦虑。相反，有些罪犯由于感受到监狱环境的压力和对监狱环境的不适应，以及强烈的逃避和摆脱现状的愿望、对于个人前途和家庭的担忧都可能会造成过度的焦虑。因此，焦虑的心理健康教育就应该区别对待不同的焦虑状态的罪犯，分类进行不同内容的训练。

按照焦虑的分类来说，即使是较高的焦虑状态，也有可能表现为是个体稳定的人格特点，或者是在一定环境下的不愉快的体验差异，前者属于特质焦虑，后者属于状态焦虑。因此，对于焦虑者的心理健康教育就要进一步考虑其焦虑的性质，一般可以用焦虑量表测量其焦虑程度，确认属于特质焦虑还是状态焦虑，进而施行不同的焦虑教育。一般来说，知识传授形式的教育适合采用集体心理健康教育的方式，技能训练形式的心理健康教育采用分类心理健康教育效果会更好。

(三) 个别心理健康教育与自我心理健康教育

个别心理健康教育是集体心理健康教育与分类心理健康教育的补充，是更注重个体特殊性的教育，因而也更有针对性。当遇到集体心理健康教育与分类心理健康教育不能解决的问题，或者集体心理健康教育与分类心理健康教育没有取得理想的效果时，或者某个罪犯的问题比较特殊时，就应该进行个别心理健康教育。个别心理健康教育常常要与心理测量、心理辅导、心理咨询和心理治疗结合起来进行。对于不适合个别心理健康教育的内容，比如比较严重的心理困扰或者心理障碍，就应该进行心理咨询和心理治疗。个别心理健康教育可以通过心理剧、角色扮演、行为训练等方式进行。

自我心理健康教育就是指罪犯自己对自己所进行的心理健康教育，是一种自觉的自我完善的过程，有时是对个别心理健康教育的发展。罪犯心理健康教育的效果的取得离不开罪犯的主动参与，从某种意义上讲，无论是集体心理健康教育，还是分类心理健康教育，还是个别心理健康教育都是在自我心理健康教育的基础上才会有效。因此，在罪犯心理健康教育的过程中应该鼓励罪犯接受教育、激发其自我教育的主动性，积极配合监狱的教育与改造。罪犯心理健康教育工作者应该在努力做好集体心理健康教育与分类心理健康教育的基础上，深入细致地进行个别心理健康教育，促进自我心理健康教育的产生，提高自我心理健康教育的成效。

四、罪犯心理健康教育方法的选择

(一) 罪犯心理健康教育方法的选择

罪犯心理健康教育方法的选择非常关键，这需要依据罪犯的心理特征而定。一般说来，某些心理问题是罪犯共有的，如入监初期的适应问题等，就需要采用集体的心理健康教育方法或专栏教育等方法。在集体心理健康教育方法当中，还要注意区分不同类型的罪犯，必要时进行分类心理健康教育。而某些心理问题只是少数或个别罪犯具有的，一般采用个别心理健康教育，在采用个别方法时，也要了解详细情况，如果该罪犯有一定的文化知识，社会经历较丰富，心理问题不是太严重，也可以采用自我心理健康教育。如果发现有心理问题的某罪犯其身边有心理素质较好或经历过类似的心理挫折并很好渡过的同伴，也可以选择同伴心理健康教育的方法。

对罪犯心理健康教育方法的选择，也不是统一的，更没有一成不变的标准，有时同样的心理问题，在不同的罪犯个体上，由于年龄、家庭背景、犯罪类型、性别等原因，同样的方法也会产生不同的效果；有时就是同一个人，两次面临同一个类型的心理问题困扰，由于两次的身体状况或感觉自己的支持系统不同，采用同样的心理健康教育方法也会出现不同的结果。所以我们说对罪犯进行心理健康教育有法，但无定法，这需要我们心理健康教育者审时度势，了解问题产生的前因后果，把握罪犯的心态，进行有机的选择，必要时对方法进行果断的转换，以求最佳效果。

（二）罪犯心理健康教育的途径

对罪犯进行心理健康教育是必须的，但未必一定要为了教育而单纯地进行教育，因为对罪犯的改造是我们的目的，对罪犯进行心理健康教育也是服务于罪犯的改造，同时有的罪犯对心理教育意识淡薄、接受度低，不一定能达到我们预先的目的，所以把对罪犯进行心理健康教育的活动寓于其他的改造活动中，使其相互融合、互相促进，更显效率。

1. 将心理健康教育融入政治教育中去

现有的思想教育主要涵盖法制、道德、形势、政策、前途等内容，习惯于将思想教育的目标定位于促使服刑人员形成正确的政治观念、高尚的道德品质，这当然是不错的，但是尊重是做好政治思想工作的前提。"通情才能达理"，处于服刑期的服刑人员，尽管丧失了人生自由以及一些外在的权力与地位，但其人格权并未丧失，而且服刑人员多为成年人，其独立意识较强，一般具有很强的自尊心和自信心。因此，只有当服刑人员的尊重需要即人格权获得满足时，与管教干部的良好沟通关系才能建立起来。相比而言，那种强制的说服、灌输和压制的态度与方法，很容易造成服刑人员的逆反心理，导致服刑人员形成"监狱人格"和作出阳奉阴违的行为。但这些目标的实现须依赖于正确的认知、良好的情感、坚强的意志，并需要服刑人员的自觉内化，而这部分教育恰恰是属于心理品质修养的内容。著名教育家苏霍姆林斯基曾说过："教学的效果，很大程度上取决于受教育者的内在的心理状态如何。"现代监狱政治教育要做到富有实效，它就必须改变传统的思想政治教育仅强调社会规范的要求，却忽视服刑人员的个性心理品质的培养和心理需要的满足；改变那种简单地采取大而空的说教，因其容易造成服刑人员的多重人格及知行脱节的状况；改变那种把因心理素质不佳引起的问题简单地当作思想品质问题，而一味采取惩罚、处分了事的状况。同时，通过对服刑人员心理健康的教育，深入了解服刑人员的个性心理发展的特点，加强政治教育的针对性，促使服刑人员在情绪、情感、性格、意志等方面形成良好的品质，并最终达到化解矛盾，使服刑人员形成良好的道德品质。而将心理健康教育引入思想政治教育这在一些地方已不是什么新鲜事。据《解放军报》报道，总后直属分部某教导大队把心理健康教育引入官兵思想政治教育中去，积极开展心理疏导工作，确保官兵始终以良好的心理状态投入训练，收到了很好的效果。另据某报报道，枯燥乏味的中小学德育课变"活"了。纪律教育、法制教育、心理健康教育等内容也将"跻身"德育课。新型的德育体系将涵盖思想政治教育、品德教育、纪律教育、法制教育和心理健康教育5个方面。强调以灵活多样的方式，从小事实事出发，培养学生健康的思想品德和心理素质。并让学生填写成长经历的《成长册》等灵活的教学形式，改变过去德育课照本宣科的旧貌。因此如果把心理健康教育融入思想政治教育中，找到心理健康教育和思想政治教育最佳契合点，这样就能更好地发挥两者的作用。

2. 心理健康教育与中国传统文化教育相结合

中国本土传统心理学历来具有德育化的倾向，认为好的仁德是心理健康的必要条件。《论语》曰"仁者不忧"，也就是说大凡讲仁德的人就不会忧愁。《大学》中也称"德润身，心广体胖"，其意指道德可以用来修养身心。中国传统德育的核心论题即关于怎样做人的问题，内含人格的培养和良好行为的训练。《论语》概括了做人的根本是义、行为的规范为礼、语言表达的准则是逊、人际关系准则为信，把生活的重心放在正确处理各种人际关系上，始终是儒家说教的重要内容。因此在对服刑人员进行文化教育中融入中国传统文化以及心理健康教育，将会收到很好的效果。

3. 将心理健康教育融入个别教育中

随着国内、国际大环境的变化，罪犯的心理问题表现突出，畸形心理是押犯中一个突出的共性特征。畸形心理有时会导致抗拒改造，甚至激化矛盾，严重威胁着正常的改造秩序。因此在对罪犯的个别教育中应当正确区分一般思想问题和罪犯的心理障碍，适时运用心理学知识矫正罪犯畸形心理，培养其健康的人格。而个别教育的关键点则在于做到以情感人，只有这样才能达到教育人、改造人、塑造人的目的。

要做到以情感人首先要做到尊重罪犯的人格。罪犯的人格谈不上完美、健康、高尚，罪犯的社会地位和作用不可能崇高或伟大，但是，它是受到法律保护的。现实中，罪犯作为有七情六欲的人，他们从内心里希望人们把他们当人看待，获得必要的尊重，自己的人格不受侮辱。尊重罪犯的人格，罪犯自尊心才不会丧失，才有利于提高他们接受思想教育工作的自觉性。警察要注意加强自我修养，不要总以管理者自居，尽量在感情上拉近同罪犯的距离。尊重罪犯的人格，还必须关注罪犯的需要，即把耐心教育同为罪犯办实事结合起来，力所能及地解决他们的实际问题。

其次要理解每个罪犯的具体环境、个性和心理。即在个别教育工作中，要实实在在地为罪犯着想，要多从每一个罪犯身上找出一些可以理解的因素，多采用换位思考的方法，从罪犯的角度多想想。比如，少数罪犯身体素质特别差，经常生病，劳动任务不能按时完成，这种情况下，我们管理者应该设身处地想一想，如果发生在自己身上，应该如何思考，能否以一颗平常心处理。建立在理解基础上的个别教育工作，犹如心理治疗中的当事人中心疗法，以教育对象为中心，重视其人格尊严，将思想教育的过程，当作教育者为教育对象设置的一种自我成长的教育机会。教育者站在教育对象的角度，去理解他们的感情，促成他们的成长；教育者不是单纯以理论去影响甚至强加于他，而是提供自然、和谐良好的环境气氛，促进教育对象发生思想上的变化。个别教育工作实践也证明，在解决罪犯的思想问题时，从理解罪犯的感情出发，顺着罪犯的思路谈下去，加上个别教育者适当的分析和见解，达到最终解决思想问题的目的。

再次对罪犯要满腔热情，诚恳宽厚。罪犯被判刑入狱，脱离家庭，离开亲人。在感情、生活等方面都渴望得到关心和理解，特别是当遇到家有危难之时或身体患病时，更是如此。个别教育工作中，教育者一定要关心罪犯的生活，了解罪犯的心理需求，注意罪犯的情绪变化，在法律和政策允许的情况下，要诚心诚意地为罪犯解决困难，努力为他们办实事。对罪犯关心的方式有多种多样，有时教育者一句带有人情味的话可以感动得罪犯流下眼泪，或者成为罪犯解决思想问题的转折点，这就是关心所带来的积极效应。

如罪犯李某，因抢劫罪被判处有期徒刑15年。李某凭借自己有一些专业技术，总觉得自己高人一等。经过对李某的心理测试，分析后表明：以自我为中心，主观、多疑、固执、容易激动、自尊心强、自我评价过高、好幻想，对干警有抵触对抗情绪等。根据李某的表现，通过分析，监狱警察认定李某有偏执心理障碍，而不是一般的思想问题。于是，警察应用有关心理学知识对李某进行个别教育，并逐步培养其健康的人格。警察运用谈心、闲谈、拉家常等方法，避开问题本身，谈个人阅历、形势变化以及其回归社会后的就业前景等。在聊天中，注意听取李某的观点，即使其观点是错误的，也让李某陈述完毕,并对李某在聊天中的部分正确观点表示赞同,避免其产生对立情绪,消除其戒备心理。同时,也加深了彼此间的信任。其间,警察不失时机地向他讲述警察的职责和任务,使他对警察形成初步认识,逐渐改变了其对警察存在的对抗心理。同时,因势利导,让李某明确自己的角色、身份,引导其克服自己主观、多疑、固执的心理,疏通其狂躁、易激动、好幻想等心理,使李某逐渐建立起与别人的信赖关系。为防止李某偏执心理转化后出现反复、波动,一方面,警察还运用激励与心理调适相结合的方式,使其建立正确的人生观,有针对性地对李某的以自我为中心、自我评价过高、好幻想等心理进行矫治;另一方面,运用帮其排忧解难的方式,坚定其积极改造的信心。分监区警察还前往李某原籍,与该村村委会以及李某父母协商,每年由其父母、村委会给予李某妻子及子女适当的经济补助,以帮他们渡过生活难关。后顾之忧的解决,进一步稳定了李某的心理。第二年李某就被评为监狱级改造积极分子。

由此可见,把罪犯的心理障碍与一般思想问题区分开来,将心理矫治与培养罪犯健康人格融入个别教育,可以收到"事半功倍"的效果,并能为他们回归社会后适应社会打下良好的基础。

4. 将心理健康教育融入出入监教育中

入监教育是教育改造第一课,必须认真搞好,要制定计划,编好教育材料,有步骤地进行一些入监心理调适,这一课搞好了,就为教育改造服刑人员打下了基础。入监心理健康教育要结合入监甄别,对罪犯心理健康教育的基础上,进行心理测试,并结合犯罪史和生活史的调查,建立起对新犯"底数"情况、认罪态度、危险倾向、心理特征的评估预测制度,以强化对新收罪犯的情况甄别和针对性教育。

实际工作中,一般对新入监犯的入监教育重视程度较高,认为把好"入口"是稳定监管秩序的有力措施。所以教育时间、教育内容能够予以保证,罪犯通过两个月的入监教育,经考核达标后方可分流到其他监狱。而出监教育由于主观上认为罪犯即将回归社会,教育强度相对减弱,针对性不强,尤其是在出监教育中缺少罪犯由"监狱人"向"社会人"过渡的再社会回归教育、再就业指导和心理健康教育。出监教育可以针对服刑人员出监前的一些心理状况设置心理健康课,进行出监前的心理调适和就业指导,同时,对即将出监的罪犯搞好强化教育、补课教育,巩固改造效果。

5. 将心理健康教育与监狱文化建设相结合

墙报、板报与监狱报以及电化教育系统、广播室都应该是心理健康教育很好的阵地,因为它们贴近服刑人员生活,并容易为服刑人员所接受。此外在节假日监狱举行文艺活动中还可以结合服刑人员的生活开展一些心理剧，作为监狱文化的一个部分，这也是一种寓教于乐的教育手段，心理剧就是让服刑人员扮演自己生活中的某一角色，服刑人员可以体会角色的情感与思想，从而改变自己以前的行为习惯。服刑人员可以扮演自己家中的一位成员、同犯、朋友甚至警察，剧情可以是与服刑人员的实际情况相近似的内容。在舞台上，服刑人员所扮演的角色，其思想感情与平日的自己不同，他可以体验角色内心的酸甜苦辣，可以成为服刑人员理想或幻觉的化身。

环境教育是一种潜移默化的教育形式，实施环境教育关键在于环境的塑造。不仅要塑造美观、适宜的硬环境，更重要的是塑造适合罪犯监内改造和良好行为养成的软环境。塑造环境，实质上就是建立良性循环的文化机制。罪犯群体中亚文化、负文化是最发达的，如何以积极的正文化来削弱和消除负文化的影响，显得尤为重要。可以说，环境是"一双看不见的手"。西方一些国家推行园林治疗，就是一种环境教育。某监狱在实施监区绿化美化的同时，着力对罪犯进行园林知识教育，讲解花木培植知识、花木背后的典故、文人墨客对花木的吟咏，既培养了罪犯的园林知识，又使罪犯养成了珍惜环境、保护环境的意识。

6. 将心理健康教育融入对服刑人员的社会帮教工作中

鼓励和支持社会志愿者参与对服刑人员的心理健康教育，和监狱内部心理健康教育相结合，提高服刑人员心理健康水平，提高矫正质量。首先是"走出去"，和精神病院、大学以及其他一些心理咨询机构保持密切联系，对于学术水平上的提高以及心理健康教育这项工作的发展可以起到一定的帮助。其次是"请进来"，实现教育力量的向外延伸，要逐步建立起社会教育资源信息库，并提高资源的共享度和利用率，构建好更富有实效的社会帮教工作网络，广泛联系社会工作者、社会志愿者、罪犯亲属等入监帮教，如某监狱开展的"百名母亲"进监活动，就是将罪犯母亲请进监狱，和监狱一起共同对罪犯开展教育帮教，起到了很好的效果。

（三）心理素质训练活动

对罪犯进行心理健康教育，不要等心理问题出现了才临时抱佛脚，更不能头疼医头、脚痛医脚。我们要有先进的理念，要以提高罪犯心理素质、健全并完善其人格、预防心理问题的出现，使罪犯能够"积极、平稳、健康"改造为目标。所以对罪犯进行心理健康教育，我们要有计划与预案，在罪犯入监时就进行全面的评估，把握其心理状态，平时注重进行有针对性的心理素质训练活动。

1. 自我认知训练

(1) 生命线训练。

活动目的：通过引发罪犯对过去的自我、现在的自我和将来的自我的思考，以及相互评价而获得对自我的认识和对人生的感悟。

活动时间：约 60 分钟。

活动方式：小组。

活动所需材料：一张纸、一支笔。

活动过程：首先由活动组织者说明活动内容：下面这条线代表你的生命线，起点是你出生的时候，终点是你预测的自己的死亡年龄。预测死亡年龄时，请根据你的健康状况、你的家族的健康状况和寿命，以及你所在地区的平均寿命综合考虑，提出你对自己的死亡年龄的预测。在生命线上找到你现在的位置，再找到你被捕的日子，以及你刑满释放的位置，计算这段时间所占的人生的比例，然后静静思考。然后在生命线上标上你过去难忘的两三件事，以及今后的日子里最希望实现的目标。

然后让罪犯自行填写，10 分钟后与小组成员交流。小组交流中，每个人都拿出自己的生命线给别人看，边展示边说明，说出自己的内心感受。在讨论结束后写出自己的体会。

(2) 人生曲线训练。

活动目的：通过本活动促进罪犯对自己的人生作一个总结评价，增强其对人生的理解，增进其对他人的理解。

活动时间：50 分钟。

活动方式：小组。

活动所需材料：一张纸、一支笔。

活动过程：首先由活动组织者说明人生曲线活动对探索自己人生过程的意义。然后要求受训练罪犯画一个坐标，横坐标表示年龄，纵坐标表示对该段生活的满意程度，然后找出自己生活中的一些重要转折点，连成线，边画着线边反省，并对未来人生的趋向用虚线表示。最后在小组内（5～6 人），每位成员以坦诚的心情向他人介绍自己的人生，相互交流人生的感悟。最后，每人写出对人生的总结。

(3) 不同自我的训练。

活动目的：通过本活动促进罪犯对自我的全面认识，了解自己的人格缺陷。

活动时间：约 60 分钟。

活动方式：小组。

活动所需材料：每人一张表格、一支笔。

活动过程：每人发一张表，认真思考后填写，填完后大家一起来讨论。在填写的过程中会反映出罪犯的不同心态。对于某些有人格缺陷的罪犯，会反映出其极端的以自我为中心的心态，他们很少从他人的角度去考虑自己，因此在填写表格的过程中会难以区别不同人心目中的自我，应该引导他们，从周围人对他们的评价中，学会从他人的角度审慎自我，纠正人格缺陷。对于受训练者出现的不同的人格评价应该引导他们从多角度看待自我，学会客观评价自我。

2. 敏感性训练

敏感性训练是一种致力于在实际的人际交往过程中进行，提高人们人际交往能力的心理学实践。罪犯中许多人对于他人的感受是非常淡漠的，很少去想别人的看法和感受，人际交往存在极大问题，常常会因人际冲突而导致犯罪。敏感性训练可以提高他们的人际交往能力，避免人际冲突犯罪的发生。

敏感性训练的主要内容是通过特殊形式的心理小组，让受训练的罪犯学会如何有效地与别人沟通和交流；如何有效地倾听和了解他人的感情和感受。通过这种特殊形式的心理小组；可以使参加者如实地了解别人如何看待自己，自己的行为又如何影响别人，以及自己又如何受到别人的影响，等等。

（1）敏感性训练的目标。

①培养明确、坦率的社会交往和交流方式；

②培养社会交往中各种角色的适应性；

③培养社会兴趣，以及对社会和对他人的了解；

④培养平等、合作、相互信赖的社会交往态度；

⑤培养解决社会交往中出现问题的能力。

（2）敏感性训练的效果。

①通过敏感性训练，通过自己亲身的心理实践，通过具体的事情，通过分析自己的感情，表达自己对别人行为的看法，并且使用适当的方式表达自己的感情，表达自己对别人的反应。

②在真诚、坦率、理解、交流的气氛和环境中，尝试去做某些事情，自然地表现自己，自然地表达自己的意见，帮助每个受训练者了解自己的感情和感受，了解自己的言行是如何影响别人的，从中获得实际的心理学知识，得到有效的心理锻炼。

③在训练中罪犯可以形成更强的内部控制倾向，认识到自己对生活中所发生的事件有更好的自我控制能力。通过对自我控制能力的认识，能够使受训练者产生解决和纠正个人问题的愿望，变得更加自信。也能够提高罪犯对

他人的信任，能够获得更好的社会支持。而社会支持对于罪犯的改造是非常重要的。

3. 自信心训练

（1）自信心训练的提出。心理学研究发现，罪犯的许多消极行为是在对自己能否抗拒诱惑缺乏信心的状态下产生的。同样，也由于自信心不足，常常不敢表现出积极的行为。因此，应注意对罪犯进行自信训练，培养和增强罪犯的自信心，使他们能够抵制和摆脱别人的压力和控制，进行自认为正确的行为。

（2）自信训练的对象。是那些过去由于缺乏自信心，不能恰当表达自己愿望的罪犯。

（3）自信训练的目标。帮助罪犯学会更有效地表达和满足自己的正当需要的方法。默纳·加拉希（Mema D. Galassi）和约翰·加拉希（John P. Galaasi）认为，适当的自我表达是心理健康的重要成分，那些自我表达有困难的人，一般表现为自尊心较低，抑郁，在人际交往中感到焦虑，他们害怕得不到别人的欣赏，不受别人重视，或者被别人利用。自信训练可以帮助那些害怕狱内恶势力的罪犯表达自己的需要和愿望。

（4）自信训练的内容。罪犯的自信训练涉及三类行为：①表达积极的感情，例如，赞扬别人和接受别人的赞扬，与别人进行谈话；②自我肯定，例如，坚定地维护自己的权利，拒绝做一些事情；③表达消极的感情，例如，适当发泄烦恼和愤怒。

（5）自信训练的过程。在自信训练中，首先需要消除罪犯的顾虑，解除心理负担。在进行自信训练时，首先设定某种情境，例如，一个人站在拥挤的人群中，看到一个小偷在偷别人的钱包。然后，讨论这个人在这种情境中的权利、义务和责任。矫治人员引导罪犯分析在这种场合个人采取不同的行为和行动的短期和长期后果，并且让罪犯决定采取什么样的行动。例如，要是个人对小偷不予理睬，假装没有看见，在短期内，他们会保全自己，不会受到别人的侵害和威胁，但是，在较长的时期内，他自己不但会受到良心的谴责，内心会感到不安，而且也会身受其害，自己的钱物也可能被小偷偷去；相反，要是个人站出来制止小偷的行为，在短期内，个人会受到小偷的威胁甚至伤害，但是，他也会得到周围人的帮助和赞扬，从长期来看，个人不但会有心灵上的安宁和欣慰，而且也减少了自己身受其害的可能性。因为，如果小偷是一个初犯，第一次的失败可能会使其停止进行这类行为，即使对一个惯偷来说，失败一次也会使其在一段时间内停止偷窃活动，从而减少了偷窃行为发生的数量和可能性。同时，从社会伦理道德来讲，在这种场合个人有制止违法犯罪行为的责任和义务。

(6) 对罪犯的自信训练的具体步骤是:

①分析和归纳罪犯在日常生活中最容易遇到的、难以表达自己感情和坚持自己观点的情境。例如,受到不良朋友引诱、甚至胁迫的情境,想做好事但是又顾虑重重的场合,等等。

②每次选择和设定一种情境,讨论罪犯在这种情境中的权利、义务和责任。

③分析罪犯在这种情境中采取不同的行为可能产生的短期和长期后果。

④鼓励罪犯进行他们认为正确的行为,这种行为既包括实际的行动,即在模拟的情境中,进行角色扮演行为,例如,拒绝接受别人的意见,或者劝说别人放弃违法犯罪的行为或打算;也包括言语表达,即让罪犯在别人面前大声讲自己想说的话,例如,大声向别人道歉,大声称赞别人的良好举动,大声说自己不喜欢什么事情等。

⑤在罪犯进行了上述活动之后,引导他们讨论在以后的实际生活中,是否能够像在这里一样地采取行动,巩固和强化罪犯已经学会的人际互动方式,促使罪犯在以后的生活中能够应用这些人际互动方式,避免发生人际冲突行为和违法犯罪行为。

4. 情感训练(针对愤怒的情绪自控训练)

许多研究发现危险的罪犯常常与情绪不能自控和攻击性有关。例如,美国一项对危险犯罪人的诊断提出了危险罪犯的 10 个因素,其中包括:怀有愤怒、敌意和怨恨情绪,对自己的冲动缺乏控制,严重地伤害了别人或有这种企图,喜欢目睹或者进行使他人遭受痛苦的行为,对自己的心理结构缺乏认知等。因此,对罪犯进行情绪控制和管理的认知教育和心理训练是非常必要的。

(1) 用快速控制呼吸技巧控制愤怒的躯体反应。对受训练罪犯提出要求:①在你觉得自己开始生气时,注意你的呼吸。它是否变得更急促更迅速?你能否深呼吸 5 次把速度降下来;②首先尽你所能将空气完全呼出。然后吸气保持一秒钟,慢慢地从口腔中呼出气体。接着仍是吸气,保持一秒钟,慢慢地从口腔中呼出气体,并默默地从 5 倒数到 1;③请记住要彻底地把空气呼出,就像深深的叹息,然后再吸气,屏气,慢慢呼气,倒数 5、4、3、2、1;④再进行 3 次呼吸,到最后一次时轻轻地对自己说"平静下来,控制自己";⑤当你这么练习时,你应该发现你的愤怒情绪略有降低。这将帮助你更加清楚地进行思考,从而能够选择如何做出反应。请经常练习这一技巧。

(2) 应付愤怒的"中场休息"技巧。"中场休息"技巧是最为成功的技巧，也是使用最广泛的一种自我控制的方法。它使得个体能够掌握自己的愤怒，并在丧失控制之前及时进行"中场休息"。"中场休息"意思就是离开当时的情景，避免愤怒进一步升级。使用呼吸技巧或其他技巧帮助自己平静下来。不以失控的方式来处理问题，而等到平静回来时再应付。

(3) 应付愤怒的"温度计"技巧。讲给受训练罪犯的要求：①在你的脑海里想象出一个非常巨大的温度计。试着让自己非常清楚地看到玻璃管上的刻度标记，玻璃管内的水银是红色的，我们将用它来代表你的脾气；②当你平心静气时，管中只有少量的水银，它们足以使你集中注意力，与他人进行有效的交流，但当你开始生气时，温度开始升高，管中的水银柱将上升。现在你已经能更好地识别自己的身体信号了。因此，当你稍微有些激动时，你就能留意到自己的呼吸开始加快，你的肌肉变得紧张，略微眯眼，鼻孔喷火。简言之，当你温度升高时，你就像一头出栏的公牛，你想象的温度计中的水银正急剧地升高；③所有的温度计在顶端都会有一个红色的标记，表明"危险"或"过热"。当你注意自己的愤怒信号时，请开始想象一支温度计，留心你离危险区还有多远。在进入"红色区域"之前，你就得把水银柱降下来，否则你将无法清晰地思考或行动；④如果你容许自己的愤怒沸腾起来，你将为粗野的情绪所控制，几乎不再有理智的思考。在这种情况下，你很可能惹麻烦，做出或说出一些事后你可能后悔的事，使用一切手段远离粗野情绪的红色区域；⑤对你的脾气保持警惕，试着使用上面介绍过的快速控制呼吸技巧，向后退一步，降低说话的音量。如果需要的话，进行"中场休息"。采取一切必要的手段把愤怒"温度计"上的温度降低到一个更舒适的水平；⑥当你重新达到室温时，你就可以理智地面对他人或问题了。

练习这一技巧，每当发现自己火气上升时，就想象"温度计"，一旦你学会了它并经常使用，这一技巧可以是非常有效的。

(4) 应付愤怒的"直率换位"技巧。在受训练的罪犯掌握了一些控制怒火的方法之后，下一步需要做的是改善沟通。告诉他们人在沮丧或生气的时候，所采取的沟通方式往往总是讽刺、恐吓、喊叫、攻击、责备或"冷战"，在这种情况下对方很可能不参与解决他们的问题，因为对方知道他们正在发火。在他们发火的时候对方不会倾听讲话的内容，因为对方在考虑如何保护自己，到最后的结果就是什么事情也得不到解决。这种情形通常会陷入一种恶性循环，越是不能解决越恼火，越恼火越不能解决。

"直率换位"分为五个环节，直言（reject）、换位（exchange）、行动（action）、条件（condition）和感谢（thanks），分别用 R—E—A—C—T

代表。

直言：直接讲明令自己烦恼的事情，或者自己希望谈论的话题。
换位：以"我"为主语来表达自己的情感。
行动：具体指明自己想采取的行动，自己希望对方做什么。
条件：如果合适的话，约法三章或指出后果。
感谢：对对方的听从表示感谢。

虽然这五个环节没有什么深奥的内容，但它强调的是在冲突中的交流，避免矛盾的激化，预防攻击行为的出现。例如，当有些人生气时首先会发泄自己的不满，而没有表达自己因什么而不满，张口就是，"你想干嘛！""你什么东西！""你真让我恶心！"这时对方可能还没有明白其意思，莫名其妙受到攻击，也就不去进一步了解，立即投入反击，"你说我要干嘛！你想干嘛！""你是什么东西！""你才让我恶心呢！"而"直率换位"则要求把自己的观点和要求讲出来：①直言："你为什么把我的东西弄坏？"；②换位："你让我很伤心"；③行动："你要对你的行为负责"；④条件："如果你不赔我，我就让组织上来处理"；⑤感谢："谢谢你把我的东西修好了"。这就是攻击与直率之间的区别，当直率得恰到好处时，双方将能在更多的方面得到交流，而情绪也常常能够得到控制。结果控制能力增强，问题也更容易得到解决。使用这种方法使自己更容易为人理解，并更有效地得到需要的结果。如果受训练者觉得做到坦率直言而不爆发有困难，可以在实际情形发生之前预演"R—E—A—C—T"公式。在笔记本上记下每一步你要说的话，想象对方可能如何反应以及自己如何应对，想象中的预演将大大增加实际成功的可能性。

5. 行为训练

行为理论认为，人的不适应行为是在社会环境中习得的。因此，对犯罪行为的纠正和对罪犯行为的重建只有通过学习。行为训练是通过指导者的示范和受训练罪犯之间人际互动形式实现的。

（1）行为训练的原则。

①由易到难。将复杂的行为分解成多个简单的行为，先从容易做到的行为训练起，然后再以渐进的方式，逐步训练较困难或复杂的行为。

②提供示范。在训练过程中，指导者应提供示范。

③及时强化。每次行为训练后，指导者都应该对罪犯的表现进行总结，对做得好的罪犯给予表扬或奖励，以增加该行为在实际生活中再出现的可能性。

（2）行为训练的一般步骤。

①情境的选择与描述。由指导者简单描述一个情境，让受训练罪犯能清

楚地了解问题。情境必须符合三个条件才可以实施训练：必须是互动的，必须有一个明确的关键时刻，反应结果必须是不愉快、不喜欢、焦虑不安的。

②确定训练目标。确定在该情境下想达到的目标。

③团体讨论。受训练罪犯提供在这种情境下各种可能的反应，并可以自由地、有创见地提供各种建议。

④示范。指导者指定一位罪犯扮演情境中的一个人，而另一位罪犯扮演遇到问题的人，使真正提出情境的人可以通过他人表演看看别人的反应。

⑤正式训练。团体成员两人一组，或多人一组，公开练习自己在特定情境中的反应。

⑥综合评估。指导者对情境做分析，对罪犯的训练作总结，对罪犯积极的行为给以鼓励。

6. 人际交往能力训练

（1）经典实验介绍。20世纪70年代，斯坦福大学心理系津巴多等人在斯坦福大学心理系地下室建造了一座模拟监狱，进行了监狱模拟实验。实验参与者是通过广告以每天15美元报酬而招聘到的自愿参加实验的大学生，研究者以问卷和面试的方式选出了24名最成熟、情绪最稳定且反社会倾向最低的应征者参加实验。24名应征者被随机分为两组，第一组6人，充当监狱警卫，另外18名为第二组，充当囚犯。研究除了模拟实验这一点之外，其他一切处理都与真实监狱一样。实验开始时，"囚犯"被响着警笛的警车从家中带走，并经搜身、换号衣、喷防虱液、戴镣铐等手续后投入监狱。警卫则发制服、警哨、警棍等用品，并8小时轮班制维护监狱秩序。结果，原计划两周的实验到第六天就不得不终止。因为充当警卫与囚犯的应征者不论在情绪上还是在行为上越来越像真的警卫与囚犯。"囚犯"们显示出被动、依赖、压抑、无助、自贬等消极情绪与行为，而"警卫"则显示出用污辱、威胁"囚犯"同伴的非人道方式来取乐，甚至罚"囚犯"做俯卧撑、拒绝他们上厕所的要求等。最后，实验不得不提前终止。

监狱模拟实验的戏剧性结果引起了人们广泛的关注，它使人们更好地认识到通过社会角色扮演可以使人更为深刻地体验他人社会角色情感，引起人们心理与行为的显著变化。由此，社会角色扮演技术被广泛地运用到人们日常生活的几乎每一个领域，如人员培训、态度改变、学生良好个性品质的培养等。在角色扮演技术的运用中，利用该技术来改善人际关系是尤其重要的一个方面，可以说是改变人际关系最为重要的方法之一。

（2）应用。角色扮演是一种使人暂时置身于他人的社会位置，并按这一位置所要求的方式和态度行事，以增进人们对他人社会角色及其自身原有角色的理解，从而学会更有效地履行自己角色的社会心理学技术。这一技术最初是由心理学家莫雷诺于 20 世纪 30 年代为心理治疗的目的而创设的。最初的角色扮演是莫雷诺首创的"心理剧"，主要是以个人为中心探讨其内心世界，偏重研究个体的人格，后来发展为"社会剧"，主要以团体为对象，目的在于了解及解决个体在团体内的生活问题，偏重于团体成员相互间的人际关系。

（3）原理。角色扮演之所以能够在改善人际关系方面发挥重要作用，主要是因为通过角色扮演能够使交往双方从以自我为中心的思维倾向走向将心比心的思维方式。心理学研究发现，在发生人际冲突时，交往双方对冲突事件的解释和评价并非从自己的身上找原因，而是倾向归于外因，明显地表现出以自我为中心的思维方式，也就是不能站在他人的立场、角度来思考问题，这难免会对他人角色的认知与理解发生偏差，也不易体会到他人的情感和需要。角色扮演的一个重要的特征就是要求扮演者站在所扮演角色的角度上认识事物，思考问题，展开行动。这样，从扮演者来说，只有放弃自己原有的一些固有的观点，从所扮演角色的角度来认知、体验周围的世界，才能很好地完成角色扮演的任务。角色扮演展开的过程，就是扮演者认识角色，理解角色的过程，而在这种情况下所达成的对角色的认识和理解，往往是其他心理辅导技术所完成不了的。所以说，角色扮演技术在发展人们的社会理解力，改善人际关系方面有着重要意义。

（4）类型。角色扮演技术的方法有多种，如哑剧表演、独白法、角色互换、镜像法、比较法、"魔术店"、心理剧、"空椅子"法等，一般根据活动的目的及扮演者需要体验的情景而选择不同的方法。我们在这里要介绍一下在人际关系改善方面用得较为广泛的"空椅子"法。

"空椅子"法指的是当求助者诉说自己与他人的冲突时，辅导者让求助者坐在一把椅子上，而另一把空椅子则假设坐着那位与他冲突的人，由该求助者面对其发言。等求助者说出了相当的内容后，辅导者指示他再换到另一把椅子上，扮演与他冲突的那个人来回答其提出的问题，通过这样的练习，求助者可以详尽地理解他人的想法与情感，从而加深对他人的理解。经过反复的练习与巩固，练习者将习惯于用这样的思维方式指导自己的人际交往实践，提高人际交往能力。

为进一步引导罪犯正确处理好狱内人际关系，促进和谐改造，可以录制罪犯心理健康教育电教片。

电教片内容从人际关系的重要性、狱内人际关系的种类以及如何建立良好的人际关系三个方面入手，贴近罪犯的改造实际，从心理学的角度分析罪犯与警官之间、罪犯与罪犯之间、罪犯与家庭亲友之间的人际关系相处的原则与技巧,引导罪犯以良好的心态正确对待狱内人际交往,通过健康的人际交往,建立良好的人际关系,营造阳光的心态,促进和谐改造。

心理健康教育应以系列活动来开展,它包括:一是举办心理健康知识讲座。由监狱心理咨询师开设心理健康常识讲座,引导罪犯树立"身""心"一体的健康观念、合理表达和宣泄节日期间思亲恋家的情绪。二是播放心理访谈节目。以讲述个案的形式,通过心理访谈节目,向罪犯传授建立良好人际关系的方法和技巧。三是发出倡议书。充分利用监内宣传媒体,选择一贯心态调整平稳的罪犯代表宣读倡议书,大力宣扬关注心理健康的氛围。四是进行亲子团体心理辅导。进行旨在增进罪犯母亲与子女之间亲子关系的团体心理辅导,促进双方的有效沟通,增加罪犯母亲的情感支持。五是组织特殊关爱行动。邀请社会上的心理学、医学、精神病学等方面的专家学者作为监狱心理矫治工作顾问进监对有精神病史罪犯中的疑难个案进行巡诊,维护特殊群体罪犯的心理健康。六是大力开展心理咨询活动。邀请监狱心理咨询师志愿者进监对主动申请心理咨询的罪犯进行一对一心理咨询活动,疏导罪犯的不良情绪,帮助罪犯建立合理认知。七是举办心理健康操竞赛活动。在全体罪犯中开展心理健康操比赛,丰富罪犯的情绪体验。八是进行心理情景剧比赛。通过罪犯自编自演心理情景剧比赛,形象、生动地表达心理问题的发展与解决历程,调动罪犯参与心理矫正的内在积极性。

【单元小结】

(1) 监狱是刑罚执行机关,以"改造人"为宗旨。罪犯心理健康教育工作必须以此为方向,以维护罪犯心理健康、提高其矫治水平为内容。发挥专业矫治作用,努力完善罪犯人格,实现罪犯"新生"。在履行惩罚和改造罪犯、减少和预防犯罪的刑罚职能中发挥积极的作用,为监狱事业的发展做出应有的贡献,为建设和谐社会添砖加瓦。

(2) 当前民警和罪犯的心理学知识缺乏,心理健康维护的意识不强,对心理咨询等心理学帮助认识不清。因此,心理知识普及教育是当前罪犯心理健康教育工作的重点,也是进一步开展心理健康工作的基础。罪犯心理健康教育应以宣传心理健康知识为主、提高罪犯心理卫生和自我调适的意识,促进罪犯接受心理帮助,为全面开展心理评估、心理咨询、心理矫治等心理学工作打下基础。

(3) 罪犯心理健康教育工作要在成功咨询个案的积累上不断取得发展和进步。以成功的咨询个案为手段,促进心理健康工作在监狱中地位的提高,获得更加广泛的重视和影响。成功一个咨询个案就消除了一个隐患，成功一个咨询个案就增添了一份和谐因素，这也是我们心理学工作者的追求和价值所在。

【思考题】

1. 什么是罪犯心理健康教育？怎样进行罪犯心理健康教育？它在心理矫治中的地位和作用是什么？
2. 罪犯心理健康教育的实施途径或方法有哪些？包括哪些方面的内容？
3. 请你设计罪犯心理健康教育的团体训练方案。
4. 请你设计训练罪犯控制攻击情绪的方案。

学习单元七 罪犯心理危机干预

【学习目标】
知识目标：能明白罪犯心理危机的具体表现、罪犯心理危机分析时应注意的问题，掌握罪犯心理危机干预的步骤
技能目标：能初步运用支持技术对罪犯进行心理危机干预
态度目标：养成认真负责、感同身受的态度，具有全局意识

学习任务一 罪犯心理危机状态分析

罪犯心理危机干预是监狱罪犯心理矫治工作的重点和难点。心理危机，是指当人们面临突然或重大的生活逆境时，如亲人死亡、婚姻破裂或天灾人祸等所出现的心理失衡。确定有心理危机须具备下列3个条件：出现较大心理压力的生活事件；出现一些不适感觉，但尚未达到精神病程度，不符合任何精神病诊断；依靠自身能力无法应付困境。

一、案 例

案例一：

罪犯黄某某，敲诈勒索罪，刑期3年，黄某某在某市看守所绝食5个半月，靠打点滴维持生命，不说话。3次被送到我监，均是由武警战士用门板抬过来的，小腿已开始萎缩。前两次投监，我监狱都退回看守所，第三次投监时，监狱没办法只好收押了。如何对一名不与干警对话，长期绝食的罪犯进行心理干预确实是一个难题。为此，我们反复查阅了相关资料，认为黄某某在死亡问题上仍存犹豫状态，属自伤。否则，在看守所为他打点滴时就不会配合了，他并不想死，只要弄明白他的愿望和要求就会解开他的心结。为了能有充分考虑对策的时间，干警进了新犯监区，与新犯人谈话，以寻求灵感和自信。在与新犯的谈话中，干警意外地发现黄某某的侄子是其连案，也刚送到新犯监区服刑。干警做通了其侄子的思想工作，要他配合干警做其叔

的工作，其侄子答应了。因此，干警信心大增，设计了一个大胆的方案，抓住他并不想死的心理，利用激将法和逻辑问题刺激黄某某，观察其反应后再说，临近监区下班时，干警在监区卫生室里见到了黄某某，黄某某躺在床上正在打针，干警在简单自我介绍后，对他说了下面一番话："黄某某，你要么继续绝食，死后我们送你一个骨灰盒，你的一生就这样过去了，根本没有多大意义；要么你就好好活下去，有什么问题你可以向我们反映，你一句话不说，我们就是想帮你也没有办法，我希望你好好想一想，何去何从你自己决定。"当我说完这话时，黄某某有了微微的笑意，有明显的躯体反应。3天后，黄某某在监区干警和其侄子的劝说下，开始吃面条，并开口说话，一场长达5个半月的绝食就这样无声无息地解决了。据笔者了解，黄某某绝食原因有三：一是刚刑释回家不到1年就被逮捕，感到无颜见人；二是对这次定罪量刑有想法；三是想逃避劳动。

案例二：

罪犯汪某某，男，19岁，进监狱不到1年。他曾经是一个很文静，很有礼貌，也是有理想有抱负的男孩子。在初中时成绩非常出色，是父母的骄傲，老师的宠儿，同学心中的榜样。刚进高中时进行了摸底考试，结果成绩离理想的相去甚远，想到自己曾经的辉煌不由失落感倍增。特别是初中的同学C，又是高中的同桌，其成绩远远超过了他，这无疑使他更受打击。他强烈地想把成绩搞上去，总怕自己上课漏听什么，结果，他一听到上课铃声心就会猛烈地跳动，整个上课过程就像得了严重的心脏病似的，很难受，可一下课就一切正常了。每次考试他都想着要考好，可事实却是一次比一次差，甚至拿到试卷手就会发抖，脑中一片空白。从此他一度萎靡，上课提不起精神，甚至连头也不敢抬，总感觉老师和同学都在笑话他，都在歧视他，认为同学C更是有过之而无不及。就在这时他和同学C在宿舍因一点小事发生了冲突，经过老师的教育和开导，事情很容易就解决了。同学C也没再把这件事放在心上，可汪某某却认为这是同学C对他轻视、挑衅的突出表现，又联想到从开学到现在很多次他自认为同学C侮辱他的事情，断定自己有今天全是同学C这个小人背后搞的鬼，他越想越气，决心要报复，但又没胆量，总这样憋着，渐渐地感觉胸闷、心慌、头痛和厌食。最后，他终于无法控制自己，向同学C发出了挑战书，邀同学C晚上到厕所决斗，去时他身带一把水果刀，见到同学C就拔刀相向，造成同学C重伤，结果他被判刑10年。

进监狱以后，他一直感到压抑，打不起任何精神，什么兴趣都提不起，饭不思，茶不想，整天低头无语，想想自己以前对大学的期盼，父母与老师的期待，再想想父母因为自己身陷囹圄而身心俱疲，感到非常自责，对整个人生失去了兴趣，经常暗自流泪，干警几次找他谈心效果也不佳。

二、分　　析

在人的一生中，会遇到不同的心理危机。青年人一般会遇到恋爱和学业等方面的危机，中年人一般会遇到职务升降和社会关系等方面的危机，而老年人则会出现以精神和身体疾病为主的危机。

罪犯心理危机是一种特殊机构中的危机，即监狱中的危机。监狱的隔离性，监狱中的特殊人际关系，监狱对罪犯行动自由的限制和剥夺等，当这些监狱的自然因素"自然"地发生作用的时候，很可能就成为罪犯危机的一个重要的促成因素或背景因素。

心理危机干预又称危机调停，是以急诊访问或劝导的形式，改善可能导致心理障碍的各种条件的一种心理干预措施，以避免患者发生意外事故或发展成为精神病。罪犯心理危机干预也由此而来，它是对心理失衡罪犯的紧急处理技术，其目的就是解救那些陷入心理危机泥沼中的罪犯，以避免导致他们逃跑、伤害、自杀等严重后果。

（一）案例二的分析

1. 考试焦虑是起因

我们从汪某某高中第一次摸底考试失败后产生的一系列心理变化可以推断，他一开始是处于典型的考试焦虑状态，他的自负和脆弱让他无法接受自己不如人的事实，矛盾使得他心力交瘁。考试焦虑是后天习得的心理障碍，它是主客观因素共同作用而形成的，多数是因为家属、老师或自己对学习提出过高要求，超越了自己的承受能力并形成了过度的心理压力。

一般来说，考试焦虑与下列因素有关：（1）考试焦虑与能力水平呈负相关，即学习能力相对较弱或学习效果较差者容易产生考试焦虑；（2）考试焦虑与抱负水平呈正相关，即要求自己成绩过高者容易发生；（3）考试焦虑与竞争水平呈正相关，即考试意义越大越易产生；（4）考试焦虑与考试失败经历呈正相关，即经历过重大考试失败者容易发生；（5）考试焦虑与心理生理状态呈负相关，即心理承受能力差的人容易发生，且与生理状态也有关系。

2. 抑郁和嫉妒是症结

汪某某在多次自我挣扎而不能扬眉吐气后陷入了深深的不安和忧虑中，同时感到以前不如自己的同学Ｃ现在成绩反而超过了自己，心里很是不爽，嫉妒的心理慢慢在膨胀，随着时间的推移，汪某某患上了比较严重的抑郁症。抑郁症是一种以情感低落为核心表现的心理状态，通常表现为内心愁苦，缺乏愉悦感，思维迟钝，注意力不集中，记忆力减退，常感到不顺心，对什么事情都没有兴趣，缺乏信心，有时还伴有失眠或昏睡、体重下降、心慌等生理变化。它是心灵的杀手，近年来，罪犯中抑郁症患者呈迅速上升、日渐严重的趋势，甚至有的罪犯走上绝食、自杀的极端道路，引起了社会各界的高度关注。其实，抑郁也是一种正常的情绪反应。生活中，人人都会面临各式各样的不如意，遭遇形形色色的挫折，但绝大多数人都能化解不快，忘却烦恼，只有小部分人不由自主地沉湎其中，难以自拔，日积月累，沮丧悲观。而汪某某的心理素质较差，对于一时的失败不能正确认识，一直耿耿于怀无法释然，最终导致了抑郁症的产生。

3. 暴力倾向是祸首

汪某某一直很痛苦，也想早日解脱心灵的羁绊。但他选择的却是用暴力来解决问题。其实他本来是一个文静胆小的男孩子，自己也知道有心理问题，他需要寻找突破口，也就是我们经常说的"归因"，但他把自己所有的失败和不如意都归到了别人身上，认为是同学C把他害成这样的，把一腔怒气全部倾注在同学C头上，以至于要找同学C决斗。他的这种暴力倾向比较特殊，并不是因为受到某些暴力因素的影响，而是一种郁积力量的突然爆发。这种突然的情绪爆发危害性是很大的，往往会给双方带来巨大的伤害和痛苦。

（二）案例二的心理干预过程、策略及效果

1. 认真倾听，鼓励当事人的感情宣泄

一开始汪某某不太愿意说，干警主动表示了同情，拉近了双方的距离，使汪某某相信自己找到了能理解他痛苦的人，他其实也渴望倾诉，在断断续续的讲诉过程中，他神情激动、痛苦和焦虑。干警鼓励他把内心的痛苦宣泄出来，释放积聚在内心的不良情绪。这次谈话后，他的态度发生了变化，从被动倾诉开始转向主动找干警聊天，有时一聊就是两三个小时，这是一种良好的发展势头，经过多次谈话，他的情绪基本稳定下来。

2. 启发引导，调节不良认知

通过谈话，干警了解了事情的来龙去脉，也了解了他的劳动、生活、交往、家庭等情况，从这些信息可以分析出他存在着不正确的观念，因此，首先要矫正他的一些不良认知。认知的改变主要通过以下几个方面进行：①一起分析以前成绩不理想的原因。②分析考试的作用，介绍考试的策略。③一起分析从忧虑到恐惧考试的盲目性。④一起分析友谊的重要性以及归咎于他

人的不合理性。⑤鼓励他在监狱里参加自学考试。通过多次引导,最后在时机比较成熟的情况下,通过他的家属、监狱老师,安排了同学 C 来到监狱和汪某某见面(这也是监狱进行思想教育的一个契机),干警鼓励双方当着干警、家属以及老师的面把对对方的看法说出来,结果说来说去大家发现竟然也没什么大不了的事情,咨询师注意到汪某某用力甩了下头,然后伸出手对同学 C 说:"对不起!"这三个字真的可以用掷地有声来形容,当时在场的所有人都很激动,也许这就是他怨气的释放吧。

3. 缓解压力,正确自我定位,重塑自信

其实,汪某某的这些心理问题主要和监禁、人际、劳动及学习等压力有关,他不能正确面对各种学习压力特别是竞争压力,对自己的要求又过于高,这样就导致了内心的矛盾和冲突。针对这种情况,接下来的心理辅导重点就放在了建立正确的压力观上。主要帮助他认识如下问题:

(1)淡化得失心。得失心太重往往会使自己患得患失,更增加心中的压力和紧张。人一生中最大的光荣,不在于从不失败,而在于每次跌倒后,都能勇敢地爬起来。如果能从挫折、失败中站起来,才是真正勇者的表现。之后干警向他介绍了在监狱通过自考获得成功的几个案例,鼓励他:"你完全可以从现在起做出决定,监狱也是非常支持努力改造、积极向上的人的,年轻不努力,年老后悔就来不及了。"

(2)正视考试的意义。考试不但能指出你该努力的方向,也能警告你是否该努力了,这样的"益友"到哪里找呢?不要怕考试,把考试当作检验自己努力成效的工具。人一生中不幸的事,莫过于被同一块石头绊倒两次。我们要吸取考试经验,才能使今日的失败成为明日的胜利。

(3)以增强实力为目的。如果每天都在想"考不好,怎么办",只会造成无谓的烦恼,占用你宝贵的时间,对自己丝毫没有帮助,倒不如把心思和时间花在改造、读书、劳动上,有了实力,还怕考不好吗?学习永远不嫌迟,只要努力不断,成功必然属于你。

在谈话阶段,汪某某的变化是让人欣喜的,第二天他就重新拿起了他厌恶的课本,甚至还经常找一些干警、高学历的服刑人员等请教问题,他已经准备认真投入自考复习了。

三、罪犯心理危机状态分析

(一)罪犯心理危机概念

一般而言,危机(crisis)有两个含义,一是指突发事件,出乎人们意料发生的，如地震、水灾、空难、疾病爆发、恐怖袭击、战争等；二是指人所处的紧急状态。当个体遭遇重大问题或变化发生使个体感到难以解决、难以把握时，平衡就会打破，正常的生活受到干扰，内心的紧张不断积蓄，继而出现无所适从甚至思维和行为的紊乱，进入一种失衡状态，这就是危机状态。危机意味着平衡稳定的破坏，进而引起混乱、不安。危机出现是因为个体意识到某一事件和情景超过了自己的应付能力，而不是个体经历的事件本身。

心理危机，可以指心理状态的严重失调，心理矛盾激烈冲突难以解决，也可以指精神面临崩溃或精神失常，还可以指发生心理障碍。当一个人出现心理危机时，当事人可能及时察觉，也有可能"不知不觉"。一个自以为遵守某种习惯行为模式的人，也有可能存在心理危机。染有严重不良瘾癖的人，常常潜伏着心理危机。当戒除瘾癖时，心理危机便会暴露无遗。

罪犯心理危机，通常是指罪犯在服刑期间，由于人格缺陷或意外事件的压力，而产生的严重的紧张、焦虑、抑郁、愤怒等情绪体验，有可能会引发自杀、行凶、脱逃等行为，或存在着潜在的危险的应激状态。其构成要素主要包括以下几个方面：一是重大的心理应激；二是急性情绪扰乱表现出紧张、焦虑、抑郁等情绪状态；三是认知改变，躯体不适和行为改变却不符合任何精神、疾病的诊断标准；四是当事人出现特殊问题而自己的应对潜能与之失衡。

（二）罪犯心理危机的表现

1. 诱发罪犯心理危机的几个因素

（1）突发事件、重大心理应激事件。突发事件、重大心理应激事件主要包括罪犯配偶提出离婚、失去亲人、身患重病、人际关系紧张、同性恋等。此类危机爆发剧烈，处于危机中的罪犯心理、情绪严重失衡，认知偏激，行为盲目，易导致灾难性后果，导致恶性改造事件的发生。如罪犯李某从家中书信中得知其父亲去世的信息，突然大哭，情绪极为悲伤，将头猛撞墙，造成自伤自残严重事件。

（2）日常事件。服刑生活中日常繁琐事件容易造成消极心理长期积聚，导致心理危机的发生，造成打架斗殴甚至自伤自残等事件的发生。如内向的罪犯张某在狱内面对着枯燥单一、严格的生活秩序，且每天按照规定和要求劳动、学习、睡觉，等等，心理烦闷压抑，但尚能遵守监规纪律。一天同组罪犯王某因一件小事说了张某几句，而张某则回骂王某，此时张某压抑已久的情绪不能控制，顺手用铅笔向王某脸上猛刺，将王某的脸部刺伤。

（3）年龄。根据心理学的有关理论，个体在生命发展的每个年龄阶段都会产生危机。如较为年轻的女犯有亲近的需要,而关押在监狱就使得这些联系无法建立,往往会因此导致心理危机的发生,特征是情绪剧变,导致个体心理失衡。而有的老年犯人感叹人生暮年深陷牢狱,回顾过去自感悲凉孤独,暗自神伤。

(4) 人格特征。人格因素表明,具有个性强,过高的抱负,固执好争辩,急躁、紧张、好冲动,富含敌意,具有攻击性等A型性格的人,容易发生心理危机。在监管改造中,同样的事件对有的犯人可能影响不大,但对另一部分犯人可能就会产生心理危机事件,这就是个体特征因素在起作用。

2. 罪犯心理危机时的表现

(1) 心理危机的反应。当罪犯个体面对危机时会产生一系列身心反应,一般危机反应会维持6~8周。

心理危机反应主要表现在生理、情绪、认知和行为方面。

生理方面:肠胃不适、腹泻、食欲下降、头痛、疲乏、失眠、做噩梦、容易被惊吓、感觉呼吸困难或窒息、哽塞感、肌肉紧张等。

情绪方面:常出现害怕、焦虑、恐惧、怀疑、不信任、沮丧、忧郁、悲伤、易怒、绝望、无助、麻木、否认、孤独、紧张、不安、愤怒、烦躁、自责、过分敏感或警觉、无法放松、持续担忧、担心家人健康、害怕染病、害怕死去等症状。

认知方面:常出现注意力不集中、缺乏自信、无法做决定、健忘、效率降低、不能把思想从危机事件上转移等症状。

行为方面:呈现反复洗手、反复消毒、社交退缩、逃避与疏离、不敢出门、害怕见人、暴饮暴食、容易自责或怪罪他人、不易信任他人等症状。

(2) 心理危机的发展。心理学研究发现,人们对危机的心理反应通常经历四个阶段。首先是冲击期,发生在危机事件发生后不久或当时,感到震惊、恐慌、不知所措。如罪犯突然听到其妻子要与他离婚,亲人得了"重病",家乡遭受重大"自然灾害"等消息后,大多数人会表现出恐惧和焦虑。其次是防御期,表现为想恢复心理上的平衡,控制焦虑和情绪紊乱,恢复受到损害的认识功能。但不知如何做,会出现否认、合理化等。再次是解决期,积极采取各种方法接受现实,寻求各种资源努力设法解决问题。焦虑减轻,自信增加,社会功能恢复。最后是成长期,经历了危机变得更成熟,获得应对危机的技巧。但也有人消极应对而出现种种心理不健康的行为。

(3) 心理危机的后果。心理危机是一种正常的生活经历,并非疾病或病理过程。每个人在人生的不同阶段都会经历危机。由于处理危机的方法不同,危机后果也不同。一般有四种结局:第一种是顺利度过危机,并学会了处理危机的方法策略，提高了心理健康水平；第二种是度过了危机但留下心理创伤，影响今后的社会适应；第三种是经不住强烈的刺激而自伤自毁；第四种是未能度过危机而出现严重心理障碍。对于大多数人来说，危机反应无论在程度上或者是在时间方面，都不会带来生活上永久或者是极端的影响。他们只要有足够的时间去恢复对现状和生活的信心，再加上亲友间的体谅和支持，就能逐步恢复。但是，如果心理危机过强，持续时间过长，就会降低人体的免疫力，出现非常时期的非理性行为。对个人而言，轻则危害个人健康，增加患病的可能，重则出现攻击性行为和精神损害；对社会而言，会引发更大范围的社会秩序混乱，冲击和妨碍正常的社会生活。其结果不仅增加了有效防御和控制灾害的困难，还在无形之中给自己和别人制造新的恐慌源。

（三）罪犯心理危机分析时应注意的问题与预案

1. 哪些罪犯在什么情况下可能发生心理危机

罪犯发生心理危机，其当事人一般都是案情重大、情节恶劣、危害严重的犯罪分子，或是一团伙案件中的骨干分子。一般刑期较长，其悲观厌世心理严重。表现为情绪消沉、思想狭隘，一般不愿与人交往。碰到挫折与压力，易产生自杀或与别人同归于尽的恶念。或具有严重的恐惧与悲观心理者，自己知道罪行严重（特别是死缓），故其心理压力极重，言行上谨慎小心，见到干警唯唯诺诺，实际上口是心非，情绪上其寡言沉默，一切都是刻板地重复。但也有极少数死硬分子，或逃跑或行凶，孤注一掷。以下几点是分析罪犯心理危机时应注意的问题：

（1）对监管环境存在适应性障碍。

（2）因服刑期间家庭发生重大变故造成心灵创伤或因特定事件而导致行为亢奋或情绪过度压抑、焦虑、紧张。

（3）因悲观自责或特定事件引起的自杀、自残。在改造过程中受缺乏自信、耐受力弱、性格内向、自我调控能力差、不良的婚姻家庭关系等因素的影响，容易导致情绪低落、抑郁、思维迟钝、食欲不振、体重下降、注意力缺乏、失眠等。极度悲观和无助的罪犯容易实施自杀或自残行为。

2. 如何对罪犯进行心理危机评估

（1）什么是罪犯心理危机评估。心理危机评估是危机干预的一项重要工作，对心理危机的评估需要一定的专业技术，应该由专业人员或经过培训的危机干预工作者完成。

罪犯心理评估是罪犯心理矫治工作的前提和基础，它是评估者根据心理测验的结果，加上调查、观察得到的多方面的资料，对被评估的罪犯个体或群体的心理特征做出有意义的解释和科学的价值判断过程。

（2）罪犯心理危机评估的一般过程。罪犯心理评估的过程一般有：①确定评估目的和评估标准；②资料收集阶段；③具体评估阶段；④评估结果的使用阶段。

（3）罪犯心理危机评估的内容。罪犯心理评估的内容一般包括情绪、认知、行为和躯体症状四个方面。

①情绪：心理危机罪犯往往表现出高度的紧张焦虑、抑郁、悲伤和恐惧，部分人甚至会出现恼怒、敌对、烦躁、失望和无助等情感反应。

②认知活动：在急性情绪创伤或自杀准备阶段，心理危机者的注意力往往过分集中在悲伤反应或想"一死了之、一了百了"之中，从而出现记忆减退和认知能力下降，判断、分辨和做决定的能力下降，部分人会有注意力不集中等表现。

③行为方面表现：心理危机罪犯往往会有痛苦悲伤的表情，哭泣或独居一隅等"反常"行为。例如劳动能力的下降，从而不能劳动和料理自己的事务；兴趣的减退和社交技能的丧失，从而日趋孤单、不合群、郁郁寡欢；对周围环境漠不关心，对前途的悲观和失望，从而会产生拒绝他人帮助和关心的行为，脾气大或易冲动。

④躯体症状方面：相当一部分心理危机罪犯在危机阶段会有失眠、多梦、早醒、食欲下降、心悸、头痛、全身不适等多种躯体不适表现，部分罪犯还会出现血压、心电生理及脑电生理等方面的变化。

（4）自杀危险性评估。自杀危险性的评估包括两个方面：①需要评定有自杀企图的罪犯是否存在生命危险，即自杀、他杀、自伤、冲动攻击行为等发生的可能性，这一水平的评定至关重要，因为牵涉生命的存在与否；②需要评定有自杀企图的罪犯是否已丧失原有的社会角色能力，是否与周围环境疏远或隔绝，或者离开原先所处的自然社会环境。

自杀危险性评估必须注意，对自杀罪犯的检查评估应该尽量在短时间内迅速作出，以便及时干预和抢救。

自杀危险性评估同时也包括下述两个方面：①自杀的严重程度；②相关的危险因素。

3. 罪犯心理危机的应对预案

心理危机往往具有突发性、不确定性、伤害性等特点。如果不能得到及时控制与缓解，就会导致罪犯在认知、情感和行为上出现功能失调，甚至导致社会的混乱。预案就是给处于危机之中的个人或群体提供有效帮助和支持的一种必然的应对策略。

(1) 心理危机干预的目的。

①采取紧急应对措施,协助当事人渡过现有的混乱状态,降低危机反应的影响程度。

②减少或避免当事人心理疾病的产生,避免由于危机引发的伤害行为,提高监狱及当事人应对危机的能力。

③增加当事人成长的可能性,使其学到新的应变技巧,增加生活选择,拓展人生观。

④维护监狱的正常改造、管理、生产等秩序的稳定。

(2) 心理危机的干预原则。

①生命第一原则:发现危机情况,应以人为本,立即采取保护措施,最大限度地保护罪犯的人身安全。

②亲属参与原则:实施心理危机干预时,以最快的速度通知罪犯家属或亲属。

③全程监护原则:实施危机干预过程中,安排专人对干预对象全程监护。

④多元参与分工协作原则:实施危机干预过程中,相关部门要协调配合,履行职责,积极主动地开展工作。

⑤高度保密原则:有关工作人员不得将信息扩散给与事件无关人员,以避免受干预者回归正常社会生活时产生心理障碍。

(3) 心理危机干预的程序。

①问题的发现:各监区要建立起通畅的罪犯心理危机信息反馈机制,做到在第一时间内掌握罪犯心理危机动态。对有心理问题的罪犯,有行为异常或近期情绪、行为变化较大的罪犯或特殊家庭背景(如父母亡故、离异、经济特困、孩子重病等)的罪犯,周围罪犯应予以理解、宽容、关心和帮助,若发现他们有什么异常应及时向干警、监区长(大队长)反映;监狱或监区应建立这些罪犯的信息库,密切关注其发展变化。对问题严重的罪犯需转介到心理咨询中心,由心理咨询中心工作人员解决或请相关专家对罪犯进行预诊和危机风险评估,或转介到相关医疗机构。

②信息报告:如果发现危机情况应立即向干警、监区长(大队长)报告,干警、监区长(大队长)在采取必要措施并迅速赶往现场的同时向所在监区(大队)分管领导报告,监区(大队)分管领导立即向监狱职能部门的主管领导报告,职能部门主管领导视危机严重程度酌情向监狱分管领导及时汇报。

③即时监护:一旦发生意外,监区长(大队长)立即派专人对危险罪犯进行 24 小时监护,并与医疗机构联合保护罪犯的生命安全。

④通知家属:在实施监护的同时,干警、监区长(大队长)应以最快的速度对罪犯采取相应治疗措施。在紧急情况下,可采取直接送至专业卫生机构进行治疗等相应处理措施。并通知家属最好能来监狱协助干预,妥善解决罪犯危机。

⑤进行阻控:对于有可能造成危机扩大或激化的人、物、情境等,要进行必要的消除或隔离。对于监狱可调控的可能引发其他罪犯心理危机的刺激物,院(系)、辅导员应协助有关部门及时阻断。

⑥实施治疗:需住院治疗的,必须将罪犯送至专业卫生机构治疗。对可以在监狱坚持劳动但需辅以药物治疗的罪犯;对不能坚持在监狱劳动改造的,按照监狱管理有关规定办理相关手续,如保外就医等措施治疗。

⑦应急救助:得知罪犯有自伤或伤害他人倾向时,监区(大队)指导员、相关部门(包括狱政、狱侦、医务等)应立即赶赴现场采取救助措施,紧急情况下应先请求武警紧急帮助。

⑧事故处理:当罪犯自伤或伤害他人事故发生后,监区(大队)、狱政、狱侦等部门负责现场的指挥协调;警卫队负责保护现场,配合有关单位对当事人实施生命救护,协助有关部门对事故进行调查取证,配合监区(大队)、指导员对罪犯进行安全监护;通知监狱医院对当事人实施紧急救治,或配合相关人员护送至就近医院救治;心理咨询指导中心负责制定心理救助方案,实施心理救助,稳定当事人及周围人的情绪。

⑨成因分析:事故处理结束后,监狱突发事件工作小组成员应对事件的成因进行分析:对事前征兆、事发状态、事中干预、事后疏导等情况认真反思,总结经验教训,以备以后参考。

⑩善后处置:尽量消除事件带来的负面影响,特别是要重视向主管厅局汇报。同时做好所在监区(大队)其他罪犯的心理干预工作。

学习任务二 罪犯心理危机干预的步骤与方法

一、案 例

罪犯黄某,23 岁,女性,小学文化程度,抢劫罪,刑期 8 年。入狱前情绪较平稳、语言表达流利，思维连贯。入狱后自我感觉很糟糕，觉得自己没用，什么事情都做不好，情绪波动大，说话吞吞吐吐，具体表现为紧张、抽搐、恐惧。入狱后十多日就被列为三级心理危机干预对象，监狱安排了两名心理咨询师对其进行干预。一是每日通过安排其观看监狱介绍宣传片、参加新犯入监教育恳谈会、做一套暗示放松训练操等方式让其对监狱的规章制度、周围的监管环境有一个感性的认识，缓解其心慌恐惧的心理，帮助其适应目前的生活环境；二是对其进行连续五次的心理咨询与辅导，了解引起黄某内心冲突、紧张害怕的深层次原因和主要症结，并针对她的错误的自我价值观念进行修正，引导她对自己进行客观的评价和角色定位；三是根据黄某的现实情况、特点及改造需求以半年为单位制定改造计划。通过一个多月的心理干预，黄某的紧张感减轻了，情绪逐渐平稳，抽搐、说话吞吞吐吐的情形消失，已经能正常的参加日常的入监教育课程和各项活动。

二、分　析

该案例说明，罪犯在入监教育期间出现入监不适应，情绪方面往往表现为高度的紧张、焦虑、悲伤或恐惧，有的可能出现敌对、愤怒、失望等情感；行为方面表现为不能专心学习和整理内务而导致社会功能下降；躯体方面出现躯体不适，如食欲不振、心悸、头痛、失眠等。对这部分罪犯实施干预要教会其基本的心理调适方法，提高其适应环境的能力，帮助其转变角色，尽快适应监狱改造环境。

三、罪犯心理危机干预的步骤

一般来说，心理危机干预策略的过程主要有：
（1）主动倾听，共情关注，心理支持。
（2）提供机会，鼓励疏泄，促进言语表述内心感受。
（3）提供信息，解释危机的发展过程，使当事者理解目前的境遇，理解他人的情感，树立自信。
（4）建立希望和保持乐观的态度和心境。
（5）鼓励积极参与有关的社交活动。
（6）注意社会支持系统的作用，多与家人、亲友、同事接触和联系，减少孤独和心理隔离。

(7) 必要时辅以行为、药物疗法。

针对上面的案由，我们应采取的干预的步骤如下：

(1) 情景导入，安排咨询师传授放松技术（深呼吸训练、渐进式肌肉放松、暗示控制放松、布置日常练习任务），通过安慰、提供温暖、放松训练等支持方式安抚其情绪，缓解入监后的心慌恐惧心理。

(2) 角色定位，在入监教育期间通过讲解心理健康教育知识、门诊咨询、团体辅导、聘请社会心理学专家个别辅导等形式，教会干预对象如何使用自主思维记录以确认并探寻歪曲认知，通过纠正错误认知及不合理的信念，帮助罪犯理性地分析和看待客观现实，进行角色调试。

(3) 植入目标，综合评估干预效果及结合罪犯改造需求，帮助罪犯确定切合个人实际的中短期改造目标和制定改造计划，逐步消除干预对象紧张、恐惧心理，激发起改造的信心。

(一) 罪犯心理危机的状态识别

1. 通过心理矫治的技术和方法对罪犯进行心理评估，排查干预对象

(1) 罪犯入监初期。前面的案例就是反映了罪犯入监教育期间的心理危机的状态。罪犯入监时，由于从熟悉的环境到一个陌生的环境，情绪不稳定，心理处于不适应期，容易产生心理危机，所以在入监教育期间利用心理测试、行为观察、调查问卷、访谈、信息采集等方式对每名新犯的人格特征、心理健康水平及潜在的不良心理因素等进行分析评估，初步排查需要危机干预的罪犯。

(2) 罪犯改造中期。

案例：罪犯杜某某，男，55岁，犯受贿、渎职罪，刑期13年，余刑8年，在一次接见中得知自己的妻子因肺癌去世，儿子在处理妻子的丧事时又遭遇车祸。回到监区后精神恍惚，当天晚上强行冲越警戒线扬言要出去看自己的儿子，情绪激动，咨询师当晚对其进行了个别谈话教育并将其列为心理危机干预对象。在干预过程中咨询师一是通过给予同情、支持、温暖、关注等方式先与杜某某建立良好的信任关系；二是给其提供时间和空间，听其倾诉，促使其打开"心理水龙头"，达到情绪的完全释放；三是结合杜某某的现实改造表现和心理特点，综合各方面的资料和信息进行心理评估，制定干预方案；四是安排其参加"成长团体"活动。通过编排模拟情景剧，让其分别扮演剧中不同的角色，体验各种感受，帮助其承受和分解内心的不良情绪；五是是通过与其讲心理故事、看励志电影和书籍、讲述身边罪犯改造的一些亲身经历等方式，逐步引导其注意力的转变和自控力的累积，促使其将"心理水龙头"逐步收紧，达到情绪的平衡；六是与杜某某互做心理游戏，在寓教于乐中进行干预总结和反馈，通过鼓励、肯定、暗示巩固干预效果，促使其实现自我成长。通过干预后，杜某某已能正确看待和处理自己的问题，得知其儿子已经出院，并由其儿媳与女儿照顾后，情绪得到了很大的改善，能超额完成劳动改造任务，获得了年终表扬，改造动力和热情增加。

罪犯在改造过程中会经常面对配偶提出离婚、主要亲属病故、患有重大疾病等创伤性事件。一些罪犯心理承受能力差、自我调控能力低，会因为这些创伤性事件而产生强烈的无助感和痛苦体验。具体表现为：

①行为方面退缩，不愿与人交往，或者做出不寻常的努力以便使自己不孤单、不依赖他人，结果却变得令人讨厌；对前途悲观失望，漠视他人的帮助和关心，有的还可能作出对自己和对周围的破坏行为（如自杀、自残）。

②认知方面表现为注意力过分集中于急性悲伤，并因此导致记忆和识别能力的下降。

③情绪方面常出现害怕、焦虑、恐惧、怀疑、不信任、沮丧、忧郁、悲伤、易怒、绝望、自责、过分敏感或警觉、无法放松、持续担忧、害怕染病、害怕死去等。

④生理方面表现为肠胃不适、腹泻、食欲下降、头痛、疲乏、失眠、做噩梦、容易受惊吓、感觉呼吸困难或窒息、肌肉紧张等。

对这部分罪犯实施干预要使其能够将创伤事件融入改造生活并正视之，帮助其恢复到创伤事件前的心理健康水平，重获自信、情感控制、人际交往能力。

实施步骤：

①与干预对象建立基本规则，特别强调保密性，获得罪犯的信任。

②由经历创伤事件的罪犯叙述事件事实，确定个体生活史和创伤之间的联系。

③运用心理测试、结构性访谈、行为观察等方式来评估创伤对情感、认知及行为的影响、创伤事件的性质和严重程度，并进行综合心理评估，搜寻在负性情感反应和创伤之间起中介作用的歪曲认知，制定应急处置疏导方案。

④为帮助遭受类似创伤事件之苦的干预对象而设的支持小组，鼓励其参加。

⑤做治疗性游戏——停、歇、想，帮助干预对象形成良好的自我控制习

惯，提高服刑人员自我处理心理危机的能力。

(3) 罪犯改造后期。对即将出监的罪犯心理评估采取问卷调查、心理测试、结构性会谈、个别调查相结合的方式进行。掌握临出监罪犯的心理现状，了解其社会心理成熟水平、认识能力、自制力以及是否出现由于出监而产生的自卑、焦虑等不良情绪引发的各种心理危机现象。

2. 依据狱情分析，及时发现干预对象

一是由监区警察根据了解的罪犯书信、会见、谈话、日常改造表现等情况，进行分析排查；二是由业务科室根据罪犯的心理测试、各类咨询、接谈等情况，进行分析排查；三是通过查阅狱情防控系统，掌握每天犯群动态，及时排查、确定干预对象。

（二）保证安全

(1) 对重点犯、顽危犯等每年（或半年或随时）评估一次。掌握这类罪犯的心理健康水平、个性特征、行为倾向、内心需求、心理变化、矫治效果等与改造密切相关的信息，防范这类罪犯因某些心理问题没有及时化解而引发重大违纪或危及监管安全的事件发生。

(2) 对其他类罪犯每两年评估一次。了解掌握当前罪犯的心理健康状况、罪犯共性和个性的心理发展问题，预测各类罪犯的危险性，排查是否应该列入危机干预或重点防控。

(3) 通过电话咨询、门诊咨询、日常观察等途径排查甄别罪犯的危险性或心理危机级别。

(4) 制定罪犯心理危机干预的预案。

（三）罪犯心理危机干预的工作环节

要构建完善的工作系统，开展有效的心理疾病预防与危机干预措施，主要包括五个方面：

1. 发现

要开展罪犯心理素质教育，鼓励罪犯本人积极求助。要选择科学的工具对罪犯开展心理健康测评，建立心理档案，以便做到心理问题早发现，防患于未然。要开展危机重点人排查工作，并建立快速反应通道，对有危机或潜在危机的罪犯做到及时发现，及时干预。

2. 监控

要主动收集罪犯心理疾病与危机信息，做好监控工作。要组织有关专家对有心理困扰的罪犯进行心理鉴别，通过早期干预、心理咨询和跟踪调查，形成心理问题筛查、干预、跟踪、评估一整套工作机制，提高心理危机干预工作的科学性和针对性。

3. 干预

在相关专家的指导下，根据危机的类型和性质进行"红色"、"橙色"和"黄色"三种紧急干预。"红色"是危机的最高级别，一旦发现有自杀（劫持、脱逃等）意向并计划实施自杀（劫持、脱逃等）行为的罪犯，应立即对其实行有效的监护，确保罪犯人身安全，并迅速通知责任民警与分管领导，共同采取干预措施；"橙色"是危机的次高级别，在对罪犯进行心理健康普查时和日常工作生活中发现有自杀（劫持、脱逃等）意向者，必须甄别危机的程度，通过澄清、解释、安慰以及问题解决技术的应用，协助当事人或相关人员减少或摆脱危机的影响，恢复心理平衡，必要时应当及时转介；"黄色"是危机的较低级别，即发现有心理困扰并严重影响其劳动、生活的罪犯，要建立良好的心理咨询关系，耐心倾听，认真记录，跟踪调查，协助当事人摆脱心理困扰，并及时通报信息。

4. 转介

与当地精神卫生机构建立良好的联络关系，按照有关规定，对不属于咨询范畴的、有严重心理障碍或心理疾病的罪犯应转介到精神卫生机构，以便及时采取心理治疗或住院治疗等干预措施，对处于危机中的罪犯要请专家进行心理评估；对自杀未遂的罪犯，应立即送到专门机构进行救治。

5. 善后

危机过去之后，干预工作仍然需要。可以使用支持性干预及团体辅导策略，通过教导员、责任民警等单独辅导等方法，协助经历危机的罪犯及相关人员，如责任民警以及危机干预人员正确总结和处理危机遗留的心理问题，尽快恢复心理平衡，并进行跟踪调查，尽量减少由于危机造成的负面影响。

（四）全程跟踪，关口前移，巩固干预效果

1. 严格制定危机干预撤销标准

针对三种级别的心理危机状况，结合不同罪犯的心理特点，科学合理严格地制定三种级别心理危机的撤销标准，防止标准过低而使得干预易于撤销，从而防止成为影响监管安全的隐患。

2. 控制诱因，重点预防，减少刺激源

狱外诱因的控制主要通过严格检查服刑人员的信件、监听亲情电话、接

见、关注重大政治和自然灾害等途径，及时对干预对象做好周密细致的疏导工作。狱内诱因的控制主要通过提高服刑人员心理素质和适应能力，做好正面的积极教育和个别疏导工作，帮助服刑人员解决心理冲突，从根本上消除服刑人员自杀心理危机的诱因和刺激源。

3. 设定危机缓冲期，落实跟踪措施

对处于心理危机的罪犯经干预后心理危机状态消失，继续跟踪三个月或给予降级后情况稳定的，逐级审批同意后，恢复常规管理。对连续干预时间达一个月仍无法化解罪犯心理危机的，监区及时调整干预方案，经调整两次仍无法化解罪犯心理危机的，作升级处理，由心理矫治科牵头组织相关科室和邀请社会心理学专家来监指导、会诊，并制定干预方案落实矫治措施。

四、罪犯心理危机干预的方法

(一) 罪犯心理危机干预的内容及方法

1. 内容

根据罪犯身心发展变化规律，以其内在的心理为对象，采取必要的教育、咨询和治疗手段，有效地提高其自身整体心理健康水平和心理素质，从而消除其心理危机产生的诱因和途径，从根本上降低心理问题的发生率，促进罪犯自身的心理健康。其内容主要包括：

(1) 提高罪犯心理适应能力。一是要让心理危机罪犯正确地认识和接受自己，要看到自我的希望和发展动力，不要放弃自己；二是要学会处理人际关系的技巧，在监狱中要正确处理好各种关系；三是要学会主动控制自己情绪，把情绪波动的强度、速度和持续时间控制在正常范围内，掌握积极的心理防卫方法来调节自己的情绪。

(2) 防止轻度心理障碍恶化。一般来说，心理冲突发展成心理危机都有一个从量变到质变的潜伏期，在这方面应立足于早期的疏导与治疗，所以，当罪犯出现人际挫折、家庭困难、改造问题以及情感绝望、抑郁或者人格变态等心理应激事件时，都要指导、提醒他们采取措施，及时阻止心理问题的进一步恶化。

(3) 预防心理危机的进一步发展。对已经预测出来具有心理危机发展倾向的罪犯要实施特殊预防，可以从原因入手进行有效的预防。例如可以通过亲情救助，帮助罪犯解决困难；也可以通过提高罪犯的自我认识、处理问题的能力，达到特殊预防的目的。

2. 方法

在工作实践中，有时尽管采取各种预防和治疗措施，有些罪犯仍然难以走出心理危机的沼泽，结果往往以爆发性的形式释放其心中的不良情绪，对自身和他人都具有极大的危害性，这就需要进行及时强化危机干预，避免造成灾难性后果。

（1）自我干预。在做好外部干预的同时，引导罪犯进行心理危机的自我干预。

所谓自我干预是以自我紧急心理变化为干预对象，实施及时、有效的自我危机干预。实践中主要通过心理健康教育、团体辅导、知识讲座及个体咨询等方式帮助心理危机罪犯进行自我调节，实现自我成长化解心理危机。

①了解心理危机产生发展的规律及表现特征，能够识别自身心理和行为的变化。

②适时宣泄。即遇到心理危机事件（例如配偶离婚、丧失亲人、人际关系紧张等）后，要充分体会这种痛苦，发泄情感（如哭泣和呼号），否则容易产生不良结局。

③寻求帮助。在遇到心理危机时应及时有效地寻求帮助，获得心理支持，尽快走出心灵的沼泽。

④掌握有效的心理防卫机制，正确应付。作为罪犯要使用正确的应付方法，防止情感、精神上的崩溃。

⑤成长。危机是一种生活变迁或转折。面临心理危机，个体的心灵受到一次考验，处理得当顺利的话，个体就上了一个新台阶，得到一次成长。

（2）外部干预。即监狱警察、罪犯家属、社会志愿者等采用宣泄、支持、澄清、决策等方法引导当事人走出心理困境、顺利度过危机期。

①宣泄。宣泄法即运用支持技术如暗示、宣泄等手段释放危机罪犯心中的抑郁、焦虑、仇恨等不良情绪，稳定其心情。宣泄法的实施既可通过面对面的谈话教育、心理咨询与治疗方法实施，也可通过警察控制的心理宣泄室实施。

②支持。即在宣泄的基础上，引导罪犯重新认识目前的心态和这种心态的成因，并对这种心态所导致的后果进行全面的评估，在权衡利弊的基础上，自省到新的认识角度和行为方式，调动其认知潜力。

③澄清。帮助罪犯掌握一些处理逆境和挫折的方法，以提高其应对能力。

④决策。选择解决问题的合理方法。

学习任务三　常见罪犯心理危机的干预

一、罪犯自杀危机的干预

(一) 案例

罪犯王某因情绪障碍多次实施自杀行为，心理咨询师通过对王某进行多次的心理咨询，让其充分宣泄，并找准导致其自杀行为的症结所在，改善其认知，帮助其建立支持系统，并让其在不断的行动中，体验成功的喜悦，培养其信心，从而达到情绪稳定，能基本做到自我调节情绪，行为相对积极，消除自杀危险的目标。

王某的基本情况： 浙江省人，70年代末出生，小学文化，因故意杀人罪被判死缓，2003年入监。2002年年底经鉴定有"神经性抑郁症"，长期服用抗抑郁药物，2004年经鉴定，为"恶劣心境"。

几次自杀情况：

(1) 2004年4月22日凌晨2时30分左右，王某从枕头内拿出四枚私藏的缝衣针吞下，被及时发现，通过保守治疗，几日后针如数排出。

(2) 2004年8月18日凌晨2时30分左右，王某用从垃圾桶里捡来的铁片蚊香架割破手腕并吞下4片铁片，经保守治疗如数排出。

(3) 2005年1月27日晚21时50分左右，王某从囚服撕下一条大约长30厘米、宽5厘米的布条，然后将布条的一头撕开约25厘米，趁晚上就寝时勒自己的脖子，企图自杀，被及时制止。在戴铐期间，王某情绪仍较激动，几次拒绝吃饭，一次还做出咬舌的动作。

相关背景：

在接受转化任务之前，心理咨询师与王某曾有过一次接触。那时王某刚入监不久，心理咨询师在入监队上完心理健康教育课后，他主动要求谈话，在这一次谈话中，心理咨询师了解了他的一些基本情况。

王某儿时，其父酗酒，时常打骂他及母亲，在他6岁时，母亲因不堪忍受上吊自杀，是他将吊绳剪断将母亲放下的。他对这一幕的印象至今仍非常深刻。其后父亲带其他女人回家，对他打骂更凶，并多次说"你这畜生，长大后，一定会替你妈报仇的"，并将其赶出家门。王某父亲还对关心帮助他的干爷爷横加阻挠,导致他辍学打工,他的干爷爷也被他父亲间接"气死"了。1998年王某因"抢劫罪"被判处有期徒刑3年,服刑期间,其父从未给过他一点帮助。刑满后他仍是打工。后来,他被诊断为"境遇型神经错乱",事发前几天,他在当推销员时,不慎丢失了几千元货款被单位辞退,同时又因为父亲的缘故,他失去了女友。父亲不让他回家,他倍感孤独、失望、绝望,当晚与父亲发生争执扭打,导致父亲死亡。父亲死亡后,他感到很害怕。

王某入监后,生活上不习惯,睡眠不好,脾气很差,经常觉得活在世上没意思。

接受疏导教育王某的任务后,咨询师翻阅了他的档案,认真查阅了医院鉴定书,并向其所在单位民警了解了他的其他一些基本情况,与小组成员共同研究制定了较为详尽的转化方案及措施。包括对其进行全天候控制、心理咨询、药物治疗,为他建立一个相对宽松的良性的外部环境,给予他更多的帮助与支持。

(二) 分析

七次面对面心理危机干预

第一次谈话
——王某自杀最主要原因:"要把命还给父亲"

日期:2005年2月10日,星期四

谈话时间:一个小时二十分钟

外在表现:报告进入谈话室时,他目光呆滞,脸色苍白,情绪低落,思维较迟钝。

由于入监时有过一次接触,有一定的信任基础,通过引导,他能比较自然地倾诉。这次谈话,心理咨询师发觉他内心中存在这么一些问题:一是有强烈的负罪感(虽然并不认为自己是故意把父亲弄死,但毕竟是自己的行为直接导致了父亲的死亡),说想把命还给父亲;二是周围同犯说他把父亲都杀死了,连畜生都不如,压力大;三是听到有人说要把他调到大西北,内心有恐惧感;四是常梦到母亲,6岁时母亲自杀的那一幕深深地刻在他脑中;五是认为自己近来情绪很不好,但又没人可以说话。

虽然暴露出来的问题很多,但通过观察其言行,心理咨询师分析,导致他近来多次自杀的最主要原因是他"想把命还给父亲"。因为他认为是自己导致了父亲的死亡,有强烈的负罪感,并认为解决这一问题唯一的办法只有把命还给父亲,这样才能得到内心的安宁。心理咨询师认为,如果这点认知未得到适度改变,那么他的自杀行为将会继续。所以这次谈话的重中之重是如何改变其对父亲死亡的认知,让他感到父亲的死对父亲本人、对亲人、对周围人都不完全是一件坏事,从而淡化其罪恶感。于是,心理咨询师与他共同分析他的父亲,每一个分析都征求他的认同:一是父亲害死了母亲;二是父亲害死了干爷爷;三是父亲对他很不好(母亲死后就赶他出去流浪讨饭,他第一次刑满后,父亲对他一点都不关心,酒醉后还对他经常打骂,又是父亲使他失去了女朋友);四是父亲活在世上也非常痛苦,没有生活来源,整天醉酒,四处游荡;五是乡亲们对父亲酒后经常闹事意见很大;六是他并非要故意杀死自己的父亲,而实际上他是帮父亲解脱了痛苦。周围人不会对他有什么看法,知道他情况的人也能理解他,并表示同情。他认同并接受了这些分析,但问了一句:"我父亲是解脱了,那我该怎么办?"

他能接受这些观点,问题已得到初步解决。

接着,心理咨询师与他共同分析了他的母亲。母亲非常爱他,最希望看到的是他能生活得好好的,只要他生活好母亲就开心。像他现在这种状况,母亲如果在世会伤心的,为了母亲,要好好生活,以安慰母亲在天之灵。他也表示认同。

谈话结束后,与其所在单位民警沟通,要求王某周围罪犯这段时间对他不得有任何语言刺激,营造一个有利于其情绪稳定的外在环境。

第二次谈话

——王某自杀的主要原因:"自己是个废人,死了一了百了"

谈话日期:2005年2月17日上午,星期四

时间:五十分钟

外在表现:与第一次谈话相比,气色较好,看到心理咨询师时情绪有些激动,口中不停地说,谢谢警官,谢谢你来看我。

心理咨询师让他先谈一下对上次谈话的体会。他说通过上次谈话感觉好多了,心理咨询师问他,好在哪。他说父亲已经死了,又活不过来。这说明,他在对父亲死亡的认知上得到了根本性的改变,从内心里认同了心理咨询师与他共同分析的那些观点。事实也证明,从此后他再没出现过"要把命还给父亲"的想法,这点得到改变后,他的行为可控度就会大大提高了。

但心理咨询师仍发现还存在一些问题:①认为自己是废人。他说这几天经常会很烦躁,觉得自己是个废人,有时想想还有那么长的刑期,等到刑满人都不知会成什么样了,觉得很没信心,有时想想还不如死了一了百了;②认为自己几乎没有人可以谈话沟通,有时心里很烦;③常回忆从前一些负

面性的东西,谈到有时被人刺激,说他"杀死父亲连畜生都不如",自己情绪就难以控制。

针对这次谈话表现出来的问题,心理咨询师与他又进行了沟通分析。心理咨询师认为这些问题中,第一个问题是要解决的最重要的问题,只有这个问题得到很好的解决,使他的想法得到转变,才能保证其积极生活,从而减少自杀行为的反复性。因此,心理咨询师围绕这一问题分几个层面对他进行了分析:一是让他将目前的身体状况与其他身体状况更恶劣的人进行对比,使他产生信心。如,比躺在床上生活都不能自理的重症病人是否好些?比残疾人是否好些?并继续强化其只有好好生活,才能告慰母亲在天之灵的意识。二是通过谈话发现他身上的亮点,并予以真诚、客观的肯定,让其有成功的积极的体验,以培养其自信心。如他谈到以前在社会上推销产品成绩不错,他说自己什么地方都敢去推销,胆子很大,口才也较好,赚了很多钱,讲起这点他有些得意。心理咨询师就告诉他,这种能力一般人是没有的,若叫我去我就不一定做得好。他很高兴。又比如乐于助人,他常帮其他病犯洗盘、扫地等。还有他相貌眉目清秀等。通过这些肯定,让他发现自身的价值,激发其积极的潜能。三是布置作业。有抑郁症状的人相对缺乏的往往是行动力,要避免光想不做,让其行动起来,这样才会有更多的积极体验。心理咨询师告诉他,有些罪犯小学文化,通过几年后,能写出一手好文章,他相信王某也同样能做到,并相信王某几年后能出口成章,把自己复杂的人生经历形成文字,王某听后很有信心并显出一点兴奋感。心理咨询师给他布置作业:要其每天掌握两个成语,下次交谈要其把作业拿来,并交流体会,他表示能做到。四是给予王某精神上的支持,告诉王某无论有什么困难,咨询师都乐意帮助,若一有想不通,可以及时报告警官要求找咨询师谈话。王某认同这些看法,并表示若有想不通,会报告警官或写信给咨询师。

对于没人交流的问题,心理咨询师认为由于王某对咨询师比较信任,就告诉王某,咨询师每星期或半个月会定期来看王某一次(给予外界的支持,让其有充分宣泄的渠道,对近期的情绪稳定有非常重要的作用),听到这个消息王某非常高兴。另外继续减少、避免刺激源。由于王某多次实施自杀行为,致使少数护监犯因负连带责任被扣分,因此对其意见较大,有时对他有刺激性的言语。与王犯谈话后,心理咨询师与其所在单位的民警进行了沟通,继续强调要高度重视这一问题。

另外在这次谈话中,还要求他适度改变思维模式。他很喜欢说"假如以前不这样"或常回顾过去,并且负性情绪占多数。咨询师有意识地纠正其向后看的习惯，要其养成向前看的思维模式，每次遇到问题首先想到的是去积极地寻找解决问题的办法，并举实例告诉他，要他逐渐习惯这种思维。

第三次谈话
——王某仍恨父亲但萌动着新生信心

谈话日期：2005年2月24日，星期四

谈话时间：六十分钟

外在表现：人气色较好，主动带来上次布置的学成语作业，面带笑容，情绪较好。

心理咨询师看到其所学的成语，挑了其中几个与他沟通，有几个成语心理咨询师也不太熟悉，还请教了他，对其所学的知识及所取得的进步予以充分肯定，以强化其学到知识后的积极体验。

然后心理咨询师要他谈谈近几天来的情绪及体会。他认为情绪较好，说这段时间想得最多的还是父亲的坏。趁这个时机，心理咨询师又一次强化其父亲活着的痛苦，母亲最希望他活得好这种意识。他说每天除练字外，还唱唱歌，并当场唱给心理咨询师听，是电影《少年犯》的主题曲，虽然调唱得不准，但唱得很动情，心理咨询师能感觉到歌声中含有他对母亲的深深怀念之情。

他告诉心理咨询师这段时间会经常重复性地回忆从前，感到很痛苦，问心理咨询师为什么。心理咨询师对他解释说：可能他对以前发生的事印象太深刻了，这是很正常的，常人也同样会这样，可以采取一些办法克服。心理咨询师告诉了他两个方法，一是转移，可以想山、海、青草等；二是放松，心理咨询师教他调整呼吸让自己放松，他尝试着跟心理咨询师一起学。

接下来心理咨询师继续肯定其自身优势和亮点，挖掘其潜能。他为人较真诚，人缘好，他自己也肯定了这一点。在其回忆过程中，心理咨询师帮助他分析这个性格亮点的形成。小时候父亲赶他出家门后，他就遇到了收留他的一位叔叔，后来又遇到了干爷爷，干爷爷还把房子留给了他，到了监狱后又有那么多人关心他。这些都说明他还是比较幸运的，这也与他本人做人较真诚有关。还说明，在这里有困难可以找心理咨询师或其他警官，只要他们能做得到，就一定会帮助王某。而他们想得到王某的唯一回报就是看到王某状态好，开心过日子。

最后心理咨询师仍继续强化其往前看，多想一些开心的事的思维模式。

这一次谈话心理咨询师仍给他布置了作业，要求他每天学成语把时间标上。他说本子不多了，写完了就没有了，心理咨询师说若没了，下次给他拿来，并要拿《心理导报》给他看。

第四次谈话
——王某开始关心自己的病情和身体健康

谈话日期：2005年3月3日，星期四

时间：五十分钟

外在表现：一副比较快乐的表情，看到心理咨询师后，把完成的作业本递了上来。

心理咨询师还是先与他沟通他所学的成语，如"自强不息、一蹶不振、一刀两断"等，并与他共同造句：我们要自强不息，不能一蹶不振，要与过去不愉快的事一刀两断……在这期间他非常愉快。

接着心理咨询师与他交流体会。他觉得这段时间心情比以前好多了，以前觉得没有希望，现在觉得还是有希望的，整天能集中精力练字，练累了就唱唱歌。近几天，还能常回忆过去很快乐的事情，想想自己以前带女朋友到海边玩，非常开心。心理咨询师充分肯定了他的这种快乐体验，并强化引导他多多体验快乐。他说2月26日是自己的生日，很想在监内广播点歌台给自己点歌，祝自己生日快乐，给自己信心。心理咨询师也鼓励他，完全可以这样做。

谈话间，他问心理咨询师他的病会好吗？心理咨询师非常肯定地告诉他会好的，关键是自己要有信心。于是就告诉他一些建立自信心的方法，如每天起床都告诉自己我很棒，今天状态很好等。

这次谈话，心理咨询师认识到近期困扰他最多的是干爷爷留给他的房子的事情。干爷爷遗留给他一间房子，他在社会上由于欠他人二千多元债务，被迫抵押给债主，债主付给他四千元钱。在社会上时王某曾找过当地司法局等部门，这些部门认为这次抵押是不具法律效力的，是无效的，但经多次交涉，房产一直未能归还他。后来他出事了，房子目前已经拆迁，他写信给哥哥询问此事，目前尚未答复。他表示，人都在这里面了，若确实拿不回来就算了，但有一点遗憾，因为这毕竟是干爷爷留下的唯一遗产。他问心理咨询师该如何去做，才有可能将房产拿回来。心理咨询师告诉他，一方面可以继续与哥哥联系后，由其哥哥去协调解决，同时可以与当地司法局联系，或请当地政府协助解决，还可以通过法律援助的方法解决。

通过这次谈话，心理咨询师感觉与以往谈话相比，此次与王某交谈显得越来越轻松，这与王某表露出来的积极的情绪远远多于消极的情绪有很大关系。

第五次谈话
——要"痛改前非",以后要做到"自强不息"

谈话日期:2005年3月11日,星期五

时间:三十分钟

外在表现:表情比较激动

由于工作上的原因,这次谈话比原来都是星期四去找他迟了一天,他看到心理咨询师后马上就说,我昨天在等你来,我真的很想你,你对我的帮助真的很大,有你跟我说说,我感觉好多了。

首先心理咨询师还是与他沟通所学的成语,问他近来所学成语中,印象最深刻的成语是什么。他说是"前功尽弃",心理咨询师随即就与他沟通做任何事不能前功尽弃,要持之以恒等道理。他还告诉心理咨询师,前两天,给哥哥写了封信,用了三个成语:我想起往事"泪流满面",我要"痛改前非",以后要做到"自强不息"。心理咨询师对其学以致用,活学活用予以了充分肯定,并鼓励其按布置的作业继续学习。

谈到了他的兄弟,与以往相比,他能更客观地看待他的兄弟,能设身处地理解哥哥的苦处。在回忆以前生活时,又谈起了自己的父亲,认为父亲对自己实在是太不好,若父亲懂一些道理,也不会有这么一天了。

心理咨询师鼓励他把自己人生的复杂经历写成书,以此作为学习的目标和动力。这样能使其在学习和提高自身素质的过程中,不断体验收获的喜悦。

第六次谈话
——现在每天都做俯卧撑锻炼身体

谈话日期:2005年3月18日,星期五

时间:五十分钟

外在表现:情绪较好,面色不错

他谈到自己学成语,周围罪犯反响好,警官及组长都说他有进步,并说有的同犯要与他一起学。

谈话中他讲到自己的成长经历,心理咨询师才知道他曾吸过毒,在社会上经常打架,曾经还与几个家里很有钱的玩伴从家里拿出很多钱周游了上海、广东、香港等地。

他说现在每天都做俯卧撑锻炼身体,并说现在有人谈谈话,情绪不烦了。知道心理咨询师工作很忙,万一心理咨询师太忙来不了的话,想写信给心理咨询师,并问若写信怎么联系。

从这次谈话来看，他的情绪已基本恢复常态。

第七次谈话
——路还是要靠他自己去走

谈话日期：2005年4月8日，星期五

时间：四十分钟

外在表现：气色较好，面带微笑

他看到心理咨询师就说，很想咨询师来，在心里想心理咨询师怎么这么长时间没来，肯定是太忙了，他正在考虑给心理咨询师写信。

他把学成语的本子给了心理咨询师，并说这段时间心情比较好，晚上睡觉很好，同犯反映他的呼噜最响，但是已经有几天忘记学成语了。心理咨询师翻开本子，发觉他自4月1日以后就没学，正好一个星期，咨询师进一步予以强调，作业要继续做，这不仅是学知识，同时也是锻炼自己的意志，他表示一定补上。

他谈到自己有时还想一些以前不愉快的事，并反思以前控制力比较差，有很想打人的情况，认为这主要是被他人刺激，但这段时间没有情绪激动的情况。心理咨询师告诉他，只要能保持愉快心态，一般刺激不会引起他的愤怒与冲动。

通过不断深入的接触，可以感觉到他对心理咨询师非常信任，也很看重心理咨询师对他的关心，更不愿失去这份关爱。由此，心理咨询师为进一步强化他说道："我所关心的犯人，一般他们都能真诚地积极改造，你也同样，只要我在这儿，就会始终如一关心你，同样也希望你也能一直保持这种积极的状态。"王某表示，他不会辜负心理咨询师的期望，绝不会做出冲动不理智的对不起咨询师的事。这也是对心理咨询师的报答。

心理咨询师向他说明，以后也许不能每个星期都来看他，但要求他作业按时做，以后心理咨询师还要来检查，另外要多学一些知识，可以写一些体会。若有情绪不好，想不通的时候，可以写信给他，或给警官讲。

其实这是对前期谈话教育效果的检验，因为最终的路还是要靠他自己去走，这就是心理学上所说的，助人自助，而非永远代其走路。

这次谈话过后，心理咨询师就很少去找他谈话，但始终关注他，从民警那儿了解他的情绪。他的情绪总体比较稳定，再没有出现自杀等异常行为。

2005年11月22日他给心理咨询师写了一封信，由其他警官转交来的，信中写道："在我心里十分感谢你的教育，你给了我精神上的食粮。在这一段时间里我每天都学习文化，还学习《心理导报》……"；"我心里好想给你写一封信，我怕写不好，（只言片语）只能写出零零碎碎的文字，我今天还是第一次给你写信，心里十分感谢。是你送给我的《心理导报》，信就写到这里，你要有时间的话请你给我回信好吗？"

随后，心理咨询师又找他谈了话，了解了他这几个月来的改造情况及一些体会。从谈话情况看，他语言表达流畅，能客观评价自己与他人，具备了一定的自控能力，情绪趋于稳定，已基本能自我调节情绪，危险性已基本消除。

2006年2月26日，心理咨询师利用监狱广播的点歌台，为庆祝他的生日点了一首刘欢演唱的《重头再来》，并加了一些祝福语。过后，他写了一封长长的信，表达心中的感激，并谈了近期的改造情况及内心的体验。能较理性地反思过往的一切，并对自己的将来充满信心。至今，王某乐于助人，改造稳定。

通过对王某的转化，有几点比较深刻的体会：

（1）真诚面对，真心帮助，建立信任基础。只有让被教育者充分地信任，被教育者才有可能接受教育者的观点，并加以转化。特别像王某，正处于非常孤立无助的时候，如果有一种关爱让他感到特别的温暖，特别的信任，特别能理解他内心的痛楚，那么就会大大提高他的生活信心。

（2）充分宣泄，倒尽心中的垃圾。就像王某所说的，"有人与我谈谈我就好多了"。因为他有很多内心话，却没人真正愿意听他说，心中有很多垃圾，却没有人愿意为他清空。咨询师反思他的整个转化过程，其实很多时候，咨询师所扮演的仅仅是一个听众。通过这些谈话，咨询师认识到，很多时候听比说要重要得多，若能让对方充分倾诉、宣泄，有耐心地去听，积极关注地去听，不仅用耳朵听，还要用心去听，可以毫不夸张地说，在耐心倾听的同时，很多问题已经解决了一半。但要注意，倾听也不是一味地听对方说话，可以把倾听比喻成散文，形散神不散，也就是外在看起来好像他说得很多，实际上都是围绕你所要了解的内容在说，倾听者始终占主导，把控着方向。

（3）抓住症结所在，改善其认知。王某最初的改变是缘自认知的改变，这也是最关键的一步。认知改善了就可以防止他出现过激行为，绝大多数外在行为都是因为思想所致，改善其认知，也就基本控制住了他的行为，倘若王某"要把命还给父亲"这点认知没能得到根本性的改变，那么他的自杀行为也不会终止。

（4）不断地让其感受到外界的支持，培养其信心。这一点也非常重要，现在心理学上有一种疗法叫支持疗法，对于有抑郁倾向的罪犯，生活上给予其适度的关心与帮助，充分发现与挖掘他身上的亮点，对让其感受到人间的爱与温暖，树立起生活的信心，培养自信等都有很大的帮助。

（5）让其行动起来，不断体验小小的成功。有抑郁倾向的人，往往想得多，且负性情绪居多，行动力很差。让其有规划地行动起来非常重要，会使其有更多积极的成功的体验，同时也减少其胡思乱想的时间。

（6）改变其原有的思维模式。让对方以一种积极的思维模式代替消极的思维模式，从回忆痛苦的经历逐步过渡到回忆过去快乐的经历，并防止其反复，让其不断强化积极的体验，从而把负性情绪降到最低。

（7）教一些简便易行的方法。如放松、自我积极的暗示等技巧。

（8）在转化同时，还要注意控制。确保安全仍应摆在首位，在转化期间一定要注意外围的控制。

（三）罪犯自杀危机的干预措施

1. 对自杀者现场紧急干预流程

了解情况（贯穿谈判的全过程）→控制现场→疏散人群→制订谈判计划→设法让其开口→建立信任→做个好的聆听者（贯穿始终，多给对方讲话的机会）→设法转移其对悲伤的注意力→动情→说理→协议达成→使其放弃自杀行为。

对自杀者现场紧急干预的技巧，按以下处置的基本程序进行：

第一步：消气。让行为人宣泄、平稳情绪，同时也是为了解更多的情况。

对自杀者表示理解、关心和帮助的愿望。

不断让自杀者自由地表达和抒发内心的情感。设法让自杀者向我们宣泄内心的情绪，这点是关键，有气堵在胸口而得不到发泄就会走极端，不是报复他人就是毁灭自己，两者的结果都不是我们所希望看到的。引导对方发泄，消气是最好的办法，对性格暴躁的自杀者尤其要用。一般要从以下三方面入手：其一，确定并反馈自杀者的愤怒；其二，发掘隐藏在试图自杀者内心深处的愤怒；其三，为自杀者宣泄愤怒提供机会。

重点了解试图自杀者是怎样产生自杀念头的。

设法弄清楚导致试图自杀者产生轻生念头的一些特殊原因。设法转移自杀者的思维注意力，改变话题让其从消极的阴影中解脱出来。这是个很重要的技巧，行为人就是思想上只想消极的东西，越是这么想心中就会越阴暗，改变注意力就是让其思维多阳光的一面，从而用积极的态度来对待问题，态度积极了，行动上也会转变的。

第二步：取信，动情。打动对方，让对方不讨厌我接受我、直至喜欢我。

用真挚的表情、关怀的语言和行动上的微小帮助来打动对方。让其有被尊重、被爱、被重视的感觉。尽可能地讲出所知道的行为人背景材料的细节，包括呼喊其名字和对其兴趣、特长的认可等，这样做可以表现出对他的重视和真诚。同时，对其受到的伤害表示同情和理解。设法发现行为人的闪光点，及时给予肯定和表扬。

设法找到同行为人相似的经历，目的是为了求得认同感。有时适当让有关人员扮演一下政府官员角色。一是表示对其重视；二是提高对我方能力的信任度；三是在适当的时候可出面周旋或警告一下，让谈判专家有回旋的余地。

第三步：说理。最重要的是趋利避害，让其感到接受我们的安排符合其自身"利大于弊"的原则。同时还要照顾其自尊心，让其体面放弃自杀。

利用其内心的矛盾，来加重其生存必要性的砝码。采取对比、类比、位置互换、利害陈述等说理方法让行为人自觉理亏或不划算而放弃其非分要求。

开诚布公地向自杀者讲述实施自杀行为但没死成对身体健康造成的种种危害后果，如瘫痪。要给行为人心理上造成一种压力，从而有所触动。这要在其宣泄完后再讲，在其情绪不稳定时，对方不会害怕什么，也听不进去的。

发掘对自杀者有意义的人和事。但要了解同其自杀有多大的利害关系。有时视现场情况及谈判的发展趋势，让这些人和事来配合谈判。

第四步：协议。双方让步，达成协议或给其指明方向，放弃行动。

对行为人提出的要求不要轻易满足，实在要满足也是一点点的来，且每次付出是要图回报的，要讲大量的道理和运用一些感情手段。

让其认识到自己的非分要求是不合理的、荒唐的。对其合理要求我们帮助其实现，并指明前途。告诉对方我们做了哪些工作，正在帮其做哪些工作，还将为其做哪些工作，哪些是我们能力范围之外的，但我们却努力达成了，哪些是我们尽了力，却无能为力的，最后还要告诉其以后该怎么办等。总之，一切为了对方，让对方感到我们是尽了最大努力。

向自杀者强调自杀不是解决问题的唯一办法，一定有更好的途径。

拖延时间，自杀的想法是由来已久的，要其放弃此想法是需要时间和耐性的。对处在危险境地的自杀者，应积极筹划稳妥的营救方案。这是不得已之法，不是首选。营救方案要在自杀干预前准备好，营救行动要和自杀干预同时进行。这是工作原则问题，不能疏忽。

2. 自杀危机干预的有关注意事项

（1）三个关键。其一是了解自杀者的真实动机和目的；其二是让其开口以发泄情绪；其三是做好心灵沟通，动之以情。

(2) 四个必须。其一是必须学会倾听；其二是必须及时转移让对方伤心之事的注意力；其三是必须尊重、理解和关心对方；其四是必须要有耐心，时间上要有保证。

(3) 五个建议。其一，建议对谋略的运用。在指导思想上主张上兵伐谋，其次伐交。在这里包括所谓"谎言"的运用，是善意的不会对其造成损害，其实这是运用谋略的一种方式；还有就是利而诱之，亲而离之等谋略也会发挥很好的作用。

其二，运用心理学理论中的心理需求的层次原理，对我们在自杀干预过程中知道怎样满足对方的要求是有帮助的。人是因为需要才会产生行动的，知道了满足需要的方法就能阻止其行动；还有就是对一些心理知识的了解，尤其是对抑郁症的了解，大部分的自杀者都有此症状。

其三，语言的表达是重要的，所有以上这些都要用语言来表达。在这里有个表达方式的问题，就是赞扬的语言用直接表达的方式，用激昂的语调；批评的语言用委婉的方式，用平缓的语调；警告的语言用暗示的方式，低沉的语调。当然这些都不是绝对的，要因人、因事、因时而异，再就是多讲些阳光的话、鼓励的话。

其四，分析判断不能少。尤其对行为人的分析判断要贯穿于交谈的始终，不断地分析其思想和下步行动走向以及其真实想法，据此不断修正谈判思路和方法。对行为人利害关系人的使用，要随着事情发展的趋势来分析判断，从而决定其是否还能为我所用。

其五，我们要控制行为人的思想，而不是控制其行动。通过控制其思想使其终止自杀行为。

二、罪犯劫持危机的干预

（一）案例

某年某月某日 11 时 30 分，某省监狱内警报突然拉响，该监狱二监区罪犯都在吃午饭时，罪犯林某某手持玻璃劫持罪犯李某企图脱逃。监狱"处突"指挥部迅速启动预案，监狱各单位进入临战状态。霎时，警报声在监狱上空响起，监狱防暴分队警察、驻狱武警中队携带装备迅速赶到指定位置集合。

"我老婆跟别人跑了，我现在什么都没有了，死了我也要拉一个人当垫背……"该监狱二监区林某某手持玻璃劫持李某企图脱逃，林某某声嘶力竭地叫嚣着。

因为林某某犯罪，他的妻子在失望之余选择了离家出走。得到这一消息的林某某万念俱灰，于是决定脱逃。监区值班监管员发现林某某劫持李某在监舍门内大喊大叫的情况，进行劝阻，但无效。于是，值班管理员向监区领导作了报告。

"各单位进入临战状态，组织监区内部封控！"监狱"处突"指挥部接到报告后，指挥长副监狱长下令启动监狱"处突"预案，命令监狱各单位进入临战状态，请求驻狱武警增援，并向某某市公安局通报情况。霎时，警报声在监狱上空响起。听到警报后，监狱防暴分队警察、驻狱武警中队携带装备迅速赶到指定位置集合。

"林某某，你已经被包围了，放下手中的凶器举手投降，这是你唯一的出路！否则，你将承担严重的法律后果！"宣教组对林某某进行劝说教育。"少废话，叫监狱领导来！不伤害人质可以，你们给我准备两万块钱，再准备一辆车，我就放了他！"林某某恶狠狠地说，并把玻璃顶在李某的喉部，李某直叫"救命"……

（二）分析

这时心理学专家被请到现场……

他向指挥长耳语一番，了解了一些基本情况后叫大家适当向后退了些距离（物理距离对心理距离也会产生影响），就对林某某喊："林某某，我知道你此时心里非常难过，我能理解你此时的心情……"（感同身受）

"你是谁？"

"我是某某大学的心理学教授（自我介绍，减少对方的疑虑），我的名字叫某某某。"心理学专家边说边往前移动（心理试探）。

"别过来！你要是再往前来，我就扎死他！"

心理学专家停住脚步说，"我就一个人，而且是赤手，没有带任何东西。"说着并在原地转了一圈，并把外衣解开，在身上摸摸让林某某看，证明身上的确没有带任何东西（进一步让对方打消顾虑）。

心理学专家接着说，"我是想来与你谈谈的，我知道你此时此刻心里很难受。"

"你不要骗我，你是监狱长派来的人！"

"我没有骗你，我是监狱长请来的。"

"监狱长请你来干嘛？"

"监狱长说你遇到了麻烦，叫我来与你聊聊。"

"没有什么好聊的！叫监狱领导来，给我准备两万块钱，再准备一辆车。"

"这些我们都可以慢慢谈，你遇到了麻烦，我作为大学的心理学教授，我们先聊聊总可以吧。据我了解你平时表现还是可以的，今天你发生这样的事情，我想你肯定遇到了大的麻烦，自己又不好解决，我希望我们能好好谈谈。"（寻找心理切入点）

……

"我知道你现在心里很痛苦，你不要这样为难自己，这样你反而更加难受。"此时观察到罪犯林某某突然受到触动似的，动作和语气与刚才相比有了细微的变化（心理切入成功）。

心理学专家接着说（进一步扩大战果），"你今天所做的一切，我很理解你，我很想听听你的心里话，我希望我们都能冷静点，我们能好好谈谈。"心理学专家边说边往前移动着步伐。

"你不要过来！"林某某的声音明显有些嘶哑了，语气也明显没有刚才坚决了（表明仍有戒备，但明显减弱）。

"我知道你一个人在外面不容易，你目前又受到了这么大的打击，你心里很苦，又不知道找谁去说，我现在就是想听你说的，我们一起来商量商量，看看能否想出更好的办法。"

林某某没有答话（内心被触及，潜意识有需要）。

心理学专家接着说，"我也是很早就一个人在外面闯荡了，也吃了不少苦，有时也很郁闷，感到有人说说话会心里好受些，我想你也有这种体会（暴露疗法）。"林某某没有回答（情绪发生明显变化）。

心理学专家边说边观察林某某，边说边往前移动着步伐。发现林某某手持玻璃的手比原来松弛了很多，眼睛也慢慢地垂了下来（罪犯内心注意力明显转移，心理学专家干预发生了明显效果）。

心理学专家感觉林某某在听着，就接着说，"听说你母亲不久前来看过你，你的母亲年龄不小了，身体也不是很好，可她坚持经常来看你，你想过没有？什么力量使她一直坚持来看你啊？她难道比你好过吗？你不想想自己，也该想想你母亲吧！也许你母亲她还在想，下次来看你还有多少天呢？"（在最后的关键时刻心理学专家使出了撒手锏）。

心理学专家知道他与母亲的关系较好，他是母亲的依靠，他也比较孝顺母亲。

"呜呜……"林某某突然哽咽起来……

心理学专家立即接近了林某某，把他手中的玻璃拿下（危机现场干预成功）。

这时心理学专家摸摸头，这是一个事先安排的手势。说时迟，那时快，几个干警以迅雷不及掩耳之势,立马解救了被劫持的李某,并控制了林某某。一场监狱罪犯劫持人质要脱逃的事件暂时得到了控制。

随后一段时间里,心理学专家与林某某进行了多次的心理干预与咨询(危机后干预也非常重要,千万不可忽视),之后林某某基本上接受了离婚的现实,对监狱的处罚也能接受。

(三) 罪犯劫持危机的干预措施

上面介绍的案例其实是反劫持谈判问题,也是一种特殊的心理危机干预措施。反劫持谈判是一个要求有着政治思维、法律素养、个人技能、心理承受力、个性特征的警务技巧性活动,在与劫持者进行谈判之前,就应该有着明确的谈判理念,并以此当作一种最高的行动准则,来指导一个具体而系列化的谈判过程。一般要注意以下几个方面的问题:

1. 生命至上、以人为本

在一个具体的反劫持现场中,一般有五种人在场,即被劫持的人质、谈判专家、现场参与"处突"的警力、现场围观者或居住的公众以及劫持者,警察应无条件地、最大限度地、全力以赴地、快速有效地来通过专业化的应对策略去维护这五种人的生命。

2. 反对以暴制暴、硬碰硬的传统处置

人质案件解决的成功与否,主要看人质是否能安全解救,而且同时警方的安全、嫌疑人是否被捕也是重要因素。如果我们一味地用以暴制暴的方式解决,很可能造成其中一方的伤亡,这不算是最成功的解救。暴力的方式往往应该放在谈判未果以后,作为最后的处置方式。

3. 和平解决劫持人质危机

和平解决劫持危机,是当代社会去应对与处置这类事件的最好选择,是一种短、平、快和多、好、省的优胜活动方式。只要警方能深入到这个既微妙而又简单的处置过程中,准确地发现相应的规律,形成一种恰当的交涉形式,落脚在一个平稳的状态上,就可做到化对峙为合作,用"一笑解千仇"的对策来实现"四两拨千斤"的危机干预效能。

4. 与狼共舞,用心谈判

不要单纯地以一种情感去打动劫持者,要以符合人情的义理去感染劫持者,而且还要从灵敏度、深层度、应变度、控制度上一展谈判专家的身手,这才是"与狼共舞,用心谈判"所包括的精神、智力、魅力三位一体的全部意蕴。

5. 处置劫持的心理危机干预人员必须专业化

心理危机干预人员要经过专业的培训,在干预现场要能做到以下几点:

①干预人员一定要通过询问确认劫持者的需要和所要求的条件；②鉴于劫持者的情绪一般都很激烈，干预人员应该帮助其缓和情绪；③对劫持者所提出的要求作理性而自然的回答；④善于利用时间因素；⑤对劫持者的要求进行评估，满足其一些可实现的需求，也使其作出有价值的让步；⑥以协议或突击的方式结束人质事件，即在劫持者有所动摇、精疲力竭或要向恶性方面转化时，当机立断地与外围警力配合解决问题。

6. 处置劫持的心理干预方法

指导我们处理这种特殊心理危机的基本思路，是确保"处突"过程中"不出事、出小事、防止出大事"的根本方针。可以说，这种配套性的反劫持谈判是理论结合实战、国内结合国际、执法机关结合民众、突发事件结合社会、经济结合政治的一种现代警务实战性的行动纲领。

在处置劫持人质的案件中，劫持犯劫持人质大多都是为了达到要威胁有关部门答应他们的各种条件。虽然人质生命安全受到威胁，但是杀害人质并不是劫持人质犯的目的和追求的目标。在这种背景下，处置劫持既然首先是力求人质生命不受到伤害，那么，同劫持人质犯谈判往往就成了处置劫持人质心理较量中不可缺少的过程和手段。所谓"谈判"，其实是一种手段，为了达到我们预期的目的。（即说服和改变对方的看法，使其放弃他们原来的想法和观念；也就是游说对方达至一个共识，甚至妥协，也就是投降。）如果能够达到这两个目的的话，就可以说是一个成功的谈判、成功的心理干预，促成了一个双赢的局面。

三、罪犯脱逃危机的干预

（一）案例

在一次新犯心理测试报告录入过程中，心理咨询师偶然发现一名罪犯在心理测试答题纸的反面写道："我有妄想症，需要帮助"。并在这句话的后面写了大大的国际求救信号"SOS"，可以看出这名新犯的求助心情很迫切，写在反面似乎表明内心又有些矛盾或者是不确定。咨询师带上该犯的心理测试报告到了监区谈话室坐下等候。

"报告！"

"请进！"隔着谈话室的栏杆，只见一位个头不高，戴着眼镜，神情沮丧的年轻来访者走了进来。

"请坐吧！"来访者站在那里半天没有挪步，眼泪却哗哗地流了下来。新犯谈话时常常会遇到对方流泪的情况，但一般都是在谈话进行过程中，这位来访者刚进门什么都没说就止不住地流泪，可见其心理脆弱到了极点。等其稍稍平静了一点，咨询师再次说道"请坐下来慢慢说吧。"

"没想到你真的会过来。"来访者坐下后缓缓地抬起头说。

"这是我的工作啊。你有什么需要帮助的吗？我看到你写的 SOS 求助，能不能具体谈谈？"

"我满脑子控制不住的想逃跑的念头。脑子里只要有一点空就会想到逃跑，想象着各种各样逃跑的方法，哪怕是在操场上训练时也是这样，我会幻想天上飞来一架飞机，在我头顶上空盘旋，飞机上放下一个云梯，我顺着云梯上了飞机逃走了。我知道不应该有这样的想法，但是控制不住，甚至经常神情恍惚，我非常担心报数时脱口而出会说出'逃跑'二字。我想我是不是有心理疾病？"

"这种想法是从什么时候开始的？"

"拿到判决书的时候就有了，后来越来越强烈，以至于现在无时无刻不在想这件事。"

（二）分析

这位来访者此刻正遭受着因为被捕入狱而产生的心理危机。

这名罪犯此刻正处在严重的心理失衡状态，在难以承受的心理冲突中理智尚存，因此才会提出申请，希望能得到帮助。眼前重要的首先是给予心理支持，帮助其稳定情绪，并在此基础上寻找适合他的解决问题的方法，以保证其本人和监狱的安全之需。

干预过程中，建立和保持与罪犯的心理连接是贯穿始终的任务，让罪犯觉得这里有人愿意也能够帮助他，并建立起对他的信任，干预就成功了一半。咨询师一定要注意不要驳斥，不要拒绝、否定罪犯的想法，并给予其支持性的倾听与共情。罪犯在述说的同时，随着情绪的宣泄，就可能渐渐稳定下来。有时候也可以借助"保险箱"、"内在安全岛"、"遥控器"等情绪稳定技术帮助其稳定情绪。

"听起来你现在遇到了比较大的麻烦，你的理智告诉自己不能逃跑，但你的情感却不受控制地总会想到这件事，这个想法让你很害怕，你担心自己万一控制不了真的会去做这样的事情，其实你并不想这样做，所以你寻求心理咨询的帮助，希望能帮助自己稳定下来。"

"是的，我明明知道这样做是不可能有好结果的，退一步说，就算我想方设法跑出去了，又能怎么样呢，可能我还没到家，警察已经到我家了。但是没用，我就是控制不了自己的想法。"

"很多人刚刚失去自由时都很不习惯,有些人会幻想着要是能出去就好了,就有自由了,似乎你比他们的这个想法要更加的强烈,其实你知道的,我们监狱的安全防范措施是很周全的。"

"我仔细观察过,在某某处有 N 个摄像头,在某某处有 N 个摄像头,从集训队到监狱大门口有 N 米,从操场到大门口有 N 米。我现在住在二楼,按照规定新犯是不准一个人下楼的,但是我为了能有机会一个人下楼,故意去争取帮忙搞卫生倒垃圾的机会,我试过几次,有时候小岗没注意,我就下来了,有一次还试着一个人走到了监区大门外,我担心哪一天真控制不住的话就会迈出这一步。"

"看起来这个问题无时无刻不在困扰着你,并且严重影响到你的思维和你的行为,所以你才会有这么强烈的担心,其实你同时也是用了很大的努力在控制自己。"

上面的这段对话在确定问题的同时也是在对危险性进行评估。其实危险性评估是贯穿危机干预每一个步骤的。

来访者此刻内心有强烈的冲突,一方面是渴望自由,哪怕是不惜任何代价地获得自由,另一方面又在极力控制自己,不要做徒劳并且只会给自己带来更大灾难的错事,正是这种心理混乱的冲突导致了他内心的紧张焦虑和恐惧。如果不能及时处理的话不排除会发生不理智的脱逃行为。

接下来的咨询中了解了来访者过去的一些经历。来访者排行老二,有个姐姐,自己从小被父母宠爱,以前曾经不止一次被拘留,都是父母找人或者花钱帮他把事情解决,哪怕是被关在看守所里也没有吃过什么苦头。来访者生性机敏,在外面工作时也比较顺利,收入较高,后来迷恋赌博无力自拔,导致犯罪再次被捕,原先也以为这次会像以前那样轻松出去,没想到这次谁也帮不了他,被判刑入狱,父母变卖了所有家产包括房子帮他还债,两位老人只有一人有退休工资,想到父母因为自己的原因落到无家可归的地步,还要继续每月帮他还债,来访者内心非常自责,想逃出去的原因之一也是想知道父母现在怎么样了,他们有什么意外是来访者无法接受和面对的。

参考来访者"中国罪犯个性分测验:COPA-PI"的心理测试结果,他的情绪不稳定,依赖性强,自卑,焦虑不安,对前途缺乏信心等。

咨询师向来访者指出其想脱逃的原因:一来从小一直受到家人的宠爱和保护,以前每次犯事都有家人帮着轻松过关,这次却被送进监狱,内心不能接受;二来即将分到劳动监区,目前对以后的改造环境不了解甚至是充满恐惧,强烈的无助,缺乏安全感,潜意识里还是希望能够被保护,希望能回到亲人的身边,所以产生了强烈的脱逃念头。来访者表示认可这样的解释,并且在这个过程中,把压抑在心头很久的事情说了出来,现在轻松了些,感觉平静了许多。

"我们讨论了你目前的情况和大致的原因,现在我们来看看怎么解决这个问题,你很希望自己能从这个危险的矛盾中摆脱出来,那么有什么人、什么办法可以帮到你呢?"

来访者沉默了半天后抬起头说:"只有监区的民警能帮我,让他们看紧我,或者是安排其他人看紧我,不要让我有逃跑的机会。"

"这是个非常好的办法,你能够想到这个方法说明你的理智还是占了很大部分的,并且你是愿意积极面对此事的,那么为什么不是直接去找民警而是找我们?"

"我担心他们知道了我有这样的想法会对我改造不利。"

"监区民警和我们工作的方法不同,但根本目标都是一样的,都希望你们能更好地适应环境、更加顺利地改造,那么你是希望自己去告诉他们还是想让我去和他们说这事?"

"还是你帮我说吧,我还是不敢去说。"

"那好,我先告诉这里的民警,让他们帮助你来控制自己,等下星期你分到其他监区后我再告诉那里的民警,这样就可以减轻你的心理压力,不用随时担心自己控制不住会逃跑了。我相信,凭你的聪明、能力和迫切地想重获自由的动力,慢慢地等你适应了这里的环境以后你就会积极投入改造,通过正常的途径早日回到亲人的身边了。"

"父母亲写信说明天上午来接见,我不知道现在他们会是什么样子,如果他们能安顿下来那我心里会好些,否则的话我真担心我会失去理智的。"

"那我明天下午过来,具体有什么情况我们再讨论,但你要答应我,在我没来之前一定不要去做危险的事情。"

"好的,你放心,这点我一定做到。"

第二天下午的咨询中了解到他的父母上午来过了,目前是租房子住,也找了份临时的工作,眼下每月还债应该没有问题,父母让他安心改造不用担心家里。咨询中来访者表示了自己许多猜测和担心:父母现在生活得很艰辛甚至是吃不上肉;如果以后的接见两人中有一人没来一定是因为他的原因病倒的,他将不能接受,等等。咨询师运用认知技术讨论他的非理性信念,来访者认识到自己的错误,最后表示现在自己的情绪平静多了,应该不会做出什么不理智的事情,并且约定等分下监区十几天后再次咨询,以防止自己不能很好地适应新环境。

十几天后进行了第三次咨询,来访者表示对自己现在的状态很满意,被

211

分配在一个辛苦但能多拿分的岗位,自己每天从出工到收工一直在不停地集中注意力干活,根本没时间去想逃跑,或者说这个念头现在已经几乎不再出现了。咨询中对目前可能出现的问题做了简单讨论,来访者表示对未来有了明确的打算,多学技术多拿分,好好改造争取减刑,靠自己的努力早日走出监狱大门。为了将来能更好的适应社会,还打算在劳动改造的同时参加自学考试。对于他的巨大改变和目前的心态,咨询师给予了积极的肯定,整个干预咨询过程结束。

以上危机干预过程中,评估了罪犯心理危机的程度,了解了引起罪犯心理危机的因素,解决了罪犯的心理危机,帮助罪犯恰当应付所发生的意外事件,摆脱困境,恢复到危机发生前的状态。实现了危机干预的基本目标。危机干预的最高目标是增强其个人的功能,使其超过危机发生之前的水平。

本例干预后咨询师向有关监区做了反映,并一直关注这名罪犯的心理和改造情况,在跟踪回访中该犯表示目前情绪稳定踏实,监区也反映他的改造表现积极,半年后该犯参加了有关心理学专业的自学考试并顺利通过两门。综合以上情况来看,该犯有效地渡过了这个危机并获得了一定的成长。

以上的案例同学们可以按照书上讲的原理自己进行实训。

(三) 罪犯脱逃危机的干预措施

如罪犯秦某(47岁,贩毒,原判13年,余刑9年),在一次接见中得知自己的丈夫因胃癌去世,儿子失踪。回到监区后精神恍惚,当天晚上强行冲越警戒线扬言要出去找自己的儿子,情绪激动,当日晚对其进行了谈话教育并将其列为危机干预对象。在干预过程中咨询师一是通过给予同情、支持、温暖、关注等方式先与秦某建立良好的信任关系;二是给其提供时间和空间,听其倾诉,促使其打开"情感的闸门",达到情绪的完全释放;三是结合秦某的现实改造表现和心理特点,综合各方面的资料和信息进行心理评估,制定干预方案;四是安排其参加"成长团体"活动。通过编排模拟情景剧,让其分别扮演剧中不同的角色,体验各种感受,帮助其承受和分解内心的不良情绪;五是通过给其讲心理故事、看励志电影和书籍、讲述身边同改一些亲身经历等方式,逐步引导其注意力的转变和自控力的累积,促使其将"情感的闸门"逐步收紧,达到情绪的平衡;六是与秦某互做心理游戏,在寓教于乐中进行干预总结和反馈,通过鼓励、肯定、暗示巩固干预效果,促使其实现自我成长。通过干预后,秦某已能正确看待和处理自己的得失,得知其儿子已经找到并寄住在妹妹家后情绪得到了很大的改善,能超额完成劳动改造任务,获得了下半年表扬,改造动力和热情增加。

罪犯在改造过程中会经常面对配偶提出离婚、主要亲属病故、患有重大疾病等创伤性事件。一些罪犯由于心理承受能力差、自我调控能力低会因为这些创伤性事件而产生强烈的无助感和痛苦体验，进而发生脱逃。对这部分罪犯实施干预要使其能够将创伤性事件融入改造生活并正视之，帮助其恢复到创伤事件前的心理健康水平，重获自信、情感控制和人际交往能力。

干预步骤：①与干预对象建立基本规则，特别强调保密性，获得罪犯的信任。②由经历创伤事件的罪犯叙述事件事实，确定个体生活史和创伤之间的联系。③运用心理测试、结构性访谈、行为观察等方式来评估创伤对情感、认知及脱逃行为的影响，搜寻在负性情感反应和创伤之间起中介作用的歪曲认知，制定应急处置疏导方案。④帮助干预对象为遭受类似创伤事件之苦而设的支持小组，鼓励其参加。⑤做治疗性游戏——停、歇、想，帮助干预对象形成良好的自我控制习惯，提高服刑人员自我处理心理危机的能力。

【单元小结】

本单元中所列举的案例对罪犯进行危机干预过程都比较顺利，但某些危机的解决往往是很复杂的，可能需要监区民警甚至是罪犯亲属的配合。不存在万能的或者快速的危机解决方法，危机的解决通常与咨询师的工作能力密切相关，而这种能力的提高除了有赖于咨询师的生活经验以外，还有赖于理论学习和工作实践中的不断积累。其注意点有：

1. 危机是由罪犯确定的，而不是由咨询师确定的

罪犯在任何时候、由于任何原因都会发生危机，是否发生危机应当以罪犯的认识为标准。在罪犯认为发生了危机时，如果咨询师不认为那是危机，那么罪犯就会感到咨询师不理解他，就会产生更严重的隔离感；另一方面，咨询师应当避免形成一种危机心态，把罪犯的很多问题都看成是危机，如果形成这样的心态，就会不恰当地把危机扩大化。

2. 在危机干预过程中对罪犯的接纳是稳定情绪的基础

从上面脱逃案例的危机干预的谈话过程中可知，来访者曾经和咨询师有过两次接触，一次是在新入监罪犯的心理健康教育大课上，还有一次是在部分新入监罪犯与即将出监罪犯的座谈会上，通过这两次的接触，来访者对咨询师有了认可和信任，这份信任成了关系建立的基础，所以刚见到咨询师就直接把内心的痛苦和恐惧都说了出来。

危机干预过程中，咨询师必须无条件地以积极的方式接纳罪犯，接纳和肯定那些无人愿意接纳的人，表扬那些无人会给予表扬的人。只有建立起心理上的连接，才能建立起良好的关系，在此基础上，咨询师才能协助罪犯稳定情绪，才能进行干预工作。

3. 危机干预后的跟进咨询是对干预结果的巩固

社会上的危机干预通常是一次性的，干预结束后根据需要可能是将来访者交代给其亲属，或是其他可以利用的社会支持系统。但是在监狱里，罪犯可以利用的资源有限，这时，咨询师的跟进咨询就成为心理支持必不可少的环节。在危机干预之后罪犯心理功能尚未完全恢复的时候，针对其不良认知、消极情绪和错误行为进行工作是对危机干预结果的巩固。根据监管安全需要采取一定的措施是必要的，但仅仅如此而放弃心理疏导则不利于罪犯的心理成长，往往也会导致问题的再次发生。

4. 危机中包含着危险，也蕴藏着机会

遭遇危机有三种结果：最坏的是崩溃，也就是自杀、脱逃、暴力等非理性行为的发生；其次是将有害的结果或症结排除在意识之外，遗留认知问题，遇事再次浮起（慢性危机：转移状态）；最后是如果能够有效地应付危机，罪犯将从中获得经验，提升自我能力，进而成为其一个成长的机会。

【思考题】

1. 什么是罪犯的心理危机？
2. 罪犯心理危机评估的内容。
3. 罪犯自杀的心理危机干预的流程。
4. 罪犯严重焦虑、抑郁、打架、斗殴、生病等的心理干预的能力实训。

参考文献

1. 何为民主编. 罪犯心理矫治. 北京：法律出版社，2001.
2. 章恩友编著. 罪犯心理矫治. 北京：中国民主法制出版社，2008.
3. 吴宗宪主编. 中国服刑人员心理矫治. 北京：法律出版社，2004.
4. 郭念锋主编. 国家职业资格培训教程——心理咨询师三级. 北京：民族出版社，2005.
5. 郭念锋主编. 国家职业资格培训教程——心理咨询师二级. 北京：民族出版社，2005.
6. 张晶主编. 走向启蒙——基于监狱、矫正的视角. 北京：法律出版社，2008.
7. [英] 纳尔逊. 实用心理咨询与助人技术. 江光荣等校译. 北京：中国轻工业出版社，2008.
8. [美] Ruth E. Masters. 罪犯心理咨询. 第2版. 杨波等译. 北京：中国轻工业出版社，2005.
9. 钱铭怡编著. 心理咨询与心理治疗. 北京：北京大学出版社，2001.
10. 曾文星，徐静. 心理治疗. 北京：人民卫生出版社，1987.
11. [美] 科米尔等. 心理咨询师的问诊策略. 张建新等译. 北京：中国轻工业出版社，2004.
12. [美] 萨默斯-弗拉纳根. 心理咨询面谈技术. 陈祉妍等译. 北京：中国轻工业出版社，2001.
13. [美] 艾伦·艾维，[美] 玛丽·布莱福德·艾维. 心理咨询的技巧和策略——意向性会谈和咨询. 时志宏，高秀苹译. 上海：上海社会科学出版社，2005.
14. [美] George E. Vaillant. 怎样适应生活. 严文伟等译. 上海：华东师范大学出版社，1996.
15. [美] Mckay, M等. 沟通的艺术. 严霄霏译. 北京：北京师范大学出版社，2009.
16. 吴宗宪. 国外罪犯心理矫治. 北京：中国轻工业出版社，2004.
17. 章恩友. 罪犯心理矫治技术. 北京：中国物价出版社，2002.
18. 陶新华，夏苏平. 重塑生命——苏州监狱服刑人员心理咨询案例集.

上海：文汇出版社，2010.

  19. 宋胜尊. 罪犯心理评估——理论、方法、工具. 北京：群众出版社，2005.

  20. 章恩友. 罪犯心理矫治基本原理. 北京：群众出版社，2004.

  21. 郭庆科. 心理测验的原理与应用. 北京：人民军医出版社，2002.

  22. 郭念锋. 心理咨询师（二级）. 北京：民族出版社，2005.

  23. 钱铭怡编著. 心理咨询与心理治疗. 北京：北京大学出版社，1994.

  24. ［美］Ruth E. Masters. 罪犯心理咨询. 第 2 版. 杨波等译. 北京：中国轻工业出版社，2005.

  25. 郭念锋. 心理咨询师（三级）. 北京：民族出版社，2005.

  26. 连春亮，张峰. 人文关怀下的罪犯心理矫正. 北京：群众出版社，2006.

  27. 雍舰. 回归心德：服刑人员心理矫治案例集. 北京：法律出版社，2010.

  28. 黄兴瑞主编. 罪犯心理学. 北京：金城出版社，2003.

  29. 于爱荣等. 矫正技术原论. 北京：法律出版社，2007.

  30. 阮浩主编. 罪犯矫正心理学. 北京：中国民主法制出版社，1998.

  31. 中华医学会精神科分会. 中国精神障碍分类与诊断标准（CCMD-3）. 济南：山东科学技术出版社，2001.

  32. 章恩友. 罪犯心理矫正. 北京：中国民主法制出版社，2007.

  33. 狄小华. 罪犯心理矫正导论. 北京：群众出版社，2003.